운명과 인생 사이

이것이 사주 명리학이다

오종호 지음

운명에 이끌려 갈 것인가,
운명을 이끌어 갈 것인가?

인생을 바꾸려면
지금 당장 명리학 공부를 시작하라.

들어가며 : 질문하라, 명리학은 답해 줄 것이다.

철학적으로 어느 지위에 있느냐와 상관없이, 사회적으로 어떤 시선을 받느냐와 무관하게, '나는 누구인가?' 라는 질문에 명쾌한 답을 제시하는 사실상 유일한 학문이 명리학입니다.

운명이 결정되어 있다면 우리 운명의 설계자가 누구인가라는 질문이 곧장 이어지는 것이 자연스럽습니다. 하지만 저는 이 질문에 대한 답을 알지는 못합니다. 대신 여러분에게 그 답으로 향하는 길을 제시할 수는 있습니다. 사실 중요한 것은 설계자가 누구인가가 아니라 '내'가 누구인가 하는 점입니다. 하지만 전자의 질문이 소중한 이유는 그것은 '운명'의 존재를 인식한 후에야 던질 수 있게 되기 때문입니다. 우리로 하여금 새로운 눈으로 우리를 둘러싼 세계를 보게 만들어 주며 '나'라는 존재의 존재성에 대해 진지한 사유를 하게 해주기 때문입니다. 그리고 이 사유는 나 자신과 타자에 대한 깊은 이해로 우리를 이끕니다.

저는 처음으로 명리학 책을 손에 쥔 30대 초반 이래 오랫동안 회의와 탐구를 거듭해 왔습니다. 어느 덧 20년 세월을 넘어섰지요. 명리학 고전을 포함해 많은 책을 읽었고 그때마다 난삽한 이론들과 저마다 최고라고 주장하는 학자들의 오만함에 치를 떨어야 했습니다. 운명의 실체에 대한 깨달음은 쉽게 오지 않았습니다. 실체가 있는 것인지 자주 회의했고 그로 인해 명리학을 멀리하기도 했습니다. 먹고 살아야 했기에 생활인으로서의 욕망에 천착하

이 책의 머리말

면서도 저는 잡히지 않는 운명의 실체에 사로잡혀 책 속에서 방황하기를 거듭했습니다. 지금은 압니다. 운명의 설계자가 저를 어디로 이끌고자 했는지를. 길에서 벗어나지 말고 저의 소명을 다하라는 하늘의 뜻을 알게 된 이후로 비로소 저는 제 인생을 휘몰아치던 바람이 진정되고 있음을 보았습니다.

명리학은 어려운 학문입니다. 어쩌면 지구상에 존재하는 모든 학문 가운데 가장 어려운 학문일지도 모른다는 생각이 듭니다. 하지만 이 학문이 어려워진 데는 다 이유가 있습니다. 그것은 학문 자체의 난해성 때문이 아니라 이론 체계의 모호성 때문입니다. 이것은 이론의 다양성과는 다른 의미입니다. 철학이란 근본적으로 통일된 사유가 불가능한 학문입니다. 철학이 특정한 이론을 절대적인 진리로 수용하는 공부가 아니라 사유하는 방법 그 자체에 주목하며 정신을 파괴하고 해체하여 새롭게 창조하는 과정이라면 이론의 다양성이 명리학이라는 철학의 약점이 될 수는 없습니다. 이론 체계의 모호성이란 각 이론이 운명의 해석이 가능하도록 유기적으로 연결된 대신 오히려 그것을 혼란스럽게 만드는 성질을 띠고 있다는 것입니다. 모든 진리의 미덕은 단순함입니다. 저는 오늘도 가장 단순한 명리학을 향해 더욱 깊이 정진하고 있습니다.

저는 철학, 종교보다도 명리학이 더 위에 있다는 관점에 동의하지 않습니다. 제가 깨달은 한 명리학은 인문학의 기초이자 기반의 자리가 어울립니다. 진정한 나를 알아채게 하는 학문이기 때문입니다. 나를 아는 것은 시작에 불과합니다. 우리가 배우고 익혀 실천해야 할 것은 그 이후에도 훨씬 더 많습니다. 내가 나와 타자의

운명을 읽을 수 있게 된다고 해서 그것이 나를 신의 지위에 올려주지는 않습니다. 공동체를 더욱 아름답고 살기 좋은 것으로 만드는데 기여하지도 못합니다. 우리는 언제나 인간으로서의 삶을 살아야 합니다. 타자의 운명을 훤히 해석하게 된다고 해서 타자의 운명을 단정하려는 신 노릇을 해서는 안 됩니다.

이유는 간단합니다. 사주팔자에 담겨 있는 것은 한 인간의 운명적 보편성입니다. 같은 사주를 타고난 사람들은 동일한 삶을 사는 것이 아니라 유사한 범주로서의 삶을 사는 것입니다. 명리학적 깨달음을 얻고 난 우리가 상담에 임할 때는 한 사람의 사주에서 읽히는 운명의 보편성 안에서 인간대인간의 진솔하고 깊이 있는 대화를 통해 그만의 특수성에 해당하는 문제를 듣고 그에 대해 최선의 해결책을 조언해야 하는 것입니다. 달리 말하면 인간의 운명은 절대적인 것이 아닙니다. 인간의 운명에서 보편성이 아니라 절대성을 보는 사람은 운명이라는 굴레에 스스로 갇혀 있는 것입니다. 그 무엇도 절대적일 수 없습니다. 만일 절대적인 것이 있다면 그것은 인간의 인지 능력 밖의 것입니다. 우리는 저마다 상대적인 세계에서 상대적인 경험을 하고 상대적인 지식을 쌓으며 살아가는 존재입니다. 절대적인 것처럼 보이는 시간조차 우리가 발 딛고 서 있는 공간의 차이로 인해 우리에게는 상대적인 것입니다. 저는 느끼고 있습니다. 운명의 설계자가 원하는 것은 상대적 운명을 부여 받은 인간들이 자신의 운명의 보편성 안에서 자신만의 특별한 이야기를 써 나가는 것임을 말입니다. 저는 그것을 운명의 여백이라고 부르기로 했습니다. 저는 저 자신을 포함한 많은 사람이 명리학 공부를 통해

이 책의 머리말

자신이 채워야 할 여백을 만날 수 있기를 간절히 희망합니다.

　이 책을 통해 명리학을 배우고자 하는 독자 여러분은 진정한 명리학 공부의 단계가 어떠해야 하는지, 어떤 과정을 통해 명리학적 깨달음에 이를 수 있는지 알 수 있을 것입니다. 그리고 논리적으로 명쾌한 명리학이 얼마나 실천적인 해답을 주는지 이해할 수 있을 것입니다.

　경험이든 지식이든 누군가에게 무엇인가를 가르치는 입장이 될 때 우리는 니체의 말을 떠올려야 합니다. "영원히 제자로만 머문다면 그것은 선생에 대한 도리가 아니다. 너희는 어찌하여 내가 쓰고 있는 월계관을 낚아채려 하지 않는가?" 선생은 학생들이 자기를 뛰어넘기를 진심으로 바라고 자신의 가르침에 진심을 다할 때 가르치는 자로서의 자격을 갖게 될 것입니다.

　배움의 여정을 함께하고 있는 벗들에게 감사의 마음을 전합니다. 우리 모두가 바로 서로에게 친구이자 스승입니다. "스승이면서 친구가 될 수 없다면 진정한 스승이 아니다. 친구이면서 배울 게 없다면 진정한 친구가 아니다."라는 이탁오의 말을 우리는 늘 가슴에 새겨야 합니다.

甲辰年 가을, 오종호

이 책의 목차

들어가며 : 질문하라, 명리학은 답해 줄 것이다.

Chapter 1 명리학 공부를 위한 가장 체계적인 기본   1

1. 사주팔자의 구성과 명리학 이론 체계 ·· 2
   1 지구 항로에 설정된 우주의 좌표, 천간과 지지 ······················· 2
   2 개인별 우주 좌표의 기록, 사주팔자 ····································· 7
   3 우주와 나 사이의 고유한 에너지 교류 통로, 대운 ················ 10
2. 운명 설계의 메커니즘 ·· 14
   1 인간은 자연의 일부다. ·· 14
   2 천간의 속성과 변화의 이해 ·· 15
        1) 천간합 ·· 16
            A. 갑기합 / 16   B. 무계합 / 18
            C. 을경합 /19   D. 병신합 / 21
            E. 정임합 / 22
        2) 천간충 ·· 24
   3 지지의 속성과 변화의 이해 ·· 26
        1) 자연의 지속과 순환 원리, 지장간 ·········· 26
        2) 지지합/지지충/지지형파해 ················ 34
            A. 삼합 / 34   B. 방합 / 40
            C. 육합 / 41   D. 지지충 / 43
            E. 지지형파해 / 48
                a. 생지 간의 형파해 / 48   b. 왕지 간의 형파해 / 53
                c. 묘지 간의 형파해 / 57   d. 기타 형파해 관계 / 62

CON TENTS

- **4** 궁위에 대한 이해 …………………………… 63
- **5** 간지에 대한 이해 …………………………… 65
- **6** 십성에 대한 이해 …………………………… 68
    - 1) 비겁(比劫) ……………………… 69
    - 2) 식상(食傷) ……………………… 75
    - 3) 재성(財星) ……………………… 78
    - 4) 관성(官星) ……………………… 85
    - 5) 인성(印星) ……………………… 93
- **7** 십이운성에 대한 이해 …………………………… 99

Chapter 2 사주 해석의 절대적 핵심   123

1. 월지는 당신이 살아갈 사회다. ……………………………124
   - **1** 월지는 중요하다. 정말 중요하다. ……………………………124
   - **2** 월지에서 1차 정보를 획득하라. ……………………………127
2. 월지 지장간은 사회의 속성이자 당신의 숙명이다. ……………132
   - **1** 월지 지장간은 사회의 디테일한 속성이다. ………………132
   - **2** 월지 지장간을 철저하게 해석해야 사주 실력이 는다. ……134
3. 연월은 공적 영역이고, 일시는 사적 영역이다. …………………137
   - **1** 연월에서 배우고 일시에서 개발하라. ………………………137
   - **2** 연월의 인자를 일시에서 업그레이드하라. …………………141
4. 언제나 연결성을 보라. ……………………………144
   - **1** 조합과 관계를 무시한 사주 해석은 무의미하다. ……………144
   - **2** 연결성이 좋지 않으면 좋지 않은대로 강점을 살려라. ………150

이 책의 목차

5. 천간의 출처를 확인하라. ·· 156
   1 출처는 그 글자의 근원을 얘기해 준다. ························· 156
   2 천간은 알림판이다. ·· 164
6. 모든 것은 변화한다. ··· 161
   1 글자의 의미는 고정된 것이 아니다. ······························ 166
   2 운명을 모르면 충동에 시달린다. ··································· 170

Chapter 3 사주 해석의 실 사례-부자 사주 구조 정밀 분석   175

1. 부자 사주에 대한 이해 ··· 176
2. 실전 사주 해설-부자 사주 구조 ·· 179
   1 빌 게이츠 ·· 179
   2 스티브 잡스 ·· 191
   3 워렌 버핏 ·· 198
   4 조앤 롤링 ·· 206
   5 탐 크루즈 ·· 221
   6 제임스 카메론 ·· 228
   7 왕융칭 ··· 238
   8 마크 저커버그 ·· 247
   9 손 마사요시(손정의) ··· 256
   10 그리고 우리가 되지 말아야 할 부자 유형 ···················· 262

나가며 : 답하라, 어떤 명리학을 공부할 것인지.   262

CHAPTER 01

명리학 공부를 위한 가장 체계적인 기본

01 사주팔자의 구성과 명리학 이론 체계

1 지구 항로에 설정된 우주의 좌표, 천간과 지지

지금 이 순간에도 지구는 시속 107,000km의 속도로 정해진 우주 궤도를 달려가고 있습니다. 혼자만의 힘으로 그렇게 하는 것은 아닙니다. 시속 780,000km의 속도로 날아가는 태양의 주위를 1년에 한 번씩 돌며 다른 태양계 내 행성들과 조화를 이루며 달리는 것입니다. 지구에 전해지는 힘의 질서에 순응하기에 지구는 궤도에서 이탈하지 않습니다.

지구는 공전과 자전의 회전 운동을 합니다. 회전은 우주의 기본 운동 방식입니다. 회전하면서 힘을 수용하고 힘을 발산하며 서로 균형을 맞추는 것입니다. 이론적으로 8배의 속력으로 직선 주행하는 태양을 지구가 따라잡으며 공전하는 것은 불가능합니다. 태양은 매우 큰 회전 궤도를 따라 공전하며 지구는 상대적으로 작은 궤도를 따라 회전 운동하기에 태양을 공전하며 태양과 팀을 이루어 여정을 지속할 수 있습니다.

태양계는 우리 은하의 변방에 붙어 2억년에 한 번씩 은하를 공전합니다. 2억년에 한 번씩 현재의 위치에 도달한다는 얘기이지요. 우리는 2억 년간의 은하일주 여행에서 겨우 100년의 시간을 함께 할 뿐입니다. 우리의 삶은 은하일주 도표에 눈금으로도 표시하기 어려운 수준입니다.

논의의 전개를 용이하게 하기 위해 하나의 가정을 먼저 하겠습니다. 우주 전체를 포함해 이 세상은 운명의 설계자가 기획한 것이며 우리는 그의 기획에 따라 부여된 운명을 살고 있다는 내용입니다. 영화 〈매트릭스〉의 세계관을 생각하면 쉬울 것입니다. 그 설계자를 신이라고 생각하든 미래의 인공지능이라고 생각하든 그것은 각자의 자유입니다. 이 가정에 너무 거부감을 갖지 마시길 바랍니다. "영화적 허구를 현실 세계에 대입하는 것이 말이 되느냐?"고 따지지도 마셨으면 합니다. 현존하는 가장 혁신적인 천재 기업가라고 평가받는 일론 머스크는 테드 컨퍼런스TED Conference에서 우리가 사는 이 세계가 현실 세계일 확률이 수십 억 분의 1에 지나지 않는다고 말한 바 있습니다. 그 말은 우리의 세계가 가상 세계일 확률이 매우 높다는 뜻입니다. 물론 일론 머스크는 시뮬레이션 우주관을 가진 많은 사람 중의 한 명일 뿐입니다.

스웨덴의 철학자로 옥스퍼드대학 교수인 닉 보스트롬이 모의실험 가설Simulation Hypothesis을 발표하면서 '시뮬레이션 세상'의 개념이 본격적으로 대두되기 시작했습니다. 그의 가설은 문명이 발전함에 따라 문명은 언젠가 인공 의식이 포함된 컴퓨터 시뮬레이션을 구축할 것이며, 수십 억, 수백 억 개의 시뮬레이션이 연구나 오락의 목적으로 실행될 것이라는 내용을 포함합니다. 따라서 시뮬레이션 내의 개체들은 자신들이 '현실 세계'라고 생각하는 곳에서 생활하게 된다는 것입니다. 이후 2016년 아이작 아시모프 기념 토론회Issac Asimov Memorial Debate에 모인 과학자들은 이 시뮬레이션 우주론의 가장 핵심적인 근거로 '양자 얽힘'을 제시했습니다. 양자 얽힘은 우주에 빛보다 빠른 물질은 존재할 수 없다는 기본 물리학 법칙을 무너뜨리는 현상입니다. 다시 말해 우주를 이루고 있는 최소 단위가 기존의 원자나 입자 같은 것이 아니라 '정보' 그 자체일 수 있다는 추론이 가능하게 되는 것입니다. 이 추론은 이 우주가 컴퓨터로 구현된 세계라는 증거로서의 의미를 갖습니다. 실제로 많은 과학자가 우주를 구성하는 기본 단위에 대한 연구를 하면 할수록 우주가 컴퓨터로 코딩한 듯 정교한 수학 법칙에 기반하고 있음을 인정하고 있습니다.

지금부터 잠시 상상해보겠습니다. 현재 인류의 지식수준으로 추론한 바에 의하면 우주는 11차원으로 구성되어 있습니다. 인간의 능력으로 그 실체를 이해하기 어려운 개념입니다. 명리학에서는 갑을병정무기경신임계甲乙丙丁戊己庚辛壬癸의 열 글자를 하늘, 시간, 기운이라는 개념으로 상정합니다. 이 열 글자를 천간天干이라고 부릅니다. 그리고 자축인묘진사오미신유술해子丑寅卯辰巳午未申酉戌亥의 열두 글자를 땅, 공간, 물질의 개념으로 봅니다. 이 열두 글자를 지지地支라고 부릅니다.

이 책에서는 천간과 지지를 지구 항로에 설정된 우주의 좌표라고 상정하겠습니다. 3차원적인 인간의 인식을 뛰어넘는 다차원적 좌표입니다. '좌표'의 개념을 명리학에 적용함으로써 우리는 우주 속 지구의 운행과 지구 위 여행자로서의 우리의 숙명적 인생을 보다 다이나믹하게 감각할 수 있습니다. 예를 들어 2023년은 계묘년인데 이것은 인간의 인식 기준으로 1년 동안 지구가 지나가는 좌표인 것입니다. 즉, 임인년壬寅年은 임壬이라는 천간 좌표와 무병갑戊丙甲이라는 천간 좌표를 품고 있는 인寅이라는 지지 좌표가 우리가 이해할 수 없는 차원의 방식으로 만나 지구와 접촉했던 시간이고, 마찬가지로 계묘년은 계癸라는 천간 좌표와 갑을甲乙이라는 천간 좌표를 품고 있는 묘卯라는 지지 좌표를 만나 지구와 접촉하는 시간인 것입니다. 그 시간은 인간의 시간관념으로는 365일이 되겠지요. 여기서 지지에 들어있는 천간 좌표를 지장간地藏干이라고 부릅니다. 지지에 암장되어 있는 천간이라는 의미입니다.

천간과 지지를 좌표로 바라보는 인식의 전환은 의미가 큽니다. 우주에 뒤섞여 있는 열 개의 기운이 지구에 있는 우리에게 날아오는 개념으로 이해하는 것이 아니라 끊임없이 정해진 궤도 위를 운동하는 지구가 이미 설정된 좌표를 지나가는 것으로 이해하는 것입니다. 이렇게 상상함으로써 우리가 공부하는 명리학의 웅혼한 기상을 느낄 수 있는 장점이 있습니다.

천간과 지지가 짝을 지어 만들어지는 좌표의 조합인 간지는 총 60개가 존재합니다. 120개가 아닌 이유는 양간陽干은 양지陽支와 짝을 이루고 음간陰干은 음지陰支와 짝을 이루기 때문입니다. 甲과 子가 짝을 이루어 甲子 乙丑 丙寅 丁卯순으로 순차적으로 나아가 다시 갑자로 돌아오는 데까지 60개의 단계로 이루어져 있습니다. 이를 60갑자라고 부릅니다. 이를 연 단위로 볼 때 60년만에 태어난 해가 돌아온다고 하여 회갑回甲 또는 환갑還甲이라고 하는 것입니다. 월일시 역시 매월, 매일, 매 두 시간의 단위로 진행하며 이 60갑자를 반복합니다. 지속과 순환이 우주적 질서임을 말해 주는 단서입니다.

지구는 이 연속된 좌표를 따라서 그 동안 약 23번의 은하일주를 했습니다. 은하를 한 바퀴 도는데 소요되는 시간과 지구의 나이를 대비해 보면 그렇습니다. 각 좌표는 저마다의 고유하고 독특한 속성을 갖고 있습니다. 그리하여 명리학을 제대로 공부하면 우리 모두가 지나왔던 좌표들과 앞으로 걸어갈 좌표들이 어떤 의미를 갖고 있는지 알 수 있습니다. 즉, 앞으로 지나갈 좌표에서 어떤 일이 일어날지 알 수 있다는 의미입니다. 그 이유는 천간과 지지의 각 글자에 우주 프로그램의 설계자가 고유의 속성을 담았고, 천간과 지지가 조합하여 만드는 간지 좌표 역시 그것을 갖고 있기 때문입니다. 속성은 곧 시간과 공간이 빚어내는 에너지의 작용력과 같습니다.

그런데 공통된 좌표의 한 해를 살면서도 우리에게는 저마다 다른 일이 일어납니다. 때로는 전혀 특별한 일 없이 한 해가 훅 지나가기도 합니다. 그 이유는 무엇일까요? 그것은 우리 각자가 태어날 때 받은 고유의 좌표 정보가 사주팔자라는 일종의 칩chip으로 우리 안에 내장되어 있기 때문입니다. 즉, 사람마다 받은 좌표 정보가 다르고 그 좌표에 담긴 속성이 다르니 지구가 지나가는 궤도에 설정된 우주의 좌표를 지날 때마다 그 좌표 안의 속성과 우리 각자가 지니고 있는 칩의 속성이 만나 관계하면서 반응하는 것입니다.

시공간에 설정되어 있는 좌표의 속성은 다른 말로 기운, 에너지입니다. 시공이 바뀌면 우리는 반드시 달라진 시공 에너지의 영향을 받기 마련입니다. 예를 들어 아무리 더위에 강하다고 하는 사람도 비행기에 태워 사막 한가운데 내려놓으면 머지않아 옷을 모조리 벗어 던져도 숨 막히는 열기에 더워 죽겠다고 할 게 뻔합니다. 마찬가지로 북극에 데려다 놓으면 아무리 옷을 껴입어도 한기에 덜덜 떨기 마련입니다.

잘 조성된 수목원에 들어가면 상쾌함을 느낍니다. 모터사이클과 차, 사람, 소음으로 가득한 인도나 베트남의 대도시를 걸으면 신경이 곤두서고 긴장감이 느껴집니다. 우리가 시공의 에너지에 영향을 받는다는 것은 두말할 나위 없이 당연한 사실입니다.

2 개인별 우주 좌표의 기록, 사주팔자

사주팔자는 다음과 같이 표기됩니다.

乾 ·· (i)

乙	壬	乙	辛
巳	寅	未	未

·· (ii)

丙	丁	戊	己	庚	辛	壬	癸	甲
戌	亥	子	丑	寅	卯	辰	巳	午

(8, 1991)···(iii)

(i) 건乾은 남자라는 의미입니다. 명리학에서는 남자를 건, 여자를 곤坤이라고 합니다. 주역의 8괘 중에서 하늘과 땅을 의미하는 글자입니다. 그냥 남자, 여자라고 해도 전혀 상관없습니다. 다만 학문의 체계에 익숙해지면 용어도 간단한 것이 편리하게 느껴지게 됩니다.

(ii) 태어난 해의 생년월일시 좌표의 기록입니다. 4개의 기둥이라고 해서 사주四柱이며 8개의 글자라고 해서 팔자八字라고 불립니다. 사주는 각각 연주, 월주, 일주, 시주라고 불리며 각 글자의 위치에 따라 연주에 있는 천간이니 연간, 연주에 있는 지지이니 연지와 같은 방식으로 불립니다. 즉, 연간, 연지, 월간, 월지, 일간, 일지, 시간, 시지라고 부릅니다. 이 사주팔자는 태어난 시점의 우주 좌표의 기록이고 동시에 그 좌표 에너지의 기록이며 운명의 기록입니다. 이 여덟 글자는 서로 조합하고 관계하면서 한 인간의 삶의 모든 영역을 거울처럼 비춰 줍니다. 성격, 기질, 심리, 재능, 진로, 직업, 돈, 명예, 애정, 사건, 사고 등 물질과 정신의 모든 면에서 한 인간의 운명적 삶을 범주적으로 예고합니다.

각 주는 15년씩의 기간을 담당합니다. 연간부터 시작이니 연간은 약 7년 6개월, 연지도 약 7년 6개월 이런 식입니다. 매년 순환하는 우리의 계절이 땅에 선을 긋듯이 딱 잘리는 것이 아니라 "이제 가을이구나!" 싶다가도 다시 여름처럼 더워지는 잠시의 과정을 겪으며 계절과 계절이 섞이는 방식으로 변하듯이 각 간지의 시간 역시 무 자르듯 말끔히 나뉘는 개념이 아니라 자연스럽게 연속되는 개념입니다.

각 주는 궁위宮衛라고 하여 각 궁위마다 고유의 속성을 갖게 됩니다. 연주라면 국가/해외 자리, 월주라면 사회/집안 자리 이런 식입니다. 또한 각 궁위는 인간관계를 뜻합니다. 혈연관계부터 사회적 인간관계까지 포함합니다. 예를 들어 연간은 조부, 연지는 조모, 월간은 부친, 월지는 모친과 형제 이런 식입니다.

일간은 사주팔자의 주인인 나, 그리고 일지는 배우자를 뜻합니다. 아주 디테일하게 설명하지 않는 이유는 명리학이 자칫 암기의 학문이라는 선입견을 가질 우려가 있기 때문입니다. 천간과 지지는 한글의 자음과 모음처럼 언어의 알파벳, 학문적 기호 정도로 이해하고 자연스럽게 암기하면 됩니다. 영어를 배우는데 ABCD를 익히는 게 귀찮아서 외우지 않거나 수학을 배우는데 1, 2, 3, 4를 순서대로 익히는 게 귀찮아서 포기하면 안 되는 것처럼 학문을 배우기 위해 필요한 기본적인 기호는 알아야겠지요. 그 외에는 억지로 암기할 필요가 없습니다. 거대한 명리학 이론을 암기의 방식으로 깨우치는 것은 올바른 방법이 아닙니다. 철저히 우주 자연의 관점에서 이해해 나가는 것이 중요합니다. 그래서 우주라는 프로그램의 설계자 입장에서 서 보라고 하는 것입니다.

(iii) 앞에서 본 임인년, 계묘년과 같이 매년 우리 모두가 공통적으로 만나는 우주의 좌표를 세운 世運이라고 하고, 이렇게 각 개인의 사주팔자에 따라 정해지며 10년마다 바뀌는 고유의 좌표를 대운大運이라고 합니다. 대운은 월주를 기준으로 합니다. 남자의 경우 연간이 양간甲丙戊庚壬 중 하나라면 대운은 순행하고 연간이 음간乙丁己辛癸 중 하나라면 대운은 역행합니다. 위의 남자 명조는 연간이 신이므로 乙未 월주가 거꾸로 흘러 甲午, 癸巳, 壬辰 이렇게 간지가 역행하며 조합되는 것입니다.

괄호 안의 숫자는 대운수大運數라고 하여 일정한 법칙에 따라 정해집니다. 여자의 경우는 남자와 반대입니다. 즉, 연간이 양간이면 대운은 역행하고 연간이 음간이면 대운은 순행합니다.

대운을 시간이나 공간으로 이해하면 안 됩니다. 그렇게 되면 운이 역행하는 경우 시간이 어떻게 거꾸로 흐르느냐, 공간에는 시간이 담겨 있다면서 공간이 어떻게 거꾸로 흐르느냐는 쓸데없는 질문에 봉착하게 됩니다. 간단하게 정리하고 넘어가겠습니다.

3 우주와 나 사이의 고유한 에너지 교류 통로, 대운

대운이 월주를 기준으로 변화하는 이유는 월지가 시공을 상징하기 때문입니다. 지구인의 운명 설계자 입장에서 보면 우주 자연의 질서의 일부인 인간의 삶을 지구라는 자연의 관점에서 설계할 필요가 있었을 것입니다. 즉, 자전이라는 회전 운동을 통해 지구에서 순환하는 계절을 에너지 변화의 기준으로 삼고 그에 따라 10년 단위로 각 인간이 자기만의 고유한 에너지와 만나도록 설계한 것입니다.

달리 말하면 계절의 순환에 따라 지구 안의 모든 생명체가 영향을 받기 마련인데 인간 역시 자연의 일부로서 자연의 영향을 받는 대상으로서 프로그래밍한 것입니다. 여기에서 주의할 것은 인간의 입장에서 자연을 바라보는 것이 아니라 자연의 입장에서 인간을 바라봐야 한다는 것입니다. 쉬운 예를 들자면 인간의 입장에서는 여름은 덥고 겨울은 춥기에 냉방기기와 난방기기의 도움이 절실하지만 자연의 입장에서는 여름에 덥고 겨울에 추워야 할 이유가 분명하다는 것입니다. 그래야 만물을 기르고 만물을 거두며 만물을 순환시킬 수 있기 때문입니다.

따라서 사주팔자로 운명을 해석할 때 인간의 관점을 버리고 자연의 관점을 갖는 것은 매우 중요하며, 인간의 관점에서 더우니 더위를 누그러뜨리는 기운이 필요하고 추우니 추위를 해소하는 기운이 필요하다는 식으로 바라보는 것은 매우 편협한 시각입니다.

대운은 좌표이지만 시간과 공간이 아니라는 말은 대운은 좌표이되 오로지 그 좌표가 갖는 속성의 에너지로만 인간의 사주팔자와 반응한다는 뜻입니다. 즉, 대운에 따라 본래 사주팔자 원국原局의 계절적 시공이 바뀌는 것이 아니며 다만 본래의 시공에 변화를 일으키거나 조화를 이룰 뿐입니다.

일간의 입장에서 원국의 시공이 어그러져 있는 경우 그 어그러진 시공을 보완하는 대운을 만나면 좋을 것입니다. 이렇게 대운과의 만남을 통해 일어나는 변화는 운명에 길하게 작용할 수도 있으며 흉하게 작용할 수도 있습니다. 아울러 길하다고 해서 무조건 10년간 길한 것이 아니라 세운에 따라 길함이 약해지거나 무력해질 수도 있고 오히려 흉하게 작용할 수도 있으며, 흉하다고 해서 나쁜 일만 발생하는 것이 아닙니다. 사주팔자 원국과 대운의 에너지, 그리고 세운의 좌표가 일으키는 반응을 정확하게 읽어야 하는 이유입니다.

대운은 개인별로 우주와 각 개인 간에 설정되는 좌표로 생각하면 쉽습니다. 눈에 보이지 않지만 우주와 나 사이에 생겨나 존재하는 에너지 흐름 통로나 차원 같은 개념으로 이해해 보십시오. 남자가 계묘년과 같은 음의 해에 태어나면 양인 남자 입장에서는 자신과 반反하는 세운이기에 대운이 거꾸로 흐르고, 갑진년과 같은 양의 해에 태어나면 자신과 정正하는 세운이기에 대운이 바르게 흐릅니다. 이른바 정반합의 원리입니다. 여자가 음의 해에 태어나면 정의 원리에 의해 대운이 순행하고, 양의 해에 태어나면 반의 원리에 의해 대운이 역행하는 것입니다. 이 의미를 태극으로 이해해 보도록 하겠습니다.

태극은 그 자체로 수많은 사유의 원천입니다. 우주의 운동 자체가 회전 운동이자 순환 운동임을 명확히 보여 줍니다. 음과 양이 서로 어우러져 변화하면서 회전과 순환 운동의 원천으로 작용하고 있음을 알려줍니다.

태극에 대운의 흐름을 적용하면 다음과 같습니다. 편의에 따라 양음의 선을 따라 간지를 한꺼번에 배치했지만 우리는 천간의 좌표와 지지의 좌표를 별도의 차원으로 인식해야 합니다. 대단히 입체적인 모양으로 상상해야 합니다. 지장간을 감안하면 좌표들이 그리는 차원은 매우 복잡하고 기이한 구조일 것입니다.

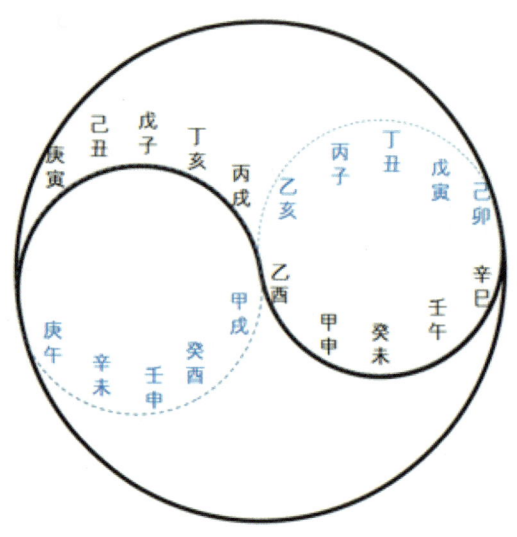

　이렇게 대운은 양의 해에 태어났느냐 음의 해에 태어났느냐를 기준으로 남녀에 따라 정반합正反合의 원리를 따릅니다. 위의 그림은 경자년 경진월에 태어난 남녀의 대운의 흐름을 표시한 것입니다. 매월 반반의 비율로 남자 아기와 여자 아기가 태어난다고 가정하면 각 남아의 대운은 정의 원리를 따라 순행하고 여아의 대운은 반의 원리를 따라 역행하면서 연 전체로 보면 우주와 사람 간에 흐르는 에너지의 총량은 정반합을 이루게 됩니다. 지구 위에 사는 사람 전체로 확장해도 마찬가지일 것입니다. 남녀의 대운에서 지지 공간 간의 은근한 조화로움을 느껴야 합니다.

　저는 이 원리야 말로 음양의 조화를 이루려는 설계자의 섬세한 배려라고 이해합니다. 정과 반은 정해져 있는 것이 아니라 좌표에 따라 부여 받는 성격일 뿐입니다. 속성의 상대성을 지칭하는 것뿐입니다. 척력과 중력의 조화와 균형 속에서 우주적 질서는 유지되고 있습니다. 척력과 중력은 각각 정이기도 하고 반이기도 하면서 합의 질서를 형성합니다.

《〈주역〉》〈계사전 상〉 제5장에 '일음일양지위도一陰一陽之謂道'라는 표현이 있습니다. '한 번 음하고 한 번 양하는 것을 도라고 한다.'는 뜻입니다. 음양이 하나의 대상에 있어서 서로 대립하면서도 조화를 이루는 성질을 뜻하는 개념(상하, 좌우, 남녀, 명암, 주야 등)이라면 일음일양이란 대상의 운동과 그 운동을 통해 발생하는 변화를 의미하는 개념입니다. 즉, 도란 고요하고 안정된 어떤 속성을 지칭하는 것이 아니라 끊임없는 운동과 변화의 상태를 일컫는 것임을 알 수 있습니다. 도를 곧 우주적 질서라고 치환해보면 위에서 설명한 대운의 흐름에서 조화와 균형을 꾀하는 우주혹은 설계자의 뜻을 이해할 수 있을 것입니다.

〈〈도덕경〉〉 제4장의 '도충이용지 혹불영 연혜 사만물지종道沖而用之或不盈 淵兮 似萬物之宗 - 도는 비어 있어 작용하기에 이른다. 어떤 경우에도 차지 않는다. 아득함이여, 만물의 근원인 듯하구나.'과 제42장 '만물부음이포양 충기이위화萬物負陰而抱陽 沖氣以爲和 - 만물은 음을 업고 양을 안아 충기하여 조화를 이룬다.'에서 충이라는 단어의 쓰임 역시 대립하는 듯 하지만 대립의 관계 속에서 조화와 균형이라는 통일성을 지향하는 운동과 변화의 이치를 확인하게 해줍니다. 즉, 일음일양이 곧 충이며 이는 화和, 조화를 이루려는 운동과 변화의 과정으로 도라는 우주적 질서의 기본 설계 양식인 것입니다.

02 운명 설계의 메커니즘

1 인간은 자연의 일부다.

　천간은 갑을병정무기경신임계로, 지지는 자축인묘진사오미신유술해로 순차적으로 나아가며 순환합니다. 천간과 지지가 60개의 조합을 이루니 지구는 60년마다 좌표의 순환을 거듭하게 됩니다. 그 좌표들을 지나가는 과정 자체가 인간에게는 시간으로 반영됩니다. 시간 속에서 지구도 변하고 우리도 변합니다.

　인간은 우주에 펼쳐진 원소들과 동일한 성분으로 구성되어 있습니다. 우리가 별의 후손이라고 불리는 이유입니다. 좌표들은 각각 상이한 에너지를 품고 있으면서 끊임없이 연결되어 있기에 지구의 좌표 간 이동은 반드시 인간에게 영향을 주게 됩니다. 인간이 가진 에너지의 구성과 파장은 저마다 다르기 때문에 좌표를 지날 때 받는 영향도 각각 다르기 마련입니다.

　우리는 우리가 살아있는 동안 우리가 살고 있는 이 공간의 계절이 봄, 여름, 가을, 겨울로 끊임없이 순환할 것임을 알고 있습니다. 계절의 순차적인 변화와 순환은 그 계절에 노출되어 살아가는 생명체들의 적응을 자연스럽게 도와줍니다. 예를 들어 더위와 추위 그 자체만으로 무 자르듯이 계절이 나뉘어 있다면 상당히 높은 비율의 인간이 적응에 실패하여 몸에 무리를 느끼게 되고 자칫 사망에 이를 수도 있을 것입니다. 하지만 자연은 순차적인 흐름 속에서 생명체들의 자연스러운 적응이 가능하도록 배려합니다. 무더위와 강추위도 가만히 들여다보면 생명체들에게 필요한 물질을 만들고 새로운 생명과 물질의 생장을 가능하게 하기 위한 휴식의 과정입니다.

우리 운명 설계자의 입장에서 한 번 생각해 보지요. 인간이 스스로의 운명을 파악하고 순응하게 하기 위한 척도로서 지구 위의 자연 그 자체보다 나은 것은 없었을 것입니다. 자연의 순환은 인간이 자연의 일부일 뿐이며 자연의 모든 생명체와 마찬가지로 원형이정元亨利貞의 이치를 따르지 않을 수 없는 유한한 생명체임을 가르칩니다. 다른 모든 생명체가 그러하듯 생을 유지하는데 필요한 에너지원의 보충을 위해 요구되는 최소한의 투쟁과 살생만을 하며 저장과 축적, 그리고 소유가 아니라 존재와 존재가 상생하며 더불어 사는 행복한 공동체를 만들라는 가르침을 일깨우는데 자연보다 선명한 대상은 없었을 것입니다. 그래서 과거의 위대한 성인들은 인간의 삶을 자연에 투영하여 늘 자연으로부터 배우기를 희구하였을 것입니다.

2 천간의 속성과 변화의 이해

일단 천간 네 개는 열 개의 천간십간 중에서 주어집니다. 어떤 사람은 10개 중에서 서로 다른 글자좌표의 속성 4개를 받을 수도 있고, 어떤 사람은 10개 중에서 오직 한 개의 글자만을 받을 수도 있습니다. 천간 10개 좌표의 의미를 각각 아는 것이 첫 번째 과정이 되겠지요. 태어날 때 하늘로부터 받은 천간 좌표들은 합合과 충沖이라는 법칙을 통해 서로 관계하고 변화를 일으킵니다. 우주 궤도에 펼쳐진 좌표와 좌표가 서로 만나 새로운 환경으로 변화하듯이 좌표의 속성과 속성이 사주 원국 속에서 만나 조합하고 관계하며 운명적 변화의 복선이 됩니다. 사주 원국에 존재한다고 합충의 작용력이 무조건 일어나는 것이 아니라 복선이라는 의미답게 실제 발현은 대운과 세운의 만남을 통해서 이루어집니다.

사주 해석을 통해 운명을 통찰하기 위한 첫 번째 과정은 명리학의 알파벳인 천간과 지지의 개념과 속성을 이해하는 것으로 시작합니다. 먼저 천간 갑을병정무기경신임계의 좌표별 속성을 이해해야 합니다. 각 좌표의 속성을 기존에 알려진 내용대로 암기하는 것은 아무 도움도 되지 않습니다. 이해와 사유의 과정이 필요합니다. 명리학은 인문학입니다. 암기가 인문학의 속성일 리 없습니다. 기본적인 내용만 아주 간단하게 살펴보고 가겠습니다.

1) 천간합

A. 갑기합

천간 좌표를 각각 공부하는 것은 실효성이 떨어집니다. 지속과 순환이라는 좌표의 특징을 염두에 두고 합과 충(극)의 관계를 통해 형성되는 좌표 간의 조합이 어떠한 의미를 만들어 내는지 익혀가야 합니다.

갑목甲木은 최초의 생기, 생명체, 뿌리의 속성입니다. 기토己土는 글자의 모양대로 좁은 영역을 의미하기도 하고 안, 속, 실내를 뜻하는 글자입니다. 갑기가 합하여 토로 바뀐다는 갑기합화토甲己合和土를 실제로 양목 갑목과 음토 기토가 만나면 양토 무토戊土로 물형이 바뀐다는 의미로 암기해서는 천간의 변화를 온전히 이해할 수 없고, 천간 좌표들의 속성을 품고 있는 지지의 변화를 제대로 이해할 수 없습니다. 갑기합화토의 의미는 생명의 출발과 삶, 그리고 생명의 변화와 마감이 반드시 토를 매개로 이루어진다는 것을 가르쳐 주며, 때의 중요성을 알려줍니다. 동시에 토로 변화하는 것이 아니라 토의 에너지를 추가로 만들어 내는 개념으로 이해해야 합니다. 십성 관계를 배우고 실전 사주 해설을 보게 되면 합으로 새로운 에너지를 만든다는 것의 의미를 깨우치게 됩니다.

즉, 갑목이 기토를 만나는 시기가 어떠냐에 따라 토에 뿌리를 박고 생기로서 피어날 수도 있고 생기를 잃은 채 토로 되돌아갈 수도 있는 것입니다. 갑목 일간이 대운에서 기축己丑 간지를 만날 때와 기미己未 간지를 만날 때는 둘다 물질이나 무대 또는 여자(남명의 경우)를 뜻하는 재성(정재)운을 만난 것이지만 작용력은 매우 다릅니다. 십이운성 개념을 익힐 때 그 차이점을 구분할 수 있습니다.

갑목의 입장에서 보는 것처럼 마찬가지로 갑목이 아닌 기토의 입장에서 갑목을 만나는 경우도 생각해 볼 수 있습니다. 세상의 모든 것은 상대적입니다. 우리 각자가 삶의 주체이듯 사주의 글자마다 자기의 입장이라는 것이 있습니다. 이 상대성을 이해하면 이해할수록 자연의 이치와 자연의 이치에 비친 인간의 삶과 운명의 실체가 선명해집니다. 기본적으로 갑기합은 기토라는 터전에 갑목이 동화되어 정착함을 뜻하게 되며 그것의 궁부정성은 사주에 따라 달라집니다.

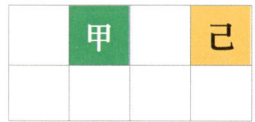

갑목 일간이 연간에 있는 정재 기토와 합을 하려 합니다. 국가자리 또는 해외자리에서 돈을 벌겠다는 것이지요. 공무원이나 다국적 기업의 직장인으로 근무할 수 있는 것입니다. 물론 단편적인 얘기입니다.

남자 사주라면 국제결혼을 암시하기도 합니다.

기토가 월간의 갑목 정관과 합을 하고 있습니다. 직장인의 모습입니다. 지지의 연결성에 따라 직장의 성격이 달라집니다.

여자라면 사회에 있는 남자와 인연이 됩니다. 갑기합하니 겉으로 드러난 궁합이 좋습니다. 천간에는 '남의 눈에 드러나는'의 속성이 있습니다.

B. 무계합

무토는 지구의 표면과 같은 터전의 물상입니다. 무토는 대기의 물상인 계수를 만나 무계합화화戊癸合和火를 함으로써 을이라는 수많은 생명체를 기르는 온화한 환경을 조성합니다. 온기를 만들어 내는 것입니다. 따라서 무계합은 공익의 속성을 띱니다. 병화의 속성과 같습니다.

무계합의 이런 속성은 모든 사주에서 동일하게 발현되는 것이 아닙니다. 구조에 따라 천차만별의 의미로 드러납니다. 공익과 거리가 먼 재물에 대한 욕망으로 표출되기도 쉽습니다. 현실에서는 직업적으로 공익을 추구하는 사람의 수는 한정적일 수밖에 없습니다. 대부분은 사익을 추구하며 살아갑니다.

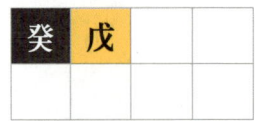

무토 일간이 시간의 계수와 합합니다. 자신의 몫인 재물을 소유하는 모습입니다. 그 재물의 크기는 다른 글자들에 달려 있습니다. 시간에 있어서 사적 재물이지만 지지 관계에 따라 사회와 직장에서 받는 돈일 수도 있습니다. 지금은 각론 기초 단계이니 부분을 전체로 오인하지 말고 빠르게 읽어 나가면서 전체를 조망하는 눈을 키우시기 바랍니다.

이런 합의 모습은 자칫 돈이나 여자에 대한 집착으로 발현될 수도 있습니다. 천간은 정신, 심리의 속성을 갖기 때문입니다. 무계합이 화 에너지를 만든다는 것은 무토 일간 입장에서는 인성이기에 돈에 대해 집착하는 마음이 되기 쉽다는 뜻도 되는 것입니다.

이번에는 계수 일간이 무토 정관을 시간에서 만나 합을 이루고 있습니다. 명예를 취해 유명해지는 모습입니다. 내 회사를 갖다, 나만의 브랜드를 갖게 되다 등의 뜻이 나옵니다. 여자라면 무토를 남편으로 쓸 수도 있습니다.

합하여 재성 에너지를 만들게 되니 회사를 만들어 돈을 벌다, 유명세로 돈을 벌다, 결혼해서 남편으로 맞았더니 돈이 벌리다, 남편이 돈으로 보이다(남편보다 돈이 더 중요해지다) 등의 뜻이 만들어집니다.

C. 을경합

자연에서 갑목이 뿌리의 물상이라면 을목은 싹의 물상입니다. 갑목이 기획의 속성이라면 을목은 실행의 속성이 될 수밖에 없는 것입니다. 뿌리 깊은 나무에서는 싱싱하고 풍성한 나뭇잎이 돋아나기 마련이지요.

이 을목의 에너지가 지속적으로 성장하면 아무리 뿌리 깊은 나무라도 그 무게를 견디지 못하고 어느 순간 무너져 내리고 말 것입니다. 경금은 이 목 에너지를 합하여 금의 에너지로 전환하고 흡수합니다. 을경합화금乙庚合和金의 작용력입니다. 그 과정에서 을목이 가진 목의 물형과 속성이 상하게 되지요. 이렇게 금 오행이 가진 기운을 숙살지기肅殺之氣라고 표현합니다. 싱그러운 생명의 기운을 저물게 하는 가을의 서늘한 기운이요, 생기를 상하게 하는 말 그대로의 살기입니다.

을목이 개인, 부분, 확산 등을 상징한다면 경금은 집단, 전체, 수렴 등의 속성을 갖습니다. 그래서 을경합은 개인성을 말살하는 집단성의 추구, 지점과 본점의 관계, 카카오톡과 스마트폰의 관계 등 다양한 물상적 의미를 갖게 됩니다.

명리학의 길을 잘못 들어서면 물상이 명리 공부의 상위 단계인양 착각하기도 합니다. 결론을 얘기하자면 전혀 그렇지 않습니다. 철학을 공부하는데 모든 지식과 사유를 그림으로 압축하고 그것이 전부인 것처럼 말한다면 동의하기 어렵겠지요? 마찬가지입니다. 공부 분야의 일부분일 뿐입니다.

　사주 내에서 목과 금의 조합은 생기를 상하게 하기에 그와 관련된 직업성이 만들어지게 됩니다. 조합 그대로 합법적으로 생기를 죽이는 일이라면 군인, 도축업, 목재업, 분재업, 조경업, 미용업 등이 있겠지요. 역으로 생기를 살리는 일이라면 의료, 치료, 치유, 제약, 생명공학, 바이오, 상담 분야의 직업성을 갖게 됩니다. 물론 불법적으로 생기를 죽이고 생명을 빼앗는 속성으로 쓰는 사람도 있겠지요. 하지만 다행히 이 세상에는 아직 그런 자들의 수가 소수에 그치고 있습니다. 인간성이 말살된 디스토피아적 미래 세계가 된다면 금극목의 조합이 흉하게 사용될 여지가 많겠지요.

　시간 을목은 병화 일간 입장에서 정인입니다. 일간의 문서, 지식, 정보, 노하우, 콘텐츠, 글 등이 국가자리, 해외자리에서 돈을 끌어오는 것입니다. 천간합이 꼭 일간과 다른 글자 사이의 조합만으로 이루어지는 것은 아니지요.

乙	辛		庚

　일간이 신금이니 경금은 겁재가 됩니다. 경금 겁재가 일간이 가진 을목 돈을 합으로 가져가려고 노리고 있는 구조가 됩니다.

　일간이 남자라면 을목 부인(또는 애인)이 멀리 있는 다른 남자와 합하여 떠날 수도 있겠지요.

D. 병신합

자연의 입장에서 볼 때 경금은 병화를 필요로 합니다. 가을에 열리는 열매들에게 햇빛이 필수적인 것처럼 말이지요. 하지만 경금 입장에서 병화가 너무 강하면 열매는 타 죽고 말 것입니다. 십성 관계로는 병화라는 편관의 에너지가 너무 강하면 경금은 극심한 스트레스, 고통을 받게 됩니다. 경금이 지지에 강한 근根을 갖고 있어 충분히 강하다면 병화 편관의 에너지를 감당할 수 있습니다. 그래서 편관의 에너지를 잘 쓰면 큰 권력, 명예를 취할 수 있게 되지요. 후반부의 십성 편에서 자세히 살펴보도록 하겠습니다.

경금이라는 물질을 제련하는 병화의 에너지가 지속되면 자연의 순환은 불가능하게 됩니다. 이 병화의 작용력을 중단시키는 역할을 수행하는 것이 신금입니다. 병신합화수丙辛合和水의 작용력이지요.

구조에 따라 병화가 신금에게 빛을 방사하여 신금을 반짝이거나, 신금이 병화를 잡아 사주에서 빛을 없앰으로써 정신, 어둠, 죽음 등의 의미를 갖습니다.

일간 경금과 겁재 신금이 연간의 병화를 보고 있습니다. 국가자리의 관을 쓰니 공기업, 공공기관, 다국적 기업, 대기업 등에서 일하는 구조입니다.

경금 일간에게 병화는 편관이라 힘든데 신금 겁재가 병화를 합으로 잡아 주니 동료들의 덕을 보게 됩니다. 직원이 많은 직장에 다니면 도움이 되는 것입니다. 이를 명리학에서는 양인합살이라고 합니다. 병신합이 수 식상 에너지를 만드니 동료들이 많은 직장에서 일한다는 뜻이 만들어집니다.

편관이라는 힘겨운 에너지를 제화하여 잘 쓸 수 있게 해주는 방법을 편관 제화삼법이라고 하는데 식상을 쓰는 식신제살과 상관합살, 겁재의 도움을 받는 양인합살, 그리고 공부와 정신 수양으로 극복하는 살인상생이 그것입니다. 십성편에서 재언급할 것이니 이런 것이 있다 정도로 넘어가면 됩니다.

만일 여자 시주라면 병화를 직장이 아니라 남자로 쓸 수도 있는데, 여성의 사회 활동이 거의 필수적인 현대 사회에서는 여자들도 연월이라는 공적 영역의 관을 남자 대신 직장으로 우선하여 쓰는 것이 좋습니다. 먼저 안정된 직장을 잡는 것이 좋다는 것이지요. 만일 위 구조에서 병화 편관을 남자로 쓰게 되면 병화는 겁재와 합하니 남자 인연이 불미하다는 것을 암시합니다. 병화 남자 입장에서는 두 여자를 보고 있기 때문이고, 경금은 우선순위에서 밀리며, 편관 남자이기 때문입니다. 반면 겁재 신금 입장에서는 정관 남자이며 바로 옆에서 합을 이루고 있어 궁합이 좋은 남편의 속성입니다.

단, 지지의 연결성이 어떠한가에 따라 경금 일간에게 유리할 수도 있습니다. 불리하더라도 운에서 어떤 조합을 이루느냐에 따라 인연이 달라지니 천간 글자만 보고 판단하면 안 되지요. 천간 글자만 보고도 사주를 알아맞힌다는 등의 자극적인 제목으로 시청자를 유혹하는 유튜브 영상이 있다면 멀리하는 것이 좋습니다. 그렇다면 굳이 사주팔자가 아니라 천간사자여야 할 테니까요.

E. 정임합

천간합을 잘 보면 모두 상호 극의 관계에 있는 글자끼리 합을 이루고 있음을 알 수 있습니다. 목극토인 갑기합, 토극수인 무계합, 금극목인 을경합(경을합이라고는 잘 부르지 않습니다), 화극금인 병신합, 그리고 수극화인 정임합 모두 겉으로는 극의 관계이지요. 십성적으로는 정관과 정재의 관계로 남편과 아내의 합이기도 합니다.

화성에서 온 남자와 금성에서 온 여자가 음양의 조화를 이루어 살아가듯, 서로 전혀 다른 속성의 에너지인 것 같지만 합하여 어울리게 되는 것이지요.

천간합 중에서 정임합은 정임합화목丁壬合和木으로 목 생기를 만드는 작용력을 가지기에 여기에서 좀 특별한 의미가 나옵니다. 인간사에서 새로운 생명체를 만드는 행위는 남녀 간의 성관계를 뜻하기 때문이지요. 그리하여 고전에서는 정임합을 음란지합이라고 부르기도 했습니다. 정임합을 꼭 그렇게만 볼 것은 아니지만 그런 속성이 담겨 있음을 아는 것은 필요합니다. 특히, 지장간에서 이루어지는 암합에서는 이 속성이 보다 은밀하게 작동할 수 있습니다. 꼭 그런 속성으로만 쓰이는 것은 아님을 알아야 하는 것은 물론입니다.

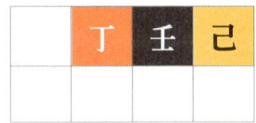

임수 정관과 합하니 직장인 구조입니다. 기토는 정화 일간 입장에서 식신인데 식신은 전문적인 일, 직업적인 일, 능력, 실력이지요. 기토가 임수를 보면 기토탁임이라는 표현을 쓰는데, 기토가 토이기는 하지만 임수를 확실히 제압하지 못하기 때문에 임수가 탁해진다는 뜻입니다. 하지만 너무 나쁘게 받아들일 필요는 없습니다. 만일 기토 대신 무토가 있다면 무임극으로 무토가 임수를 극하는데 이는 상관견관이라고 하여 전체 구조에 따라 관을 거부하는 에너지로 쓰이기도 하고 외교, 로비, 컨설팅 등 관을 다스리는 출중한 능력으로 쓰이기도 합니다. 기토 식신으로는 임수를 다스리는 능력이 떨어지지만 대신 한가지 좋아하는 일을 오랫동안 꾸준히 하는 것이 식신의 장점이므로 그 일을 지속한다면 결국 임수 정관도 정화 일간이 쓰는 기토 식신적 능력을 인정하고 그것의 다스림을 받게 됩니다.

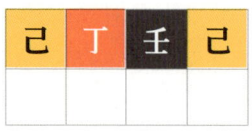

예를 들어 이렇게 되어 있다면 사회 초년생 때부터 했던 일을 말년에도 지속하는 개념이지요. 한 분야의 전문성을 오랫동안 갈고 닦았으니 나중에는 숙성된 기토 능력으로 사회의 임수 정관을 다스리게 되어 직장 고위직에 오를 수 있는 구조가 됩니다.

2) 천간충

천간충은 갑경충, 을신충, 병임충, 정계충의 4개가 있습니다. 십성으로 편재와 편관 간의 충입니다.

충은 한 글자가 다른 글자를 일방적으로 극하는 관계라고 생각하면 안 됩니다. 이는 극의 관계로 설명되는 갑무극, 을기극, 병경극, 정신극, 무임극, 기계극의 관계하고는 다릅니다.

충이란 변화를 통해 새로운 안정 상태를 만들고자 서로 부딪히는 작용입니다. 변화는 근본적으로 세상 만물의 기본적인 속성입니다. 변화하지 않는 것은 아무것도 없으며 변화하지 않으면 그 어떤 일도 일어나지 않습니다. 순환과 지속의 원리가 깨지는 것입니다. 모든 변화는 부정성과 긍정성을 동시에 포함하고 있습니다. 충의 부정성에 함몰되는 대신 그 부정성에도 불구하고 새로운 안정을 만들기 위해서 충이 우리에게 근본적으로 원하는 것이 무엇인지 잘 분석해야 합니다.

그것이 생기를 보호하기 위한 직업적인 개운을 요구하는 것인지, 인간 관계에 있어서 인내와 조정을 바라는 것인지 등을 봐야 합니다. 특히 운에서 편관으로 올 때는 직장이나 남자로 인한 스트레스나 재물의 손실, 법적인 문제 등만을 볼 것이 아니라 근본적으로 나 자신을 어떻게 바꾸기를 원하는 지, 어떻게 위기를 기회로 만들

것인지를 살펴야 합니다. 물론 하루아침에 깨달음을 얻을 수는 없습니다. 순서에 맞춰 차근차근 제대로 된 공부를 통해 깨우쳐 갈 수밖에 없습니다.

이런 구조라면 일간 신금은 임수라는 상관적 능력을 토대로 을목 편재를 벌겠다는 의도입니다. 국가자리, 해외자리에서 수입을 만들겠다는 것이지요. 신금이 을목을 충극하는 에너지 작용력은 거의 일어나지 않습니다.

이런 식이라면 을목 편재를 옆에서 바로 보고 있기 때문에 을신충의 관계가 작동하게 됩니다. 신금 일간 입장에서는 을목이라는 사회의 돈을 다루려는 직업성을 갖게 되는 것이지요.

만일 을목 아래 월지에 사화가 있다면 을목은 직장의 돈이 되는 것입니다. 직장의 돈을 다루는 직업성은 흔히 금융권이 되지요.

3 지지의 속성과 변화의 이해

1) 자연의 지속과 순환 원리, 지장간

지지는 자축인묘진사오미신유술해의 12개의 공간으로 이루어져 있습니다. 천간보다 두 개가 더 많지요. 천간에는 무기戊己의 두 개의 토가 있는 반면에 지지에는 진미술축辰未戌丑으로 두 개의 토가 더 있습니다. 본격적인 공부를 시작하기 전에는 4계절이 순환하는 땅이라는 공간에 설정된 순환의 마디 정도로 간단히 이해해도 무방합니다. 마치 간절기의 개념처럼 말이지요.

12개의 공간을 우리 인간의 관점에서 열두 달의 각 속성으로 받아들이지 않도록 주의해야 합니다. 사람마다 계절을 인식하는 감수성은 저마다 다르기 마련입니다. 인간의 입장에서 주관적으로 인식하기를 멈추고 먼저 자연의 이치를 객관적으로 인식하는데 주력해야 합니다. 자연의 이치를 자연의 관점에서 이해하기 시작하면 그 이치가 인간의 삶에 어떤 모습으로 투영되는지 안목이 트입니다. 즉, 명리학 공부는 자연과 가까워지는 기회를 제공합니다. 신영복 선생님은 점을 치는 사람은 근본적으로 착할 가능성이 높다고 했습니다. 자신의 한계를 인식하는 사람이기 때문입니다. 겸손의 가능성을 내포하고 있는 것이지요. 명리학이 점학, 점술은 아니지만 인간의 자유의지와 그에 따른 실천만을 성취의 원동력으로 바라보는 오만에서 벗어나게 해주는 것만은 분명합니다.

12지지를 자연의 관점에서 객관적으로 인식하는 방법은 지장간의 의미를 공부하는 것입니다. 계절이 순환하는 데서 알 수 있듯이 우리가 사는 지지라는 공간에는 시간이 흐릅니다. 아인슈타인이 규정하기 훨씬 오래 전부터 자연에서는 시공이 따로 존재한 적이 없습니다. 자연은 무위로 모든 것을 있게 하기 때문입니다. 공간 위에 시간이 흐른다는 것은 우리가 사는 터전 위에 하늘의 이치가 작동하고 있다는 말과 다르지 않습니다. 곧 각 지지 공간의 의미를 천간 좌표로 표기한 지장간의 의미를 공부하면 지지의 속성이 드러나겠지요.

　물론 이런 관점은 다만 공부의 편의를 위한 것입니다. 우리는 천간과 지지가 지구의 운행 항로에 설정된 우주 좌표라는 개념임을 잊지 말아야 합니다. 천간과 지지, 지지와 지지는 지장간을 통해 서로 연결되어 있습니다. 아무리 멀리 떨어져 있어도 상호 소통합니다. 원국과 대세운까지 결합해 지장간을 통해 좌표와 좌표가 엮이는 모습은 시공의 휘어짐과 양자얽힘을 연상시킵니다.

　일단 중요한 것은 하늘의 좌표에 단절이 없듯 지장간의 흐름도 연속이라는 가치에 방점을 두고 살펴야 합니다. 지지가 곧 하늘 좌표의 공간적 표기라는 말과 같기에 지장간을 마치 공간과 공간이 끊어진 상태로 바라보면 우리가 사는 공간에 시간이 연속적으로 흐르지 않는다는 것과 같습니다. 그런 일은 일어난 적이 없고 앞으로도 일어나지 않을 것입니다.

　자축인묘진사오미신유술해를 지장간과 함께 표기하여 연속성을 반영하여 그림으로 그리면 다음과 같이 나타낼 수 있을 것입니다. 어느 공간부터 시작하든지 설명이 가능합니다. 60갑자의 출발이 갑자 간지이고 갑과 자는 공히 처음과 시작의 의미를 갖고 있으니 자 수를 예로 들어 지장간에 대한 이해가 왜 명리학 공부의 핵심인지 살펴보도록 하겠습니다.

　지지 12개의 공간은 생지인사신해와 왕지자묘오유, 그리고 묘지진미술축로 구분할 수 있습니다. 생지는 삼합三合과 방합方合의 출발점이요, 왕지는 합의 에너지가 가장 강한 지점에 이른 것이며, 묘지는 합의 과정이 그치고 합을 통해 만들고자 했던 에너지가 저장되는 마감점의 개념입니다. 아래에서 지지의 변화에 대해 설명하겠지만 먼저 소개하는 이유는 지장간의 구조를 이해하기 위해서입니다.

　지장간은 여기餘氣, 중기中氣, 본기本氣로 구성되어 있습니다. 그 중에서 왕지인 자묘오유의 지장간은 여기와 본기만으로 구성되어 있습니다. 오화午火는 예외입니다. 중기에 기토가 있습니다. 용어를 너무 어려워할 필요가 없습니다. 자주 접하다 보면 이해가 되기 때문입니다. 용어를 외운다고 이해력이 높아지는 것은 아닙니다.

　자수의 지장간에는 여기 壬과 본기 癸가 들어 있습니다. 임수는 자수의 이전 공간인 해수에서 넘어온 것입니다. 해수의 지장간은 戊甲壬인데 해수의 본기인 임수의 기운이 자수로 이월된 것입니다. 자수의 입장에서는 해수의 본기인 임수의 기운이 여전히 남아 있다는 의미가 됩니다. 공간을 흐르는 천간의 기운이 계절처럼 섞이며 끊임없이 이어지는 모습을 확인할 수 있습니다. 자수라는 공간에서 자연이 하는 일을 이해하기 위해서는 그 전 공간들의 흐름을 제대로 이해해야 합니다. 연속적인 흐름의 관점에서 지장간을 대해야 합니다.

즉, 유월酉月에는 庚辛이 들어 있는데 이것이 자연의 입장에서 직관적으로 의미하는 바는 경금이라는 열매가 신금의 상태로 바뀌는 공간이 곧 유월이라는 것입니다. 신금은 집단적으로 매달려 있던 경금 열매가 낙하한 것이자 지상의 생명체가 먹고 남은 씨앗의 개념이 됩니다. 초식동물이 열매를 모두 갉아먹은 후 남겨진 씨들을 생각해 보세요. 먹거리로서의 효용성도 갖지 못한 신금의 쓸쓸한 운명이 느껴집니다. 할 일을 다하고 고독하게 죽음을 맞이하려는 한 개체의 최후의 모습입니다. 그런데 신금의 죽음으로 마무리된다면 자연은 더 이상 순환할 수 없습니다.

술월戌月의 공간은 辛丁戊가 채웁니다. 유월의 신금이 술월을 맞이했습니다. 할 일을 마치고 최후의 순간에 섰던 신금에게 반전이 일어납니다. 정화가 눈을 감으려는 신금을 되살리기 위해 에너지를 불어넣습니다. 죽음의 공간이지만 그 죽음 위에서 다시 생명을 피워 내기 위한 새로운 시작의 준비가 일어나는 것입니다. 마치 영화 속에서 이집트의 피라미드에 오랫동안 잠들어 있던 미이라에 생명의 주문을 걸 듯, 정화는 죽어가는 신금에게 부활의 에너지를 투사하는 것입니다.

자수는 5음 1양의 공간입니다. 달로는 양력 12월이요, 시간으로는 밤 11시 반부터 새벽 1시 반까지이니 인간이 느끼기엔 해수보다 더 춥고 어두운 공간이지만 6음의 공간인 해수와 달리 1양이 시생始生하여 매우 드라마틱한 변화를 준비하는 창조의 공간입니다. 빅 크런치Big Crunch처럼 무한히 수축하는 속성의 임수를 거부하고 세상에 양기를 불어넣어 만물이 폭발적으로 성장하는 봄의 씨앗을 발아시키려는 준비 과정입니다. 이전의 공간 해수에서 되살려 낸 생기를 받아 생기에 성장의 에너지를 공급하는 은밀하고 안정된 공간입니다.

인간의 입장에서는 정자와 난자로 비유하면 기억하기 쉽습니다. 정자와 난자가 만나 새로운 생명체로 막 발아하려는 공간인 셈이지요. 각 공간의 핵심 속성을 자연의 관점에서 이해한 후 그 물상을 인간의 삶에 응용하면 물상별로 많은 의미가 만들어지게 됩니다.

자묘오유라는 공간의 큰 특징 중의 하나는 왕지이기에 기운이 강하다는 데 있지 않고 가장 강하기에 기운이 전환된다는데 있습니다. 전환은 불안정성을 낳기 마련이지요. 따라서 자수라는 공간에서는 임수가 계수로 바뀌면서 이전의 삶과는 다른 변화를 암시하게 됩니다. 이런 변화는 공부의 변화, 배우자의 교체 등의 문제로 현실화 됩니다. 자수는 또한 공자孔子, 맹자孟子 등에서 알 수 있듯이 공부와 밀접한 관계가 있습니다. 임수와 계수가 모두 있으니 두뇌 작용이 남다른 것입니다.

자수는 지혜, 창조성과 관련되며 그 시공의 의미와 시간의 의미대로 차가운 성정과 음습한 행위 등을 의미하기도 합니다. 성인의 의미로 사용하는 성聖이라는 단어에 임수가 들어 있습니다. 남보다 깊게 듣고 남보다 깊이 있게 말하는 사람이라고 해석하면 무리가 없습니다. 임수는 이렇게 깊이, 심오함을 상징하는 글자입니다. 임수로 깊게 공부하고 계수로 폭발시켜 사유하니 자수에 창의와 창조의 속성이 담기는 것은 당연합니다.

축토丑土에는 癸辛己가 들어있습니다. 자월의 본기인 계수가 넘어왔습니다. 신금은 해월에 피워낸 갑목의 기운을 육체라는 물형을 가진 실질적인 물질로 탄생시키기 위한 원료입니다. 신금이라는 원료가 공급될 때 계수는 그 원료를 질료 삼아 새로운 생명에 육체라는 실체를 부여하기 위한 폭발적인 성장의 과정을 책임집니다. 자수에서 발아한 생명의 잉태와 성장이 기토라는 음습한 내부의 터전에서 이루어지는 공간이 축토인 것입니다.

인목寅木은 戊丙甲이 담겨 있는 공간입니다. 계수와 신금의 작용력으로 기토가 품고 있던 생명체가 인월의 무토로 넘겨집니다. 축토는 음이요, 인목은 양이니 물형의 변화와 물형의 변화를 일으키는 작용력이 행해지는 토라는 터전의 음양도 좌표의 속성을 따르는 것입니다. 이제 유월에 지상으로 추락했던 신금은 죽음의 순간에 지펴진 생명의 불꽃에 힘입어 술해자의 공간을 지나 바야흐로 인월에 갑목이라는 육체를 가진 새로운 생명체로서 탄생하게 됩니다. 이제 겨우 몸을 얻어 세상으로 나온 인월의 갑목은 병화丙火에게 자신의 에너지를 전달함으로써 화의 기운이 출발할 수 있도록 지원합니다. 인오술寅午戌 화삼합이 시작되는 것입니다.

자연의 관점에서 공간을 이해하면서 우리가 자연으로부터 배워야 할 점은 자연은 결코 인간처럼 축적을 하지 않는다는 것입니다. 물질을 만들어 생명을 먹이고 남은 씨앗이 다시 영속적인 순환의 고리를 이어갈 뿐 자신의 공간에서 한 일에 대한 보상을 위해서 다음 공간으로 결과물을 건네지 않는 일 따위는 발생하지 않습니다. 살아서는 물론 죽어서까지 자신의 핏줄을 위해 축적의 욕망을 버리지 않는 인간만이 자연의 세계에 존재하는 유일한 돌연변이입니다. 돌연변이는 환경에 적응하기보다 생태계의 사슬과 환경의 선순환을 망가뜨리는 짓을 하기 마련입니다.

진토辰土는 乙癸戊로 구성되어 있습니다. 묘월에 지상을 수평으로 가득 채우며 끝없이 뻗어 올라갈 듯이 의기양양했던 을목의 기세는 무계합의 작용력에 의해 한풀 꺾입니다. 계수가 무토에 묶여 화의 기운을 올리는데 사용되느라 고갈됨으로써 을목은 성장의 동력원을 잃게 됩니다. 화의 기운에 의해 을목이 설기됩니다. 이런 자연의 조절 과정이 있기에 세상은 을목으로 뒤덮이지 않을 수 있는 것입니다. 계수의 폭발적 에너지가 통제되지 않고 을목이 계속해서 성장한다면 세상은 순식간에 잭이 타고 올라갔던 콩나무처럼 거대한 목의 세계로 변하고 말 것입니다.

사화巳火의 공간 안에는 戊庚丙의 에너지가 존재합니다. 병화가 본기로서 화려한 빛을 뿜내며 경금 꽃을 피워냅니다. 진월의 을목은 사월에 경금이 드러날 수 있도록 해주는 원료의 역할을 합니다. 목은 금의 원료가 되고 금은 목의 원료가 되어 수와 화의 도움을 받아 이 세상을 철마다 다채로운 모습으로 장식하는 것입니다. 진월과 사월 간의 을경합과 이 을경합의 결과물이 화려하게 꽃의 물상으로 피어나도록 에너지를 공급하는 병화의 빛에 의해 사월의 공간은 계절의 여왕이라는 칭송을 받을 만큼의 아리따운 자태를 맘껏 뽐내게 됩니다. 사유축 금삼합이 출발하는 공간입니다.

오화午火는 병丙화가 정丁화로 전환하는 공간입니다. 그런데 왕지 자묘오유들 중에서 유일하게 세 글자로 이루어져 있습니다. 기토가 중기에 자리하는 이유는 병화의 양기가 정화의 음질로 전환하는 것은 만만한 일이 아니라는 반증입니다. 갑병무경임의 양간 중에서 병화는 그 기운이 가장 막강합니다. 병화를 대표하는 물형이 빛입니다. 빛은 무한의 공간을 향해 전진 운동을 합니다. 멈추거나 후퇴하는 법이 없습니다. 빛의 전진과 분산 속성을 열의 수렴 속성으로 바꾸기 위해 기토의 보조 역할이 필요한 것입니다. 꽃을 화려하게 피우고 부풀렸던 에너지가 잦아드니 꽃은 지고 꽃이 떨어진 자리에서 서서히 작은 열매가 맺히기 시작합니다.

미토未土에는 丁乙己가 자리합니다. 해수에서 출발했던 해묘미 삼합 운동이 마감되어 해수에서 갑목으로 피어났던 목의 기氣가 을목으로 질화質化되어 기토에 저장됩니다. 정화는 을목이 본래의 속성대로 사방을 향해 확산하지 못하도록 설기하여 통제하는 역할을 합니다. 을목의 입장에서는 답답한 환경이겠으나 자연이 그렇게 하는데는 다 나름의 이유가 있는 법입니다. 사과나무의 이파리를 무성하게 했던 에너지가 이제는 사과를 열리게 하고 탐스럽게 키워 가는 에너지로 쓰이는 것입니다. 오월에 맺기 시작한 금 열매를 본격적으로 키우기 위해 목의 성장을 마감하고 목으로 향하던 에너지를 금에게 집중하기 위함입니다. 진월에 꽃을 피우기 위한 원료로 사용된 바 있었던 을목은 이제 미월에 이르러서는 다음 공간부터 본격적으로 키워 갈 금 열매를 위한 원료로 사용되고자 자신의 속성을 억압당하며 맡은 바 소임을 다하고 물러나려는 것입니다.

신금申金의 공간에는 戊壬庚의 에너지가 들어 있습니다. 미월 기토에 저장된 을목이 신월의 무토로 넘어옵니다. 토는 물질이 만들어지는 토대이자 물질이 저장되는 창고와 같으며 물질을 공간과 공간으로 전달하는 전달자입니다. 경금은 미월에 마감되어 저장된 목의 질인 을목을 원료로 본격적으로 열매로서의 물형을 완성해 가기 시작합니다. 신자진 수삼합 운동이 출발합니다.

지장간에 대한 이해는 각 공간에 담긴 자연의 뜻을 깨닫게 해줍니다. 동시에 자연이 끊임없는 순환 운동을 통해 이 세계에 물질을 만들어 뭇 생명들을 먹이고 살게 하는 선의의 마음임을 긍정하게 해줍니다. 아스팔트는 죽음의 땅입니다. 아스팔트 위에 떨어진 신辛금은 순환 운동의 대열에 합류할 방법이 없습니다. 하지만 우리는 압니다. 보드라운 흙이 펼쳐져 있는 땅을 손으로 헤집고 씨앗을 심으면 자연이 품어 싹을 틔우고 꽃을 피워 끝내 열매를 맺을 것이라는 사실을 말입니다.

인간은 시공의 영향에서 벗어날 방법이 없는데 이 영향력은 사주에서 월지와 시공의 관계를 통해 드러납니다. 시공은 월지로 대표되니 집안, 직장, 사회 등 인간의 삶을 둘러싼 환경을 결정하는 인자입니다. 우리는 환경으로부터 큰 영향을 받으며 살아갑니다. 하지만 동시에 인간은 환경을 극복하며 살아가는 존재입니다. 전쟁의 한가운데서 태어난 사람이라도 모두 죽지 않습니다. 한국전쟁의 폐허 위에서 우리는 선진 조국을 일구었습니다.

우주의 좌표로 설계된 인간의 운명은 자연의 순환 과정과 달리 뒤죽박죽되어 있는 경우가 많습니다. 자연을 닮아 연지부터 시지까지 순차적으로 나아가는 지지를 얻은 사람의 삶은 그렇지 않은 사람의 것에 비해 순탄합니다. 하지만 태어나고 보니 공간의 흐름이 엉망진창인 것을 어찌하겠습니까? 자연을 닮으려는 노력을 지속적으로 하라는 뜻으로 받아들이고 겸손하게 따라야 하지 않을는지요? 지지가 순탄하게 흐른다고 무조건 좋은 것만은 아니니 지지의 순서가 차례대로 구성된 사람의 사주를 너무 부러워할 필요는 없습니다.

2) 지지합/지지충/지지형파해

지장간을 통해서 개별적 공간의 의미를 간략하게 이해해 보았습니다. 이제 복잡한 지지 변화의 핵심을 간단히 살펴보도록 하겠습니다. 명리학 공부의 가치와 철학을 이해한 뒤 정해진 순서와 기준에 따라 나아가면 시행착오를 최대한 줄일 수 있습니다. 무조건 고전이나 현대의 여러 저자의 책 속으로 뛰어들어 헤매는 시간에 비해 엄청나게 시간을 줄일 수 있을 뿐만 아니라 공부의 과정도 즐겁고 독해력, 사유력도 눈에 띄게 증강됩니다.

A. 삼합

먼저 삼합은 한마디로 정의하면 기적으로 존재하는 천간의 에너지를 질적으로 전환하는 과정입니다. 그래야 우리 인간을 포함한 공간 위의 생명체들이 생존을 이어갈 수 있기 때문입니다. 또한 사계절로 발현되는 공간의 순환 메커니즘이 깨지지 않고 이어질 수 있기 때문입니다.

해묘미 삼합은 해월에 목의 양기인 갑목이 태동한 후 9개월 간의 과정을 거치며 미월에 목의 음질인 을목으로 저장되는 과정입니다. 묘월은 목기가 가장 강하며 동시에 기가 질로 전환되기 시작하는 시기입니다. 다른 삼합들도 이와 같습니다.

한 가지 혼동하지 말아야 할 것이 있습니다. 삼합은 지지에서 일어나는 작용입니다. 천간의 에너지 속성은 우리의 인식 능력으로 정확히 규정하기 어렵습니다. 다만, 우리의 공간 위에서 삼합을 통해 형성되고 변화하는 물형의 변화를 통해 그것을 본래의 속성에 가깝게 추론할 수 있을 뿐입니다. 다시 말해서 천간의 갑목과 을목의 에너지 속성의 실체를 정확히 이해하지는 못하지만 공간에서 해묘미 삼합이 진행되는 과정을 통해 갑목이라는 양기가 태동하고 성장하며 을목으로 전환되고 성장이 완료되어 저장되는 일련의 변화 속에서 그것을 추론하게 된다는 것입니다. 당연히 사계절의 변천과 순환 속에서 예민한 감수성을 통해 느끼게 되는 것이지요. 물론 명리적 개념에 낯선 상황에서는 쉽지 않은 이야기입니다.

아래의 그림은 네 개의 삼합이 서로 섞이고 이어지며 끊임없이 이 세계에 천간 에너지의 속성을 만들고 활용하며 공간을 순환시키는 모습입니다. 곧 해묘미 삼합 운동에서 해월에 태동된 갑목이라는 양기는 저절로 생겨난 것이 아니라 다른 삼합들의 도움을 받아 나온 것입니다. 즉, 화금수의 삼합 운동이 있었기에 목 삼합 운동이 가능할 수 있었던 것입니다. 이렇듯 네 개의 삼합은 균형을 이루며 우리의 세계가 멈추지 않고 회전과 전진 운동을 할 수 있도록 만들어 줍니다.

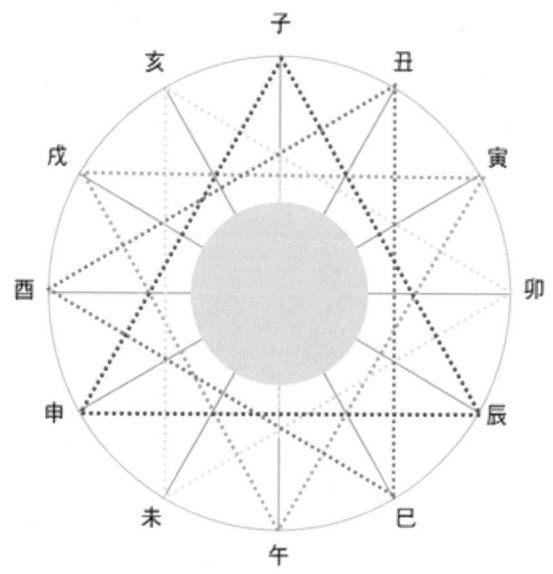

 이 사유를 잊지 않는다면 십이운성과 십이신살을 이해할 때도 혼란의 여지를 제거할 수 있습니다. 십이운성은 천간의 각 좌표가 12개의 각 공간 좌표를 만날 때 상이해지는 에너지의 강도를 살피는 것입니다. 인간의 관점에서 이해하기 수월하도록 인간의 생애에 비유한 것뿐입니다. 그 비유가 적절한 것인가의 여부는 차치하고 말이지요.

 어느 공간 좌표와 관계할 때 해당 공간에서 천간의 각 좌표가 자신의 역량을 원활히 펼칠 수 있는가의 관점에서 바라봐야 합니다. 예를 들어 갑목이 인월의 공간을 만나면 십이운성상 건록지라고 하여 자신의 역량을 충분히 발휘할 수 있게 됩니다. 반대로 갑목이 신월의 공간을 만나면 대단히 무력하게 됩니다. 하지만 그렇다고 해서 신월에 태어난 갑목이 무기력한 삶을 산다고 착각하면 안 됩니다. 모든 것이 끊어져 있으니 오히려 더욱 절치부심하게 되어 전화위복의 계기를 만들어 가는 것입니다. 신금은 편관이니 현실적으로는 조직 생활의 어려움을 통해 자신의 한계를 이해하고 넘어서고자 노력함으로써 실력을 키우고 잠재력을 꽃피우면서 고난을 성공의 원동력으로 삼는 것이지요.

이렇게 십이운성은 주체가 천간입니다. 천간의 입장에서 공간과의 관계를 역량의 관점에서 이해하는 것입니다. 육체적으로 약한 공간과 관계하면 반대로 정신적 에너지가 강한 법입니다. 육체적 우위를 지니고 태어난 인간만이 잘산다면 인간 사회는 약육강식의 맹수 사회와 다를 바 없을 것입니다.

십이신살은 공간의 입장에서 공간을 대비하여 관계를 살피는 것입니다. 태어난 연지의 삼합 운동 속성을 기준으로 다른 지지 공간과 운에서 만나는 공간 좌표가 어떤 작용을 하는 지를 읽는 것입니다.

한가지 더, 대운의 역행과 마찬가지로 음간의 십이운성이 역으로 흐르는 것에 대해 의견이 분분한데 그에 대해 정리하고 넘어가도록 하겠습니다.

십이운성의 순서(절태양생욕대녹왕쇠병사묘(絶胎養生浴帶祿旺衰病死墓))에 따라 천간별로 정리하면 다음과 같습니다.

甲	申酉戌亥子丑寅卯辰巳午未
庚	寅卯辰巳午未申酉戌亥子丑
丙/戊	亥子丑寅卯辰巳午未申酉戌
壬	巳午未申酉戌亥子丑寅卯辰
乙	酉申未午巳辰卯寅丑子亥戌
辛	卯寅丑子亥戌酉申未午巳辰
丁/己	子亥戌酉申未午巳辰卯寅丑
癸	午巳辰卯寅丑子亥戌酉申未

 우리는 이 표를 통해 십이운성이 천간충(극)의 관계 속에서 도출된 것임을 알 수 있습니다. 갑목과 경금은 갑경충의 관계이니 갑목의 십이운성과 경금의 십이운성도 차례대로 충하는 관계로 흘러갑니다. 이것이 무슨 뜻일까요? 갑목과 경금은 역량을 발휘할 수 있는 공간이 정반대라는 것입니다. 다른 관계도 마찬가지입니다.

 대운의 역행은 시공이 거꾸로 흐르는 의미가 아니라는 것을 앞에서 살펴보았습니다. 음간의 십이운성도 마찬가지입니다. 갑목과 을목의 관계를 예로 들어 설명해 보겠습니다.

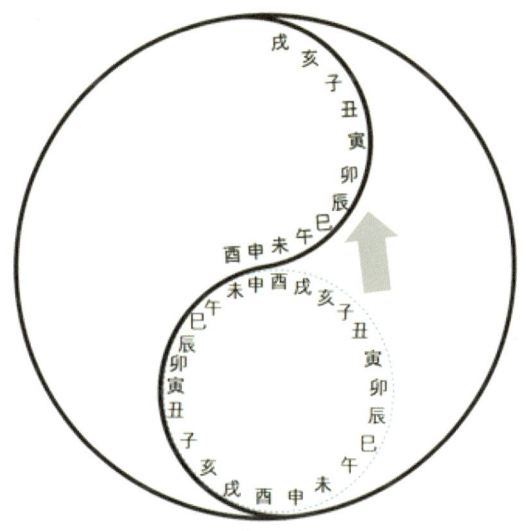

    목의 양과 음인 갑을목은 십이지지의 열두 공간과 끊임없이 만나며 운동합니다. 그 운동이 아래의 작은 원의 모습입니다. 하지만 천간의 운동은 틀에 박힌 제자리 원운동이 아닙니다. 우리가 이미 아는 바와 같이 우주의 운동은 회전 운동입니다. 보텍스vortex 운동입니다. 회전하면서 나아가는 운동입니다. 태극이 상징하는 바로 그 운동입니다. 따라서 을목이 운동하는 공간 좌표는 앞으로 이동하여 형성되게 됩니다. 그림 아랫부분의 우측 부분을 그대로 들어 올린다고 생각해 보십시오. 이해가 수월할 것입니다.

    십이운성이 우주의 운동을 반영하고 있다는 것은 명확합니다. 단순히 인간의 관점으로 시공이 거꾸로 흐르는 것처럼 생각하고 그것을 잘못되었다고 판단하면 안됩니다. 이 그림 위에 다시 병정이 운동하는 공간 좌표의 그림을 얹어 보십시오. 역동적으로 궤도를 따라 형성되어 있는 천간의 운동 좌표가 머릿속에 떠오를 것입니다.

    쉽게 말해 천간 좌표와 지지 좌표는 저런 식으로 만나며 끊임없이 궤도상에 펼쳐져 있다는 것입니다. 각 천간이 지지 좌표를 만나면서 산의 능선처럼 서서히 올라가면서 에너지가 증폭되었다가 서서히 내려오면서 에너지가 사멸해 가는 느낌이 드시는지요? 앞에서 보았듯이 천간 좌표와 지지 좌표가 조응하여 빚어 내는 차원의 모습은 이 그림보다 훨씬 입체적일 것입니다. 하지만 차원의 개념이 존재하지 않았던 옛 사람들에게 복잡한 움직임을 효과적으로 설명하기는 어려웠겠지요. 그 난감함이 사람의 일생에 비유한 십이운성 개념을 탄생하게 했을 것입니다.

B. 방합

방합에는 인묘진 목방합, 사오미 화방합, 신유술 금방합, 해자축 수방합 네 개가 있습니다. 삼합 자체가 세 개의 연속된 방합으로 이루어져 있음을 우리는 어렵지 않게 이해할 수 있습니다. 인묘진 방합은 신자진 삼합의 후반부를 담당하는데 목의 기운을 집중적으로 강화시킴으로써 신자진 수삼합 운동을 약화시킵니다. 마찬가지로 인오술 삼합의 초반부를 담당하면서 인오술 화삼합 운동을 강화시키는 역할을 합니다. 모든 방합의 쓰임이 이와 같습니다. 예를 들어 인묘진 방합을 해묘미 삼합 운동이 가장 강한 시기의 방합이라는 개념으로 외워 봐야 별 도움이 되지 않습니다. 단기적으로 목의 기운을 증폭시킴으로써 이전 수삼합 운동의 마무리와 다음 화삼합 운동의 출발을 돕는다는 관점에서 바라봐야 합니다.

예를 들어 사오미 방합이 사주 원국에 있을 경우 무조건 화기가 탱천하다고 인식하는 것과 해묘미 삼합을 마감하면서 사유축 삼합을 이어가게 하는 역할을 염두에 두고 해석하는 것에는 매우 큰 차이가 존재합니다. 또한, 같은 사오미 방합이라도 월지 시공이 사월인지, 오월인지, 미월인지에 따라 강도가 다르며 따라서 작용력과 쓰임이 다르게 됩니다. 앞에서 지장간을 통해 공간의 의미를 이해했던 것처럼 각 공간이 수행하고자 하는 역할이 정해져 있기에 그 역할을 충분히 감안하고 전체 구조의 일부로서 방합을 봐야 하는 것입니다. 화기탱천 등의 용어에만 얽매여 타 죽는다든가, 녹아 버린다든가 등과 같은 식의 저급한 표현에 머무르면 자연과의 깊은 교감이 어렵습니다. 교감의 깊이가 곧 운명에 대한 이해의 깊이가 된다는 것을 잊지 말아야 합니다.

현대적 개념으로 삼합이 비즈니스 합이라면 방합은 혈연, 지연, 학연의 합입니다. 삼합이 물질적인 합이라면 방합은 정신적인 합이라고 할 수 있습니다. 사주 내에 삼합이 있다면 그 합은 목적성이 뚜렷한 것이고, 목적 달성을 위해 실력 위주의 관계를 구축하고자 합니다. 반대로 방합은 목적성이 뚜렷하지 않기에 실력이 부족해도 같이 하자는 주의입니다. 잘못하면 정적인 관계에 얽매여 어려운 처지의 친구를 받아 준다든가 하여 회사의 인력 구성이 성과를 내는데 취약해지는 방향으로 흐를 수도 있게 됩니다.

C. 육합

육합은 단어 그대로 여섯 개의 합입니다. 지축지구의 자전축, earth's axis은 황도면과 23°26′기울어져 있는데 이 기울기에 의해 지구의 계절 변화가 일어나게 됩니다. 지축의 북극 지점을 子, 남극 지점을 午라 하고 이 두 지점을 이은 선을 자오선子午線, meridian이라고 부릅니다. 갑질, 계약서 상의 갑을 관계 등 명리학의 알파벳이 우리 일상에서 매우 익숙하게 사용되고 있음을 알 수 있는 또 하나의 예라고 할 수 있습니다.

아래 그림처럼 자오선을 기준으로 지구가 회전하는 가운데 자축합, 인해합, 묘술합, 진유합, 사신합, 오미합의 작용력이 생겨납니다. 우리가 실감하기는 어렵지만 육합의 강한 인력 작용으로 인하여 지구는 끊임없이 자전 운동을 할 수 있는 셈입니다. 서로가 서로의 위치를 향해 나아가려는 작용력이 인력을 만듭니다. 육합 중에서 거리가 짧은 자축과 오미합이 인력 강도가 가장 강합니다.

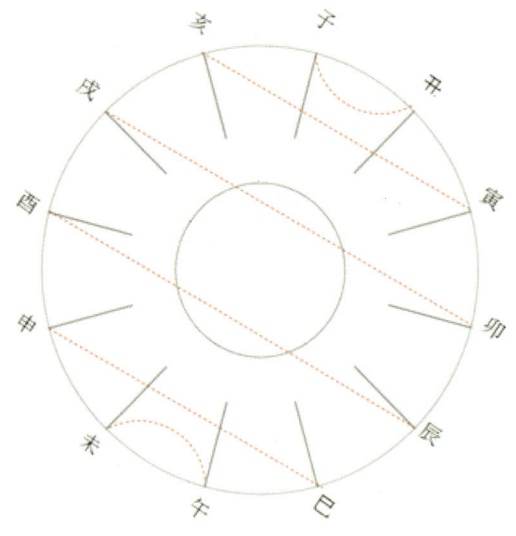

　명리적으로 자축합토, 인해합목, 묘술합화, 사신합수, 오미합화를 외우는 것보다 더 중요한 것은 서로 만나고자 하나 결코 만날 수 없는 육합의 인력 작용이 사주 내에서 집착의 심리를 낳는다는 것입니다. 만나고 싶지만 만날 수 없고, 갖고 싶지만 가질 수 없는 것에 대해 인간은 더욱 강한 욕망을 품는 법입니다. 가족, 친인척, 사회적으로는 소속 집단이나 커뮤니티, 이성에 대한 강한 애착심으로 드러납니다. 이런 인간관계 외에 물질에 대한 집착도 포함됩니다. 육합으로 부부 인연이 되었는데 대운에서 깨진다면 애증 강도가 매우 강할 것임을 알 수 있습니다.

　자축합은 자수가 축토를 만나 탁해지는 문제와 축토가 자수를 만나 더욱 음습해지는 문제가 있습니다. 인해합은 해수가 인목에게 수기를 공급함으로써 인목의 생기가 살아나는 모습입니다. 하지만 인월의 인해합이 아니라 해월의 인해합은 해월의 속성으로 인해 정화나 오화의 조력이 없을 경우 인목이 냉해지고 음습해지는 문제가 있을 것입니다. 이런 측면을 사유하면서 풍부한 사례를 통해서 명리적 법칙의 작용력의 실제 의미를 깨우쳐 나가는 공부가 진짜 공부입니다. 모든 명리적 법칙을 암기한다고 해서 사주를 해석할 수 있게 되는 것은 아닙니다. 논리적으로 해설된 풍부한 내용의 실전 사주들을 공부하는 과정이 반드시 필요합니다.

육합의 강한 인력 작용은 그 쓰임에 따라 긍, 부정성이 분명히 구분됩니다. 인간관계나 물질에 대한 불필요한 애정이나 집착을 끊어낼 때 건강을 지키고 밝음을 유지하며 발전을 꾀할 수 있음을 암시합니다.

D. 지지충

천간충과 마찬가지로 지지에도 충의 관계가 있습니다. 천간충을 다시 떠올려보면 갑경甲庚충과 을신乙辛충은 목과 금의 충입니다. 기본적으로 금에 의해 목의 생기가 상하는 관계지만 시공에 따라 정도의 차이가 있으며 개운, 특히 직업 개운의 방법을 통해서 생기가 상하는 흉을 해소하라는 함의가 있는 경우가 많습니다. 갑경과 을신의 관계는 지지에서는 인신寅申과 묘유卯酉의 관계로 발현됩니다. 인중 갑목과 신중 경금의 갑경충과 묘중 을목과 유중 신금의 을신충입니다.

천간 조합과 지지 조합을 함께 이해하는 것은 공부에 도움이 많이 됩니다. 예를 들어 갑신甲辛의 관계는 갑목이 신금에 의해 문제가 되기 쉬운 조합으로 지지로는 인유寅酉의 관계입니다. 따라서 인유가 조합을 이루면 인목 생기가 상하기 쉬운데 갑경과 갑신의 관계가 형성되기에 경금과 신금에 의해 갑목이 함부로 다루어지는 물상이 나오게 됩니다. 이로 인해 인유의 관계는 원진원진살, 怨嗔煞이라고 불립니다. 인목이 유금의 통제를 받는 것은 겉으로는 정관에 의한 합법적인 다스림을 받는 것입니다. 하지만 그 통제가 합리적으로 인정하기 어려운 방식으로 이루어지는 것입니다. 마치 변태 직상 상사가 비합리적인 괴롭힘을 가하는 것과 유사합니다. 원망과

미움을 동반하기 마련입니다. 이에 비해 천간의 갑신 관계는 깔끔한 것입니다. 정관 신금이 갑목 정재를 합리적인 방식으로 제어하는 것입니다.

묘신卯申의 경우 묘중 을목과 신중 경금 간의 을경乙庚합이 이루어지는데 겉으로 드러나는 것이 아니라 은밀하게 감춰진 관계라고 하여 암합暗合이라고 합니다. 이 암합의 관계에서 귀문이라는 작용력이 발생합니다. 글자와 글자가 빚어 내는 입체적이고 중층적인 의미가 명리학의 매력입니다. 글자 간의 십성적 관계를 보는 것이 기본이지만, 지장간과의 관계는 인간사의 숨겨진 디테일을 모두 보여 주므로 더욱 깊고 오묘한 맛을 내게 되며, 귀문과 같은 특별한 조합 역시 그 의미를 무시하면 안 됩니다. 귀신에 홀리듯 사랑에 빠지는 것도, 사람에게 집착하는 것도, 보통 사람은 상상조차 할 수 없는 천재적인 창의성을 발휘하는 것도, 귀문의 의미를 정확하게 알 때 정교하게 해석하고 그 뉘앙스를 이해할 수 있습니다.

뒤에서 예문을 통해 살펴보면 이해할 수 있겠지만 생기가 심하게 상하는 목금 조합으로 이루어진 구조의 경우 의료, 의약학, 생명공학, 바이오, 상담 등의 분야에서 일하면 흉함을 해소할 수 있습니다. 타인의 생기를 돕는 일에 종사함으로써 자신의 생기를 지키는 방식입니다. 여기서 중요한 것은 '생기'의 의미를 매우 크게 확장해야 한다는 것입니다. 두뇌보다는 강한 몸을 사용하는 사주 구조의 경우에는 도축업, 정육업, 요식업 등의 직업도 생기와 관련되는 직종임을 이해해야 합니다. 생기는 인간의 의식주와 밀접한 관련성이 있습니다. 살아 있는 가축이나 물고기를 죽이는 것 그 자체로는 생기를 해하는 것처럼 보이지만 자연의 생기를 타인이 섭취하도록 함으로써 생명의 유지와 건강에 도움을 주는 것은 생기를 만들어 내는 일입니다. 사주가 인간에게만 적용되는 것이기 때문이 아니라 먹이사슬에 따른 살생이 자연의 이치이기 때문입니다. 물론 인간만이 돈의 축적을 위해 필요 이상의 살생을 저지르는 문제가 있기는 합니다. 불법도 서슴없이 저지르고는 하지요. 필요 이상의 살생이나 불법적인 살생을 저지르는 것, 생기를 가장한 불량식품을 제조하여 유통하는 것은 법적인 문제를 야기할 것입니다. 꼭 법적인 문제가 아니더라도 생기와 관련된 모든 직업의 일은 도덕적 양심을 요구합니다.

대리석이나 금속, 목재 등 다양한 소재로 창조하는 예술가들의 작품도 역시 생기의 관점에서 이해해야 합니다. 이렇게 생기의 폭을 넓혀 두면 소위 활인업活人業의 범주를 보다 확장된 시야로 이해할 수 있으며, 사주 구조를 파악하는데도 도움이 됩니다.

병임丙壬충과 정계丁癸충은 수화 간의 충으로 서로의 작용력을 무력하게 만드는 것 외에 기본적으로 두뇌와 관련된 작용을 의미합니다. 병임충의 경우, 뇌 속에 빛과 같이 무한의 광대한 공간을 향해 직진 운동을 하며 퍼져나가는 병화의 운동성과 반대로 무한의 깊이를 향해 응축해 들어가는 임수의 운동성이 동시에 일어나는 모습을 상상해 보십시오. 머리가 좋을 수밖에 없을 것입니다. 천간의 이 관계는 지지에서 사해충과 자오충의 관계입니다. 역시 두뇌의 좋음을 의미하지만 정반대의 공간과 공간의 충이라는 점에서 특히 월지 시공이 관계되어 있을 때는 그 작용력의 의미를 잘 해석해야 합니다.

위의 인유와 묘신의 관계에서 보았듯이 사자巳子와 해오亥午 간에도 지장간의 관계가 존재합니다. 사자는 사중무토와 자중계수 간의 무계합이, 해오는 해중임수와 오중정화 간의 정임합과 해중갑목과 오중기토 간의 갑기합 관계가 일어납니다. 이런 관계 하나하나가 의미를 담고 있는 것입니다. 따라서 예로부터 내려오는 명리적 법칙의 표면적인 의미만을 익히는 것보다 글자와 글자 간의 관계, 특히 지지의 경우 지장간끼리의 관계를 이해하면 보다 풍성한 사유를 할 수 있게 됩니다.

예를 들어, 천간에서 갑무甲戊, 을기乙己, 병경丙庚, 정신丁辛, 무임戊壬, 기계己癸를 극의 관계로 설명하는데 '극하다'는 뜻이 없는 것은 아니지만 그 의미에 함몰되면 더 큰 것을 볼 수 없습니다. 사주가 이런 두 글자만으로 구성되어 있지 않기 때문에 본래의 뜻이 그대로 유지되는 경우는 사실상 없다고 봐도 무방할 정도이기 때문입니다. 글자와 글자 간의 다양한 관계에 대해 열린 마음을 가져야 합니다.

지지에는 진술辰戌충과 축미丑未충의 관계가 더 있습니다. 서로 반대되는 삼합의 묘지 간의 충임을 알 수 있습니다. 삼합의 묘지란 삼합 운동을 통해 만들어진 물질이 저장되어 있는 곳이니 그 의미가 만만치 않음을 예상할 수 있습니다. 인신충과 사해충은 삼합의 생지 간의 충이며, 자오충과 묘유충은 왕지 간의 충입니다. 만일 신유술 방합으로 원국이 구성되어 있는데 인목이 운에서 온다면 인목 입장에서는 매우 흉할 것입니다. 그런데 아무리 그렇다고 해도 월지 시공이 무엇이냐에 따라 흉의 정도에는 차이가 있게 되며, 인목이 담고 있는 갑목이 천간에 드러나 있느냐 그렇지 않느냐에 따라 실제 발현되는 현상과 물상에는 차이가 있게 됩니다. 충의 관계를 다양한 측면에서 종합적으로 이해하는 것이 필요합니다.

충이기에 진술충은 신자진 삼합의 묘지와 인오술 삼합의 묘지 간의 충입니다. 진중계수와 술중정화가 충돌하는데 정계충을 무조건 흉하게 보면 의미를 제대로 이해하기 어렵습니다. 수화 간의 양기와 양기의 충돌인 병임충에 대해 앞에서 살펴봤는데 정계충 역시 동일한 관점에서 뜻을 파악해야 합니다. 정화는 오월에 병화를 대신하여 시공을 맡아 열매를 맺게 하는 에너지이니 응집과 수렴의 작용을 합니다. 계수는 자월에 임수를 대신하여 시공을 맡아 씨앗을 발아시키는 에너지이니 발산과 확산의 작용을 합니다. 정계충은 이 두 에너지가 상호 충돌하면서 균형을 유지하려는 관계입니다. 정계충을 한다고 해서 무조건 흉하다고 보면 안 된다는 것입니다.

따라서 진술충을 무조건 나쁘게 봐서는 안 됩니다. 사주에 따라 토지의 개간, 개발, 상반되는 두뇌의 작용력 등 긍정적인 의미로도 얼마든지 나올 수 있습니다.

문제는 균형이 깨질 때 발생합니다. 즉, 사화나 오화가 있어 술토에 담긴 정화의 질량이 진토에 담긴 계수의 질량을 압도하는 구조의 경우라면 계수가 상하기 쉽기 때문에 계수가 상징하는 속성에 문제가 생길 여지가 있습니다. 계수의 문제로 인해 진중을목의 생기에도 문제가 생길 수 있지요. 마찬가지로 진토에 운에서 만난 많은 수기가 담기게 될 경우 진토에 담긴 계수의 질량이 술토에 담긴 정화의 질량을 압도함으로써 정화가 무력화되면 술토라는 공간이 수행해야 할 일이 원활하지 않게 됨으로써 좋지 않은 일이 발생할 수 있게 됩니다. 어떤 작용력이 왜 생기게 되는지를 정확한 근거에 의해서 논리적, 체계적으로 이해하고 풍부한 실 사례를 통해서 숙지하는 것이 제대로 된 공부 방법입니다.

축미충의 관계 역시 동일한 방식으로 이해해 가야 합니다. 사유축 삼합의 묘지인 축토와 해묘미 삼합의 묘지인 미토가 충하는데 지장간끼리의 을신충과 정계충의 문제에만 국한해서 생각해서는 안 됩니다. 축토의 음습함이 심각한 사주의 경우 원국에 미토가 있어 음습함을 해소해 줄 수 있으며, 미토의 조열함이 극에 달한 사주의 경우 축토를 운에서 만남으로써 축중계수의 도움으로 해갈하는 효과를 볼 수도 있습니다. 쓸모가 없는 조열한 땅을 쓸모 있게 바꿔줌으로써 그 동안은 불가능했던 목 생기의 성장이 가능해지는 상황이 될 수 있는 것입니다. 뿐만 아니라 미토 속의 정화가 편관인 신금 일간의 경우 축토가 대운에서 오게 되면 축중계수 식신이 미중 정화 칠살을 제거함으로써 공부를 통해 점차 키운 실력으로 고통과 고난을 극복하게 된다는 것을 암시하게 되는 것입니다.

E. 지지형파해

지지의 변화는 복잡하기 이를 데 없지만 체계적으로 공부하면 선명하게 실체를 알 수 있게 됩니다. 마음만 급해서 중구난방식으로 공부해서는 그 실체에 도달할 수 없습니다.

a. 생지 간의 형파해

앞에서 지지의 합, 충의 개념과 공부 방법에 대해 간략히 살펴보았습니다. 형파해라는 더 무시무시해 보이는 용어가 등장하는데 지레 겁을 먹을 필요는 없습니다. 용어는 단지 용어일 뿐이니까요. 어느 서양철학자가 자기만의 사유를 전개하기 위해 창조한 자기만의 '용어'가 있을 때 그 용어에 시선을 빼앗기면 철학자가 건네 주려 했던 사유에 다가가기 어렵습니다. 내용을 이해하는 것이 중요하지요. 그 후에는 그가 사용한 용어가 무엇이든 간에 버려도 무방할 것입니다. 공부를 거꾸로 하지는 말자는 이야기입니다. 왕필이 말한 '득의망상得意忘象, 곧 뜻을 얻으면 상을 버린다.'의 취지는 꼭 주역 공부에만 국한된 것이 아닐 것입니다.

형파해는 기본적으로 형이라는 한 글자로 생각하면 됩니다. 다만 관계의 작용력에 따라서 작용력을 보다 명확히 드러내기 위해 용어를 변경한 것뿐입니다. 형刑은 기본적으로 형벌의 뜻입니다. 흉한 느낌을 줍니다. 하지만 죄에 따라서 형벌의 내용이 저마다 다르듯 나쁠 것이라는 선입견을 버리고 핵심 개념을 잡아야 합니다.

인사신해의 생지 간에는 아래의 그림과 같은 형파해의 관계가 만들어집니다. 두 글자씩을 건너뛴 관계입니다. 이 관계에 형이라는 글자를 붙여 보겠습니다. 인사형, 사신형, 신해형, 해인형이 됩니다.

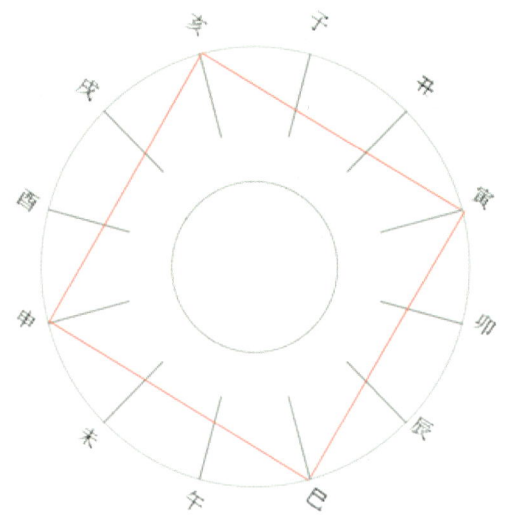

　인사寅巳형은 인이 묘진의 단계를 거치지 않고 곧장 사의 공간을 만남으로써 일어나는 문제입니다. 인묘진 방합과 인오술 삼합의 생지인 인목이 사오미 방합과 사유축 삼합의 생지인 사화를 만남으로써 급격히 설기되고 사중경금에 의해 인중갑목이 상하는 개념입니다. 형은 기본적으로 법과 의료의 속성을 염두에 두고 여기에 '조정, 조절, 수정, 수리, 협의, 타협, 변화' 등의 속성으로 사유를 확장해 가면 됩니다. 어떤 형이든 마찬가지입니다. 십성적 성격과 글자 본연의 속성과 오행적 속성에 따른 물상적 특징만 달라지는 것입니다. 사유의 확장은 잘 해설된 많은 예문을 공부하면서 사주 해석의 이해도를 증가시킬 때 가능해집니다.

　식신을 깔고 있어 전문가의 삶을 추구하는 임인일주가 연지 사화 편재와 인사형의 관계를 이루고 있습니다. 형의 관계를 통해 국가 자리에서 돈을 번다는 것이지요. 형살을 쓰는 법조인의 속성에 어울립니다. 형살을 주도적으로 쓰지 않는다면, 국가자리나 해외자리에서 돈을 버는 과정에서 소송이 발생하거나 몸이 상할 수 있다는 것이 암시되어 있는 것입니다. 물론 단편적으로만 말하는 것입니다.

사중경금 편인이 재극인되어 있으니 현실적인 특수 자격입니다. 국가자리에 있으니 국가 자격이지요. 사중경금이 인중갑목을 극하니 식신패인의 관계로, 국가자리의 특수 자격을 갖고 일하는 전문가의 속성을 갖게 됩니다.

월지부터 순차적으로 풀어가면 그 과정에서 사주의 직업성이 자연스럽게 도출되게 됩니다. 후반부의 예제를 통해 논리적 사주 해석의 묘미를 느껴 보시기 바랍니다.

사신巳申형은 앞의 육합에서 사신합의 관계를 보았습니다. 복잡하게 생각할 이유가 없습니다. 육합의 속성과 형의 속성을 함께 갖추고 있는 것이며, 그 쓰임을 실 사례들을 통해 잘 이해하면 되는 것입니다.

합과 형의 속성을 동시에 갖고 있으니 긍정성과 부정성이 아울러 발생합니다. 십이운성적으로 사화에서는 경금이 장생하니 경금의 지지 글자인 신금은 사화에서 장생합니다. 여기에서 사신합의 조합이 만들어집니다. 하지만 사화의 빛이 신금을 지속적으로 자극하면 신금은 이에 반발합니다. 즉, 신중임수로 사중병화를 극하는 작용력이 생기게 되는 것입니다. 형의 작용력입니다.

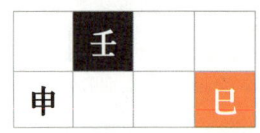

일간을 장생시켜 주는 시지 신금 편인 자격, 권한, 라이선스, 문서로 국가, 해외 자리의 편재를 합하여 가져옵니다. 그 과정에서 소송을 겪을 수 있는 것이지요. 심리적으로 돈에 대한 집착이 발생할 수 있습니다. 신금 편인 문서 속에 신중임수 비견이 들어 있는

데 사화를 합해 오는 과정에서 사신합수로 비겁화되니, 친구가 얽힌 돈 문제가 발생할 수도 있습니다. 편인이 재극인되어 좋기는 하지만 법적인 문제, 인간관계의 문제 등으로 골치가 아플 수 있는 것이지요.

남명 사주로 보고 사화를 여자로 보면 이해가 더 수월합니다. 멀리 떨어져 있는 외국인 여친과 원거리 연애 중이라고 생각해 보면, 떨어져 있을 때는 보고 싶어 죽겠는데 막상 만나면 그렇지 않을 수 있습니다. 일간 스스로도 이해할 수 없을 정도의 감정의 변화가 극심히 일어날 수 있습니다. 애증과 집착의 난리 부르스가 이 사신형 관계를 통해 발생하는 것입니다. 당연히 십성적 관계를 함께 해석할 때 이해할 수 있습니다.

인사형, 사신형과 같이 신해申亥의 관계 역시 형의 관계이지만 해害라는 용어가 사용됩니다. 해는 천穿이라고도 하는데 신해의 관계는 흔히 신해천이라고 부릅니다. 천은 구멍의 뜻입니다. 신중경금이 해중임수를 만나 단단한 금의 물형이 변질되니 금생수가 원활하지 않은 문제와 신중경금이 해중갑목을 직접 치지 못하고 임수를 거쳐 간접적으로 건드리니 금극목의 과정이 왜곡되어 변태적 속성이 가미되게 됩니다.

월지 신금 상관(십이운성으로 목욕지이기에 욕상관이라고 부릅니다)을 써서 상관생재로 돈을 버는 구조입니다.

그 과정에서 신해천이 발생하지요. 해중갑목 정관이 상하니 직장이나 남편의 상황이 불안하게 됩니다. 신금은 생지로 역마의 속성이 있으니 상관견관하여 직장을 자주 옮길 수 있는 것이요, 남편과의 사이가 멀어질 수 있는 것입니다.

신중경금은 해중임수에 설기되어 일정 기간 일을 하면 일을 하지 않게 되는 모습으로 발현될 수도 있습니다. 표시된 글자만의 관계로 설명하고 있다는 것을 잊지 마시기 바랍니다.

상관에는 인성이 있어서 상관패인되면 좋은 것입니다. 자격을 갖고, 배워서, 말하거나 일하는 것이니 일과 재주, 기술의 격이 높아지지요.

마지막으로 해인의 조합이 있는데 앞의 육합에서 살펴보았듯 인해합의 관계가 존재합니다. 사신합형처럼 인해합, 인해형으로 구분되는 관계는 없습니다. 즉, 근본적으로 흉한 작용력이 있는 것은 아님을 짐작할 수 있습니다. 해수는 갑목을 장생시키기에 천간 갑목의 지지 글자인 인목을 해수가 장생시키니, 마치 모친이 자식에게 에너지를 전달하여 키우듯 좋은 관계인 것입니다.

하지만 무조건 좋은 것은 없지요. 해수가 처한 환경이 열악하다면 인목을 생하느라 고갈되는 형국이 되어 좋지 않을 것입니다. 반대로 수기가 너무 강하다면 해인합의 과정에서 인중갑목과 인중병화의 상태가 나쁜 영향을 받게 됩니다.

사회의 해수 비견들이 일간의 일 인목 식신을 해인합으로 생해 줍니다. 해수들의 입장에서는 해중갑목이 있으니 마치 자신들이 하고 싶었던 일을 일간이 하고 있는 것과 같지요. 해수들은 본능적으로 인목 일에 끌리게 됩니다.

이렇게 사회의 비겁들에게 일과 사업 모델을 제공하고 그 일을 통해 시지의 재성을 키우는 구조라면 부자의 구조가 됩니다. 프랜차이즈 사업 형태가 어울리겠지요.

b. 왕지 간의 형파해

앞에서 본 생지 간의 형파해와 마찬가지로 왕지 간의 형파해 작용도 방합과 삼합의 관계 속에서 이해해야 합니다. 아래 그림에서 보듯 방합과 삼합의 왕지가 공간을 순차적으로 나아가지 못하고 두 단계를 건너 뛰어 다음 왕지를 곧바로 만나게 되면서 인간사에 독특한 물상을 만들어내게 됩니다.

자묘子卯형은 해자축 수방합과 신자진 수삼합의 왕지인 자수가 인묘진 목방합과 해묘미 목삼합의 왕지인 묘목을 바로 만났습니다. 이때 자수와 묘목이 연결되면서 자수가 상징하는 속성들과 묘목이 상징하는 속성들이 여러 뜻과 물상을 만들게 됩니다.

여기에서는 자묘형의 근본적인 의미를 논리적으로 살펴보는 수준에서 만족하도록 하겠습니다. 왕지의 가장 큰 특징은 양기가 음질로 전환하는 공간으로서 필연적으로 불안정성을 야기한다고 앞에서 알아본 바 있습니다. 자수 안에서 임수가 계수로, 묘목 안에서 갑목이 을목으로 전환하는 상황은 그 자체로 두 공간에서의 변화가 심하고 그로 인해 안정성이 떨어진다는 것을 암시합니다. 자연의 이치 그대로 자수는 축토, 인목의 단계를 차근차근 밟아갈 때 가장 이상적인 환경이 될 것입니다.

계수가 을목을 키우는 자연스러운 흐름에 임수가 갑목을, 임수가 을목을, 계수가 갑목을 만나면서 에너지의 전달 메커니즘이 혼탁해지고 자수와 묘목의 '생식, 생식기'의 속성이 발현되면서 해당 부위의 질병 문제, 색욕의 문제, 자수의 고갈로 인한 다양한 문제 등이 발생하게 됩니다. 법(소송)과 의료(질병)가 형의 기본 속성임을 항상 염두에 두어야 합니다.

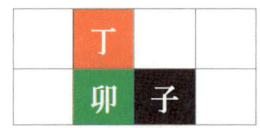

자수 직장과 살인상생으로 연결되어 있으나 자묘형에 걸려 있습니다. 직장과의 연결성에 문제가 생기게 됩니다. 관계가 원만하지 않고 조정할 것이 많다는 것입니다.

여자 사주라면 사회에서 만나는 남자들의 사랑이 원활하게 소통되지 않는다는 의미도 됩니다. 묘목이 편인이기에 남자들의 사랑을 있는 그대로 받아들이지 못하고 의심하거나 자기만의 기준으로 판단하기 쉬운데, 형까지 나니 관계가 오래 지속되기 힘들게 됩니다. 자수 남자들 입장에서는 아무리 사랑을 다해도 여자의 묘목 편인을 만족시킬 수 없기에 지쳐 나가 떨어지게 되는 일이 벌어집니다.

묘오卯午가 만나면 역시 형의 관계인데 파破로 그 관계를 규정할 때 그 작용력이 보다 명쾌해지는 장점이 있으므로 묘오파라는 별도의 용어를 쓸 뿐입니다. 겉으로는 목생화이지만 생이 원활하지 않습니다. 묘목이 설기되어 시들해지는 문제, 상하는 문제가 발생하니 묘목이 생을 받는 구조라면 무난하게 됩니다. 묘오파가 만들어내는 다양한 의미, 물상적 특징이 있지만 암기해 봐야 사주를 풀

수 없습니다. 다양한 용례들을 통해 이해해 가야 합니다. 이 책 후반부에 수록한 재물편 용례들 외에 애정편, 직업편 등 테마별로 다양한 실 명조 해설집을 시리즈로 출간할 예정이니 순차적으로 공부를 이어가시면 됩니다.

월지 편인 사회인데 오화 비견과는 묘오파의 관계이니 오화는 묘목 편인을 제대로 쓰지 못합니다. 정화 일간은 일지에 해수 정관을 깔고 있어 자신의 사업체를 갖고 있는 사람인데 사회의 편인 문화를 생해 주어 묘오파로 인해 위축되어 있는 사회의 특수 문화를 살려 내며 해묘(미) 목삼합을 만드니 인성 비즈니스를 하는 구조입니다. 인성 비즈니스란 지식, 정보, 콘텐츠, 문화, 예술, 학문 등의 분야와 관계된 것이지요.

아울러 이렇게 일시에 관성을 갖고 있는데 연월에서 비겁을 본다면 리더형 사주가 됩니다. 일간이 자신의 관성으로 비겁을 다스리는 것입니다. 지위, 권력으로 타인을 관리하니 리더가 되는 것이지요.

오유午酉 역시 파의 관계입니다. 유금 입장에서는 사화와 사유축 삼합을 하는데 오화는 강제적으로 유금을 극하니 괴롭습니다. 유금에게 오화는 편관이지요. 하지만 이 관계만으로 파의 작용력을 설명할 수는 없습니다. 오중병화가 유중신금에게 병신합으로 잡히면서 오중정화 역시 수기에 상하게 되니, 전체적으로는 오화가 유금을 극하려다 오히려 설기되는 문제가 발생하게 되는 것입니다. 구조에 따라 어떤 작용이 일어나는지 잘 살펴야 합니다. 화기가 강한 구조라면 오화가 설기되는 일은 일어나기 쉽지 않겠지요. 물론 어떤 대운을 만나느냐에 따라 상황은 달라집니다.

유금 편인을 깔고 있는 계유일주인데 국가자리 오화가 재극인을 하고 있습니다. 편인이 재성(특히 편재)의 극을 받는 것을 편인제화라고 합니다. 편인의 부정성이 제거되는 좋은 조합입니다. 자신의 지식과 아이디어를 돈으로 만들 수 있게 됩니다. 국가자리와 해외자리에서 돈을 벌 수 있는 것이지요. 제화되지 않은 편인은 자칫 비현실적인 상상과 몽상, 망상에 빠져들 수도 있습니다. 재극인될 때 그런 머릿속 생각들이 돈으로 바뀔 수 있는 것이지요. 예를 들어 환타지 소설 같은 것을 써서 돈을 벌게 되는 것입니다. 상상을 현실로 만드는 능력입니다. 뒤의 십성편에서 편인에 대해 더 살펴보도록 하겠습니다.

유자酉子의 관계도 파로 불리는데 유금이 자수를 만나 설기됨으로써 본래의 속성을 잃는 문제가 있습니다. 즉, 유금이 뜯기고 깎여 본래의 금의 단단한 속성을 유지하지 못하는 것이지요. 귀문의 관계이기도 합니다.

유금 정관과 자수 정인이 관인상생으로 연결되어 직장인의 구조이고, 여자라면 사회의 남자들 또는 남편의 사랑을 받는 구조입니다.

하지만 유자파가 걸려 있어 궁위상 자수 시절에 직장을 그만두고 공부에 심취하기 쉽습니다. 유금 남편이 잘 안 풀릴 수 있음을 암시합니다. 아울러 관인상생에 귀문이 걸려 있어 귀신에 홀리듯 사랑에 빠지거나 시간이 지남에 따라 남자의 사랑을 왜곡하여 받아들일 수 있는 구조입니다.

c. 묘지 간의 형파해

생지와 왕지 간의 형파해와 마찬가지로 역시 아래의 그림처럼 묘지 간의 형파해 관계를 표시할 수 있습니다.

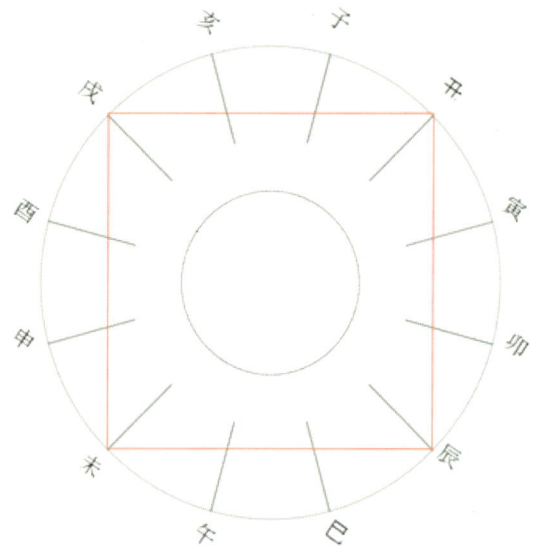

주류 학문의 오해와 달리 명리학은 매우 치밀한 논리 체계를 보유하고 있고 사유의 깊이와 범위도 매우 심오하고 방대합니다. 모든 존재를 분류하는 개념으로서의 아리스토텔레스의 10범주나 지성을 통한 사고와 판단의 틀 개념으로서의 칸트의 12범주는 사실 인문학 차원에서 바라보면 대단한 통찰을 느끼기가 어렵습니다. 주역만 해도 64괘 384효의 범주를 가지고 있고 거기에 변괘와 변효라는 '변화'를 감안하면 서양철학의 사유가 지나치게 과대 포장된 것은 아닌지 의심하게 됩니다.

명리학의 인식 체계는 그 어떤 학문보다 복잡하면서도 정교합니다. 철학적 사유의 영역도 대단히 풍부합니다. 다만 그렇게 공부를 하지 않기 때문에 학學보다 술術의 성격이 도드라져 보일 뿐입니다. 진정한 인문학이란 사람들로 하여금 변화를 멈춘 존재being의 상태를 벗어나 새로운 존재로 탈존existence할 수 있게 만드는 것이어야 할 것입니다. 변화를 넘어 변신을 가능하게 하는 명리학에 인문학적 요소가 없다고 말하는 것은 어불성설입니다.

잠시 다른 길로 샜습니다. 돌아와 묘지 간의 형파해 관계를 보면 진미형, 미술형, 술축형, 축진파의 네 개가 있음을 알 수 있습니다. 반응 순서에 따라 미진형, 술미형, 축술형, 진축파로 부를 수도 있습니다. 이는 생지와 왕지의 형파해도 마찬가지입니다.

진미辰未 관계는 특별한 작용을 만들지 않기에 형이라고 불리지 않습니다.

미술未戌형은 흔히 술미형이라고 부릅니다. 술토와 미토의 십성이 무엇인지, 술토가 미토를 형하는 것인지 미토가 술토를 형하는 것인지에 따라 해석이 달라집니다. 특히 운에서 오는 글자는 반드시 그 글자를 우선하여 원국 글자와의 관계를 풀이해야 합니다. 운에서 오는 글자는 힘이 세기 때문입니다.

술토가 미토를 형하면 술중신금이 미중을목 생기를 상하게 합니다. 술중정화가 신금을 가열했기에 신금의 살성이 강한 상태이지요. 그래서 을목에 해당하는 육체 손상의 문제가 발생하기 쉽습니다. 형살이 작용하는 운에 우리 신체에 일어나는 가장 흔한 일이 치료, 수술 등으로 병원 신세를 지는 것입니다. 건강 관리와 사고 예방에 주의를 기울여야 하겠지요.

또 다른 작용력은 미중을목이 술토에 입묘하는 문제입니다. 상할 뿐만 아니라 입묘까지 할 수 있으니 사주 내에서 을목이 상징하는 십성적 의미와 육친을 세심하게 살펴야 합니다.

만일 미토가 술토를 형하는 관계여도 미중을목이 상하기 쉬운 것은 마찬가지라고 볼 수 있겠지만, 미토 속에는 정화가 있으니 정화가 술중신금을 제어하여 미중을목을 보호할 수 있습니다. 미중정화가 술토 속에 화기를 공급하니 을목이 술토에 입묘하는 작용이 있더라도 흉함이 덜합니다. 을목이 설기되는 문제는 있지만 직접적으로 크게 상하는 문제의 소지는 적기 때문이지요.

갑목 일간이 미월에 태어났는데 정화가 드러나 상관생재의 구조입니다. 쉽게 말하면 기술로 돈을 번다는 것이지요.

그런데 술미형의 관계에서 드러난 정화 상관이니 형살(법 또는 의료)의 속성을 가진 기술인 것입니다. 정화 상관이 인성을 봐서 상관패인 조합이 된다면 자격, 지식, 학위를 갖고 쓰는 기술이 됩니다.

술미형하니 미중을목(지지 속 지장간 겁재이니 겁재가 아니라 양인이라고 부릅니다.) 양인들을 술중신금 정관으로 다스리는 뜻이 만들어지고, 양인들을 술토 돈 속에 입묘시키니 사람들을 일간이 운영하는 사업체에 돈을 주고 고용하는 형국이 됩니다.

그 과정에서 을목이 금극목 조합으로 상하게 되니 이렇게 생기가 상하는 구조에 형살이 걸려 있을 때는 반대로 생기를 살리는 활인업 직업성이 만들어지게 되지요.

술토와 미토의 땅을 형하니, 땅을 파서 지반을 조정하고 개간하는 등의 물상을 직업, 사업적으로 쓸 수 있습니다. 정화는 땅과 관련된 기술의 속성이 되겠지요.

축술丑戌형 역시 축토가 술토를 형하는 것과 술토가 축토를 형하는 두 가지로 구분해 볼 수 있습니다.

축술형은 축중계수가 술중정화를 극하는 작용력이 발생합니다. 만일 술중정화가 사주 내에서 일간을 힘들게 하는 에너지로 쓰이고 있다면 그것을 제어함으로써 고통을 해소하고 문제를 해결하니 길할 것입니다.

술토가 축토를 형하는 경우에는 음습하고 냉하며 어두운 축토의 성향을 제거하는 긍정적인 측면이 있습니다. 축토는 인목이라는 생명체를 세상에 내놓기 직전의 공간이므로 축토에는 만삭의 생명체를 품고 있는 상태의 뜻이 있습니다. 그리하여 술토가 축토를 형하면 제왕절개, 산부인과의 뜻이 나옵니다. 이외에도 수많은 뜻이 도출되므로 풍부한 사례를 통해 익혀 가야 합니다.

을목이 살아가는 사회가 정재와 편재가 형하는 상황입니다. 을목의 터전에 잦은 변동이 생길 수 있음을 암시합니다.

축토에는 신금 편관과 계수 편인이 있으니 국가 자격을 취득하여 공직에서 일한다면 일정 주기마다 발령 받아 근무지를 옮기는 모습이 됩니다. 연월 천간의 모습에 따라 다양한 의미가 만들어지겠지요.

재성과 재성의 형살이니 돈과 돈, 시장과 시장, 이해 관계와 이해 관계의 조정 등의 속성을 갖습니다. 형살 걸린 국가 자격을 써서 재성적 분쟁을 조절하고 해결하는 직업도 어울리겠지요.

축진丑辰은 파의 관계로 축진파는 축토와 진토의 십성적 의미, 지장간 관계 등을 충분히 감안하여 풀어야 합니다. 형파해의 기본 속성을 잊지 않는 한 공부를 통해 우리는 세밀하게 그 의미를 풀어내는 수준에 올라설 수 있습니다.

각각 편인을 깔고 있는 일간과 겁재가 서로의 생각이 맞다고 다투고 있는 형국입니다. 각자의 인성이 상대를 입묘시키는 구조이기 때문에 서로의 생각을 원만히 조율하기 보다는 서로 자기 생각으로 상대를 굴복시키고자 하는 기질이 강합니다. 타협이 쉽지 않겠지요.

지장간을 살피면 무엇이 문제인지 이해할 수 있게 됩니다. 진토에는 을계무가 있으니 경금 겁재의 진토 생각이란 무토 편인 특수 자격을 취득하거나 해당 분야의 깊은 공부를 통해 상관생재하여 돈을 벌겠다는 것입니다.

축토에는 계신기가 있으니 일간의 생각이란 지식과 생각을 공유하는 사람들과 함께 열심히 일하겠다는 것입니다. 재성이 없으니 결과를 성취하겠다는 목표 의식은 결여되어 있는 상태입니다. 기토가 계수와 조합하면 편인도식인데 가운데에 신금 비견이 있으니 소위 말하는 도식 작용이 발생하지는 않습니다. 오히려 배운대로, 생각한 대로 구현하기 위해 끊임없이 시도하는 장인과 같은 기질을 품고 있는 것입니다.

경금은 진중을목으로 일간의 축중기토 편인을 재극인하고자 합니다. 고리타분한 외골수적 생각을 버리고 현실을 직시하라고 하는 것이지요. 신금은 축중신금으로 이를 거절합니다. '모든 것을 이익 관점에서 보는 너의 생각은 받아들이지 않겠다.'는 것이지요. 하지만 사실 일간은 을목을 원합니다. '나도 결과를 만들어내고 싶다, 돈을 벌고 싶다.' 이런 것이지요. 축토 생각을 고집하면 목을 기를 수 없고 진토 생각을 해야만 그 생각 속에서 을목 재성을 기를 수 있다는 것을 신금은 알고 있습니다. 계신기로 구성된 축토 지장간의 흐름이 아래에서부터 토금수로 이어지니 그 다음 신금이 원하는 것은 식신생재일 테니까요. 이런 구조라면 자신의 생각을 내려놓고 타인의 생각에 입묘할 때(타인의 생각을 존중하고 인정할 때) 문제가 해결되고 사람들 간의 관계가 원만해질 것입니다.

글자 간의 관계를 이런 식으로 풀어 보는 훈련을 하면 할수록 사주에 인간의 삶과 세상사가 다 담겨 있다는 생각이 절로 들게 됩니다.

d. 기타 형파해 관계

이외에도 인사신, 축술미의 삼형 조합이 있습니다. 그리고 묘진천, 유술천처럼 왕지와 묘지 간의 관계도 다양하게 형성됩니다.

삼형은 두 글자로 조합된 형보다 형살의 속성이 더욱 강합니다. 소위 숙살지권(생사여탈권)의 프로페셔널 성격이 분명해지는 것이지요. 세 글자의 십성적 관계를 충분히 감안하여 해석해야 합니다.

인사신 삼형은 생지의 삼형으로 역마성이 있고, 일의 초기, 그리고 빠르고 급박하지만 단순하다는 속성이 있습니다. 축술미는 묘지의 삼형으로 일이 한참 진행된 시기, 그리고 복잡다단한 사연과 내용이 얽혀 있다는 속성을 갖습니다.

묘진천이나 유술천은 각각 인묘진 목방합과 신유술 금방합에서 생지가 빠진 조합입니다. 기본적으로 방합을 이루고자 하는 작용력이 있으나, 생지의 에너지를 공급 받지 못하는 관계로 시간이 갈수록 왕지 에너지가 점차 고갈되어 묘지에 흡수되려 하는 상황을 말합니다. 왕지 글자 입장에서는 들어가기 싫겠지요. 자신의 전성기를 마감한 채 사라지고 싶지는 않을 테니까요.

자세히 보면 묘진천, 유술천은 자축합, 오미합의 관계와 동일합니다. 자축합과 오미합은 각각 해자축 수방합과 사오미 화방합에서 생지가 빠진 상태이지요. 하지만 어떤 것은 천이요, 어떤 것은 육합으로 불립니다. 이런 부분을 무조건 암기하면 며칠 지나지 않아 또 헷갈리기 시작하지요. 그래서 원리에 대한 이해와 사주 용례를 통한 사유력 증진을 통해 점차 고수의 경지를 향해 나아갈 수 있게 되는 것입니다.

4 궁위에 대한 이해

궁위는 사주 해석에 있어서 매우 중요한 기준입니다. 변화무쌍한 좌표 간의 관계망 속에서 결코 변하지 않는 고정된 위치 속성을 갖기 때문입니다. 따라서 궁위라는 명쾌한 기준을 척도로 삼는 것은 일관된 운명의 해석에 필수적인 조건입니다. 핵심만 살펴보고 가겠습니다.

우선 원국의 궁위는 시기를 말합니다. 즉, 해당 궁위의 연령대에 삶이 어떠할 지, 어떤 일이 벌어질 지를 암시합니다. 궁위에서 필요한 기운을 대운에서 절묘하게 만나게 될 때 소위 대발이 가능합니다. 만일 젊은 시절의 궁위에서 꼭 필요한 기운이었는데 중년 이후에 들어온다든가 들어와도 간지 조합이 엉망일 경우에는 발전이 어려울 수밖에 없습니다.

십성보다 궁위가 우선입니다. 십성이 겉모습이라면 궁위는 겉모습이 무엇인지에 상관없이 항상 고정적인 속성을 가진 자리입니다. 특히 육친 해석을 궁위 대신 십성으로만 하는 사람들이 있는데 반드시 궁위로 먼저 해석하고 십성으로 보완하는 방식을 택해야 합니다.

다음으로 궁위 자체가 갖는 속성이 있습니다. 연주는 기본적으로 국가나 해외를 뜻하는 자리입니다. 즉 연주에 어떤 글자가 있는가, 일간과 어떤 관련이 있는가에 따라 국가기관에서 활동하는 공무원 등의 공직, 국제적으로 이름을 내는 인재, 유학, 해외에서 활동, 혹은 국가기관으로부터 법적인 통제를 받게 되는 일 등의 물상이 나옵니다. 아울러 육친적으로는 일간과의 거리가 멀기 때문에 인연이 가깝지 않다는 뜻이 됩니다. 예를 들어 배우자 글자가 연주에 있다면 첫 인연과는 불미할 가능성이 높거나, 외국인과의 인연 등의 의미가 나오게 됩니다.

월주는 사회 활동 공간을 의미하니 일간의 직업 상황과 관련이 깊습니다. 예를 들어 월간에 관성이 있는데 일간과 합을 하거나 관인소통으로 잘 연결되어 있다면 좋은 직장을 얻게 됩니다. 그 직장이 연주와 관련되어 있다면 국가 단위의 직장이니 공공기관이나 대기업, 혹은 외국계 기업과 같은 의미로 확장되게 됩니다. 연월의 상황은 대운과 조합하여 집안의 형편과 부모의 상황을 간접적으로 알려줍니다.

연월이 공적 공간이라면 일시는 사적 공간입니다. 일지는 일간의 공간이자 배우자의 공간입니다. 월지는 모친과 형제의 공간인데 이렇게 함께 쓰는 자리는 문제가 발생할 때 누구에게 해당하는 문제인가를 알아야 합니다. 이는 원국에 드러나 있거나 지장간에 위치한 육친 글자와 대세운에서 반응할 때 움직이고 드러나는 십성적 상황을 통해 추론하게 됩니다. 이런 다층적인 설계 구조가 사주 해석의 매력입니다.

일지궁의 역할이 좋다면 좋은 배우자를 얻을 확률이 높습니다. 내 사주의 배우자 그릇이 좋기 때문입니다.

시주는 자식궁이지요. 자식은 일간과 일지의 합작품이므로 일주와 자식궁의 관계를 잘 살펴야 합니다. 또한 시주는 개인사를 뜻하는 공간인 만큼 일주와 시주의 관계는 일간이 가진 사적 특장점(무기), 추구하는 바, 맺고 있는 은밀한 관계 등을 암시합니다. 특히 지장간끼리의 암합은 그 은밀성이 강화됩니다.

5 간지에 대한 이해

사주가 말 그대로 네 개의 간지로 구성되는 만큼 간지의 의미를 잘 터득해야 합니다. 일주론이라는 명칭으로 많은 책이 있고 인터넷에도 수많은 글이 있지만, 간지야 말로 각자가 스스로 연구하면 할수록 더욱 많은 의미를 찾아낼 수 있는 사유의 영역이기에 이미 풀이되어 있는 다양한 관점들을 무작정 받아들이는 방식으로 공부하지 말아야 합니다. 스스로 납득되지 않으면 언뜻 알 것 같다가도 머지 않아 뇌에서 휘발되고 마는 것이 간지와 관련된 내용입니다. 주의해야 할 것은 간지의 의미는 결코 절대적인 것이 아닙니다. 다만 기본적인 것으로 받아들여야 합니다. 그래야만 간지만으로 사주를 해석하는 큰 오류를 저지르지 않게 됩니다.

육십갑자의 처음인 갑자甲子 간지를 예로 삼아 간지 공부법을 살펴보도록 하겠습니다. (제 유튜브를 통해 일주론 공부법을 익힐 수 있습니다.)

먼저, 십성을 봐야 합니다. 갑목에게 자수는 십성으로 정인입니다. 자수 정인이 갑목을 생하는 구조이니 학문에 인연이 있습니다. 공부를 해야 합니다. 일지 시기에 정인을 본 것이어서 중년에 늦공부를 하는 경우도 많습니다.

정인은 순수한 마음이며, 어질고, 인정이 있으며, 절제하고 인내하는 속성입니다. 사실 인내의 속성은 편인이 더 어울립니다. 정인은 사랑 받고 싶어 하는 마음입니다.

자수라는 글자는 맑게 유지되는 것이 좋습니다. 정인이므로 돈을 뜻하는 재성 글자에 재극인되면 학문성이 오염되어 돈을 추구하는 방향으로 변질되기 쉽습니다. 과히 좋지는 않지요. 사업을 하더라도 인성 관련업이 좋습니다. 자수가 신자진 수삼합의 왕지이기에 더욱 그렇습니다.

지장간은 임계수로 구성되어 있으니 역시 공부와 인연이 있습니다. 자수의 창의성을 써서 교육업에 종사하는 것이 가장 좋은 것입니다. 다만 인성이 혼잡되어 있으니 자칫 별 쓸모없는 잡다한 공부를 하거나 이 자격 저 자격 취득하면서 시간과 비용을 낭비할 소지도 있습니다.

임계수가 들어 있는 신자진 삼합의 왕지를 만났으니 고집이 강하고 자기중심적인 성격이 되기 쉽습니다. 자묘오유 왕지를 가진 일주들에게 이런 기질이 강합니다. 십성적인 차이만 있을 뿐입니다. 같은 간여지동 일주라도 갑인보다 을묘가 훨씬 강한 이유입니다. 음이기에 그 기질이 더욱 셉니다.

배우자 자리가 정인이므로 사랑을 받는 인자를 가진 것입니다. 여자의 경우 공부로 충분히 쓰지 않으면 인성화 된 배우자에게 남자의 느낌을 받지 못하게 될 수도 있습니다. 마치 남편이 모친처럼 간섭하고 참견할 수도 있다는 것입니다. 또한 지장간이 혼잡되어 있으므로 배우자의 교체나 외정, 변덕스러운 마음 등을 암시합니다. 자수는 생식 기능과 밀접한 관계가 있는 글자이고 여명일 경우 금 관성들이 자수를 향해 들어오니(신금은 신자진 삼합으로, 유금은 자유 귀문으로) 잘못하면 많은 남자와 인연이 생길 수 있습니다. 다만, 일단 들어오면 관성이 변질되는 단점이 있습니다.

자수가 흑색이니 속을 잘 털어놓지 않으나 수틀리면 매우 냉정하게 변모할 수 있습니다. 금수로 연결되어 있을 경우 이 속성이 강해지겠지요.

십이운성으로 자수는 갑목의 목욕지이니 외모가 아름다우며 멋 부리기를 좋아하는 성향이 있습니다. 정인은 경제적 관념이 부족하기에 재정적인 면에 철저하지 않아 사치로 이어질 가능성도 높습니다. 갑자의 처음과 시작 속성으로 인해 정인이면서도 욕 정인이라서 철이 없기 쉽습니다. 역시 공부를 많이 해야함을 알 수 있습니다.

그리고 자수의 속성에 욕지의 속성이 더해져 음란한 경향이 많습니다. 자수는 도화성의 글자이기도 하니 여기에 연지 글자에 따른 십이신살의 속성이 가미되면 이런 속성이 더욱 강해지거나 줄어들게 됩니다.

이런 기본 속성들을 간지별로 이해하고 잘 풀이된 사주 사례들을 통해 실질적인 의미와 물상들을 익혀야 합니다.

6 십성에 대한 이해

십성은 명리학 이론의 꽃입니다. 십성을 깊게 공부하지 않고는 사주에 담긴 오묘한 운명의 이치를 제대로 알 수 없습니다. 물상만으로 사주를 해석하거나 아예 십성을 배제하는 관법도 존재하는데 그런 방식으로는 절대로 운명을 제대로 간명할 수 없습니다. 이것은 명백한 사실이니 명리학 공부의 바른 길에서 이탈하지 말아야 합니다.

십성에 대해서는 무수한 책들이 있고, 인터넷에도 수많은 콘텐츠가 있습니다. 여기에 다시 장황하게 기록하는 것보다는 십성의 핵심과 사주 해석에 매우 중요한 의미를 갖고 있는 주요 십성적 관계를 알아보는 것이 더 의미 있을 것으로 생각합니다.

먼저, 십성에는 '비식재관인'이 있습니다. 비견/겁재, 식신/상관, 정재/편재, 정관/편관, 정인/편인이 그것입니다. 전통적으로 4길신과 4흉신으로 구분하는데 전자는 '식신, 재성(정재와 편재), 정관, 정인'이며, 후자는 '겁재(양인), 상관, 편관, 편인'입니다. 아주 단순화해서 말하면 길신 위주로 구성된 사주가 평탄한 삶을 사는 데 있어 유리합니다. 흉신으로 꽉 차 있는 사주는 소위 병이 많은 것과 같습니다. 인생에 고난과 실패 등 우여곡절이 많습니다. 그래서 운에서 약을 만나 흉함을 제화, 제거해야 삶에 반전이 일어납니다.

하지만 길신으로만 구성된 사주가 무조건 좋다고 말할 수는 없습니다. 무균실에서 자란 사람의 면역력이 좋기 어려운 것과 같지요. 운에서 흉한 기운을 만날 때 크게 휘청거리기 쉽습니다. 넉넉한 집안에서 남 부러울 것 없이 성장하여 별 걱정 없이 사회 생활까지 무난하게 이어 온 사람이 위기 앞에서 많이 흔들리는 것과 같습니다. 반면, 고난과 좌절로 점철된 삶 속에서 끊임없이 정신력을 강화하며 실력을 닦은 사람이라면 새로운 고난이 닥쳐도 그러려니 합니다. 강철 멘탈을 갖게 된 덕분이요, 자기 실력에 대한 확신이 있기 때문입니다. 그래서 그릇이 큰 사주란 길신으로만 구성된 것이 아니라 큰 병이 있지만 끝내 그 병을 극복하는 사주라고 할 수 있습니다.

일이 잘 풀리지 않고 실패를 거듭하면 주위에서 사람이 떠나가지요. 하지만 타인의 시선이 아니라 자신을 삶의 중심에 놓는 사람은 고독 속에서 자신을 키워 가는 법입니다. 쇼펜하우어가 통찰한 것처럼 인간은 고독 속에서 시간을 자신의 편으로 만들 때 진정한 자유와 만날 수 있으며 세상과 인생에 대한 지혜를 갖게 되는 존재이니까요.

1) 비겁(比劫)

비겁은 비견比劫과 겁재劫財를 합해서 부르는 말입니다. 일간과 오행이 같은 글자를 비견, 오행이 다를 경우 겁재라 합니다. 갑목 일간을 예로 들면, 천간에서는 갑목이 비견이고 을목이 겁재입니다. 지지에서는 인목이 비견이고, 묘목이 겁재입니다. 지지 겁재를 양인羊刃이라고 부릅니다. 겁재성이 매우 강하다는 측면 외에 소위 '칼을 든' 속성이라고 기억하면 쉽습니다. 칼은 실제 칼이기도 하고 상징적인 칼이기도 합니다. 의사처럼 활인의 칼을 쓰는 사람도 있고, 도축업자나 요리사, 그리고 강도처럼 도구로서의 칼을 쓰는 사람도 있으며, 구두 가게 직원처럼 칼의 형상을 한 구두칼을 쓰는 사람도 있겠지요. 그리고 권력으로서의 칼을 쓰는 사람도 있습니다. 군검경, 언론인 등이 대표적이지요.

양 일간과 음 일간의 양인은 다음과 같습니다.

> 甲-卯, 丙/戊-午, 庚-酉, 壬-子
> 乙-辰, 丁/己-未, 辛-戌, 癸-丑

십이운성으로 왕지 글자가 양인입니다. 그래서 무토의 양인은 오화인 것입니다. 정인에 양인적 기질이 담겨 있는 것이지요. 무오일주라면 내 생각이 옳다는 생각이 강할 것입니다. 오화 안에 기토 겁재가 있습니다.

음간 양인은 십이운성으로 관대지입니다. 관대지를 만날 경우 양인의 기질이 잘 드러난다고 이해하시면 되겠습니다. 관대지 안에 비견들이 들어 있습니다. 양인 일주와 백호, 괴강 일주, 간여지동으로 이루어진 일주는 기질이 매우 강합니다. 자기 주체성, 추진력이 강합니다. 부정적으로 쓰면 고집이 세겠지요. 현대적으로 이런 일주들은 자기 분야에서 인정받는 프로페셔널을 지향하는 성향이라고 봅니다.

지지 비겁은 일간의 근이 되어 준다는 측면에서 좋습니다. 하지만 가장 중요한 점은 천간이든 지지든 일간과의 연결성에 따라 관계의 긍부정성이 결정된다는 것입니다.

특히, 양인은 편관으로 다스릴 때 좋습니다. 지지에서 호시탐탐 일간의 것을 노리고 있는 양인을 편관으로 다스리면 합의 관계가 성립되어 부드러운 리더십을 발휘하게 됩니다. 예를 들어,

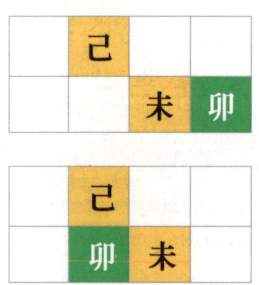

이런 구조라면 기토 일간이 사회의 양인들과 함께 살아갑니다. 연지에 묘목 편관이 있으면 미토 양인을 (해)묘미 삼합하니 묘목 편관 조직이 양인들을 제어하는 셈입니다. 그러니 국가자리에 있는 큰 조직에서 직장생활을 하는 것이 좋습니다.

묘목이 일지에 있다면 직장에서 일간이 획득한 직위, 권력으로 양인을 다스리게 되는 것입니다. 일지에 있으니 일간이 자기 회사를 만들어 사회의 사람들을 직원으로 채용하여 다스리는 형국도 됩니다.

만일 편관 대신 인목 정관으로 양인을 다스려야 한다면 인미 귀문 관계가 만들어집니다. 미토는 인목과 지장간에서 갑기암합하니 겉으로는 인목 정관을 따르는 듯하지만, 인목을 입묘시켜 자기가 권력을 찬탈하거나 회사를 인수해 버리는 식으로 행동할 수 있습니다.

각 일간별로 양인들을 편관으로 다스릴 때와 정관을 다스릴 때를 각각 살펴보면 왜 편관으로 다스릴 때가 상대적으로 좋을 수밖에 없는지 이해하게 됩니다.

연간에 겁재가 있습니다. 겁재이니 무조건 부정적으로 보면 안 된다는 것입니다. 을목은 내가 활동하는 사회 영역에서 멀리 떨어진 곳, 국가자리, 해외자리에 겁재성을 가진 많은 사람들이 있다는 것뿐입니다.

만일 이렇게 경금이 월간에 있다면 일간과 을목 겁재는 경금을 마주보고 있는 형국입니다. 직장을 보고 있는 것이지요. 함께 직장 생활을 하는 것입니다. 사주 주인공인 일간 입장에서는 을목이 직장 동료일 가능성이 높은 것입니다.

경금의 근이 어디에 있느냐에 따라 경금의 개념도 달라집니다.

갑목 일간에게는 경금이 편관이니 회사 생활이 힘듭니다. 을목에게는 정관이고 을경합하니 직장생활이 순탄하지요. 그렇다고 직장인이 회사를 사랑할 정도가 된다는 것은 현실 세계에서 일어나기 어려운 일입니다. 을경합화금이니 을목은 경금 조직에 잘 맞추어 조직 생활을 하는 사람입니다.

경금 회사 입장에서는 을목은 마음에 드는데 갑목은 그렇지 않은 상황입니다. 그러므로 갑목은 스트레스를 많이 받겠지요. 편관이 상징하는 것이 바로 스트레스, 고통, 고난, 난제 등입니다.

이때 을목이 경금을 합해 주는 것을 양인합살이라고 합니다. 동료들 덕에 회사 생활의 어려움을 해소할 수 있는 것이지요.

만일 지지가 이렇게 되어 있다면 갑목과 을목은 둘 다 상관적 능력이 뛰어납니다. 재주가 많은 것이지요. 십이운성으로 을목은 목욕지, 갑목은 사지를 깔고 있어 을목은 자기가 하는 일을 뽐내고 인정 받기를 좋아합니다. 갑목은 재주는 많은데 일하느라 힘들어 죽겠다, 하는 상황입니다. 사화는 경금을 장생시키니 경금 입장에서는 을이 더 이쁠 것입니다. 하지만 이것도 경금 아래 월지가 어떤 글자냐에 따라 의미가 또 달라집니다. 사주는 항상 전체를 다 봐야 하는 것이고, 그러기 위해서 지금은 개론을 익히고 있는 단계이지요.

사오(미) 방합을 이루려 하니 갑과 을은 가족, 동지와 같은 사이입니다. 왕지를 깔고 있는 갑목이 이 관계의 리더 역할입니다. 월지 글자가 방해만 하지 않는다면 말이지요. 그렇다고 이것이 전부는 아닙니다. 천간에 비겁을 봤을 때는 각자의 지지가 상대방 입장에서 십이운성적으로 어떤 지도 봐야 합니다.

오화는 을목에게 장생지이니 갑목은 을목을 장생시켜 주려 하는 마음이요, 사화는 갑목에게 병지이니 을목은 갑목을 도우려는 마음보다는 회사를 잘 되게 하고 인정 받으려는 마음이 더 큰 것입니다. 약간 얌체 같은 느낌이지요? 하지만 이것도 전부는 아닙니다. 전체 글자를 다 보기 전에는 관계의 진실을 알 수 없습니다. 명리 공부를 하는 과정에서야 친구들에게 재미로 사주 봐준다며 이러쿵저러쿵 할 수는 있지만, 이리저리 글자 몇 개 조합해서 보는 실력으로 절대적인 판단을 내리거나 부정적인 얘기를 하지 말아야 합니다. 재미로, 딱 거기까지만 해야 합니다.

이런 모습이라면 일간과 연간 비견이 계수를 함께 보고 있습니다. 무계합하려는 것이지요. 이 경우, 흔히 쟁재라고 부르며 돈을 다툰다고 착각하는 경우가 많습니다. 절대로 그렇게 보지 말아야 합니다. 만일 그렇게 배운다면, 천간에 비겁이 떠 있고 재성이 있거나 없어도 운에서 재성이 들어오면 무조건 쟁재 이 두 글자의 공포에 사로잡히게 되고 맙니다. 그런 생각이 일을 잘 풀리게 할 리 만무하지요.

계수는 해수를 깔고 있어 일간이 속해 있는 사회 영역에 돈이 많은 상황입니다. 사회의 많은 돈을 비견들과 사이 좋게 나누어 갖는 모습이지요. 재성은 시장이기도 하니 일간과 연간 비견들이 시장에서 함께 경제활동에 종사하는 모습이기도 합니다. 금 식상이 있어 수를 생한다면 시장의 돈이 마르지 않겠지요.

이 시대의 위대한 스피커 김어준 총수의 사주 구조가 이렇게 되어 있습니다. 김총수가 남과 돈을 다툰다는 얘기를 들어보신 적 있으신가요?

만일 이런 구조라면 서로 돈을 갖겠다고 다툴 수도 있을 것입니다.

함께 시장을 키워서 나누어 갖는 사람들과 한정된 시장을 두고 혼자 먹겠다고 싸우는 사람들 가운데 누가 부자가 될 가능성이 높을까요? 당연히 전자입니다. 후자의 경우, 머지않아 시장은 아무도 충분한 이익을 낼 수 없는 레드오션으로 변해 버리고 말 것입니다.

연간에 겁재가 있다고 기토를 경쟁자, 내 돈을 강탈해 갈 존재들이라고 보면 안 됩니다. 연월은 공적 영역 곧 사회요, 계해는 사회에 있는 돈이니 본래 일간 무토의 돈이 아니기에 이런 생각 자체가 잘못된 것입니다.

기토는 유금 식신을 깔고 있으니 열심히 일해서 해수를 키워 주고, 해수는 해자(축) 방합을 하니 무토 일간은 많은 돈을 법니다. 기토가 열심히 일해 주는 덕분에 부자가 되는 것이지요. 기토는 겁재이고 일간과 계수를 다투고 있기에 나쁘다고 한다면 말이 되지 않는 것입니다.

만일 이렇게 되어 있다면 무토 일간은 자기 사업체를 가진 사장인 셈입니다. 자신의 을목 정관 권력으로 기토를 다스리지요. 그럼 기토는 무토 일간의 통제를 받는 직원이나 거래처 직원인 셈입니다. 멀리 있으니 그보다 확장된 개념도 얼마든지 나옵니다. 불특정 다수로 하여금 일을 하게 하며 자신의 돈을 불려 가는 모습은 현실 세계에서 다양한 형태로 나타날 수 있으니까요.

2) 식상(食傷)

식상은 식신食神과 상관傷官을 함께 일컫는 표현입니다. 일간이 생하는 오행입니다. 갑목 일간이라면 음양이 같은 병화가 식신, 음양이 다른 정화가 상관입니다. 지지로는 사화가 식신, 오화가 상관입니다.

일간이 자신의 에너지를 사용하는 것인 식상을 한마디로 압축하면 일간의 표현 양식입니다. 일간의 일, 말, 글, 활동, 행동, 운동, 재능, 재주, 능력, 실력, 적성, 진로, 몸, 놀이, 유희, 취미, 베풂, 나눔 등을 아우릅니다.

식신은 자기가 좋아하는 일에 자신의 에너지를 꾸준히 지속적으로 쓰는 속성입니다. 그래서 식신은 전문가의 속성을 갖습니다. 하나의 일을 장기간 계속하다 보면 자기도 모르는 사이에 달인, 장인이 되는 것이지요.

	甲
壬	
子	

연간에 갑목 식신이 있으니 자신의 전문성을 국가자리나 해외자리에서 씁니다. 넓은 사회에서 사용하는 것이지요. 임자가 간여지동이면서 양인일주이니 매우 적극적으로 자신의 능력을 사회에서 사용하는 성향입니다.

식신의 식이 먹을 식食 자입니다. 그래서 식신은 의식주와도 관련이 깊습니다. 요식업 속성이지요. 방해하는 글자가 없다면 의식이 풍족하다는 것 외에 먹는 것도 좋아합니다. 살이 찌기 쉽습니다.

무토 식신이 월간에 있는데 그 아래에 오화 양인이 있으니 혼자 하는 일이 아니라 사회의 사람들과 같이 하는 것입니다. 다른 글자들과의 조합을 통해 그 일이 어떤 일인지, 목적은 무엇인지 등이 드러나게 됩니다.

예를 들어 연간에 을목 정인이 있다면 을무가 목극토의 관계이니 을목 국가자격을 갖고, 또는 (해외자리이니 유학을 포함하여) 학위를 갖고 일하다, 말하다는 뜻이 되어 교수, 교사 등의 교육자, 연구원 등의 직업성이 나옵니다.

상관은 말과 끼로 정리할 수 있습니다. 언변이 뛰어납니다. 그렇다고 글은 못쓰고 말만 잘하는 것은 아닙니다. 재능을 두루 아우릅니다. 상관의 뜻이 관(틀, 질서, 규칙)을 상하게 하는(깨다, 깨뜨리다, 벗어나다) 것이니, 조직에 갇혀 있기를 싫어하고, 고정관념에 얽매이지 않습니다.

식신이 제조, 생산과 같이 한 자리에서 오래 쭉 하는 일이라면 상관은 제품을 들고 유통, 판매하는 것입니다. 영업을 하려면 언변이 좋아야 하고, 사교성이 있어야 하며, 나름의 끼를 발휘해야 하고, 임기응변성이 있어야 합니다. 모두 상관의 속성입니다. 영업의 개념을 확장하면 로비, 외교, 인맥 형성 등이 됩니다. 연예인에게는 상관의 끼가 필요하겠지요. 여자가 인성에 잘 제화된 상관(상관패인)을 쓰면 애교가 있습니다.

또한 잘못된 질서를 바로잡고자 하는 정의감, 비판 정신, 까칠함의 기질이 있습니다. 임기응변 능력이 좋으니 두뇌도 좋습니다. 꼭 학업적인 두뇌만을 말하는 것은 아닙니다.

신금 일간이 해수 상관을 깔고 있습니다. 십이운성으로 해수는 신금의 목욕지라서 욕상관이라고 부릅니다.

언변이 뛰어납니다. 월지 미토 편인이 있어 토극수하니 이를 상관패인이라고 합니다. 말을 하긴 하는데 자격을 갖고, 배워서 알고 하는 것입니다. 상관의 가치가 높아지지요. 또한 해(묘)미 재성 삼합을 하려 하니 지식을 갖고 말하고 글을 쓰며 돈을 만들 수 있다는 것입니다.

시간에 계수 식신으로 드러났으니 이를 전문적으로 쓰게 된다는 것이며, 동시에 일간의 말과 글 등의 재능이 알려지게 된다는 것입니다. 유시민 작가의 사주 구조가 이와 같습니다.

식신도 인성이 있으면 식신패인이라고 부르면 됩니다. 명리적으로 이런 용어가 없지만 없다고 해서 부르지 않을 이유가 없습니다. 앞에서 본 사주처럼 식신이 정인을 보면 좋다고 보는데, 식신이 편인을 보면 식신봉효나 효신탈식이라고 하여 소위 편인도식에 걸려 좋지 않게 보기 때문에 식신패인이라는 용어가 만들어지지 않았을 것으로 봅니다.

하지만 현대 사회에서 편인도식은 달인, 장인의 에너지 조합으로 쓸 수 있습니다. 최고의 실력을 갖게 될 때까지, 최고의 작품을 만들어 낼 때까지, 끊임없이 연구하며 시행착오를 달게 거치는 정신입니다. 몇 번 해보고 잘 안 된다고 포기해서는 분야를 막론하고 최고의 지위에 오를 수 없겠지요.

식상은 여명에게는 자식을 뜻합니다. 자기 에너지를 소진시켜 낳고 기르는 존재이기 때문이지요. 또한 남녀 공히 상관은 할머니입니다. 무토 일간을 예로 들어 천간 글자의 관계를 보면, 무토가 극하는 편재 임수는 부친이 됩니다. 임수의 정인 신금(무토에게는 상관)이 할머니가 되지요.

남명에게 식신은 장모입니다. 무토 입장에서 부인은 정재 계수가 되지요. 계수를 생하는 정인 경금(무토에게는 식신)이 장모가 됩니다.

육친 관계는 각 일간 입장에서 관계도를 그려 보면 금방 이해할 수 있습니다.

3) 재성(財星)

재성은 한마디로 돈입니다. 달리 표현하면 재물이요, 재물을 추구하는 현실성입니다. 식상생재라는 표현이 있듯이 식상(일)을 통해 획득하고자 하는 결과물(재성)이기도 합니다. 식상이 발달했는데 재성이 없다면 일은 열정적으로 열심히 벌이지만 마무리가 잘 안 되는 문제가 있을 수 있습니다. 슛은 열심히 하는데 골은 못 넣는 상황인 것이지요. 그래서 무재 사주의 경우 남녀 공히 결혼이 늦는 경향이 있습니다.

정재正財와 편재偏財로 나뉩니다. 재성은 물질이기 때문에 일간이 재성을 본다는 것은 소유욕과 지배욕이 있다는 뜻도 됩니다. 전자는 정재, 후자는 편재의 속성입니다. 즉, 정재란 노력에 대한 합리적, 고정적 대가를 추구하는 성향으로써 일단 자기 호주머니에 들어온 돈은 알뜰하게 모으고 허투루 낭비하지 않으려 합니다. 반면 편재는 사업성을 의미하기에 지금은 고정 수입이 없거나 얼마 벌지 못해도 크게 벌겠다는 기질이 강합니다. 혼자만 움켜 쥐기보다는 많이 벌어 사람, 세상과 나누겠다는 정신도 강합니다. 스케일로 보면 편재가 정재보다 크다고 할 수 있겠지요.

하지만 매월 고정적으로 몇 천만원, 몇 억원의 수입을 올리는 부자를 생각해 본다면 정재가 작은 돈이라는 고정관념은 버려야 한다는 것을 알 수 있습니다.

재성은 일간이 살아가는 영역, 터전이요, 시장을 뜻합니다. 식상이 시간에 있어 사기업을 운영하면서 제조, 생산이나 유통, 판매를 하는데, 재성이 국가자리에 있다면 멀리 떨어진 시장, 예를 들면 해외시장에 판매한다는 의미가 됩니다.

여하튼 정재에는 투자 개념이 적습니다. 예금, 적금을 들고 이자를 받는데 만족합니다. 안정성을 최우선 가치라고 생각하기 때문이지요. 반면 편재는 돈을 가만히 두지 못합니다. 투자, 사업 등으로 활용을 해야 직성이 풀립니다. 회사를 선택할 때도 지금 당장의 연봉 수준보다 회사의 상장 가능성, 스톡옵션 등의 기회 요인을 중요시 합니다.

정재와 편재가 함께 있으면 재성혼잡이라고 합니다. 식상혼잡, 재성혼잡, 관살혼잡, 인성혼잡과 같이 부릅니다. 현대 사회에서는 혼잡의 개념을 나쁘게 보지 말아야 합니다. 직장의 안정성이 떨어지니 먹고 살기 위해서 이 일 저 일 해야 하고, 이 기술 저 재능을 익혀야 합니다. 식상혼잡이지요. 진로에 대한 갈등, 방향성 혼란과 같은 부정적 작용만 생각하면 안 됩니다.

남자의 경우 재성혼잡은 여러 여자를 만날 수 있는 에너지 조합입니다. 그것이 나쁠리 없습니다. 이 인연 저 인연 만나 봐야 진정한 인연을 알아볼 수 있을 테니까요. 이 돈 저 돈 보이니 바쁩니다. 자칫 하나에 집중하지 못하거나, 고정적인 수입을 만들지 못하고 여러 돈벌이를 두루 경험할 수 있습니다.

만일 천간에 재성이 드러나 있다면 그것의 근이 어디에 있는지 잘 살펴야 합니다. 그럼 십성적으로 일, 사람, 학문, 회사 중에서 어떤 매개체를 통해 수입을 만들어야 하는지 알 수 있습니다.

만일 이런 구조라면 월지 진토 정인에서 드러난 을목 편재이니 기본적으로 학문, 자격을 통해 돈을 벌어야 한다는 의미가 됩니다. 아울러 진토는 신금의 입묘지이니 일간 신금은 공부에 열중할 수 있는 사람입니다.

아울러 진토의 지장간에는 을목 편재, 계수 식신, 무토 정인이 있는데, 무계합(식신정인합)을 하니 무토 정인 공부를 하고 자격을 갖추어 계수 식신을 써서 식신생재하라는 뜻이 됩니다. 무계합은 화기를 만드니 직장 생활에서 쓰는 자격, 직장에서 하는 일임을 암시하지요. 이렇듯 사회의 상세 속성인 월지 지장간을 잘 분석해야 합니다. 많은 정보가 들어 있고, 그 정보는 일간의 삶(사회 생활)이 기본적으로 어떠할 것인지 알려 줍니다.

재성에는 즐거움, 유희의 속성도 있습니다. 그래서 어린 시절 재성을 보면 놀기 바쁠 수 있습니다. 특히, 재성이 공부의 인자인 정인을 극하면 노느라 공부는 뒷전인 상황이 될 수도 있지요. 그래서 이때의 재성에 학마學魔라는 표현을 쓰기도 합니다.

그러나 인성이 충분히 강하거나, 인성이 너무 많거나, 편인만 있다면 재성은 좋은 역할을 합니다. 집중력과 판단력을 높여 줍니다. 재성은 목표지향적, 결과중심적이기 때문에 공부도 잘합니다. 시험 문제의 정답을 잘 알아 맞추는 능력이기 때문이지요.

인성을 극하는 재극인이 특히 나쁘게 발현되는 것은 정인이 극 당할 때입니다. 학창 시절에 공부에 무관심한 문제뿐만 아니라, 사회에 나가서도 운에서 정인 재극인이 걸리면 여러 부작용이 발현될 수 있습니다. 예를 들어, 돈에 대한 욕망이 폭발하여 무리한 투자를 한다든지, 갑작스럽게 사업에 나선다든지, 도박이나 여자에 빠져 정신을 못 차린다든지 하는 식입니다. 정인에는 순수한 마음, 양심의 개념도 있기에, 양심을 저버린 횡령, 절도 등과 같은 이상한 짓을 저지르기도 합니다.

 단, 이를 도식적으로 적용하면 안 됩니다. 꾸준한 공부를 통해 정신적으로 충분히 성숙한 성인이라면 중년에 정인재극인을 당한다고 해서 무조건 나쁘게만 볼 것이 아닙니다. 물론 인성의 파극 정도가 지나치게 나쁠 경우에는 부정성이 강한 것이 사실이지만 위의 전제 조건을 감안하면 얼마든지 현명하게 사용할 수 있습니다. 그간 공부한 것을 토대로 수익을 창출한다든가, 막연히 기획이나 습작만 해두었던 것을 실행, 출간하여 수입을 만든다든가 하는 긍정적인 일로 쓸 수 있지요. 명리학 이론의 제 각론을 파편적으로 적용하여 사주의 격이 떨어진다, 돈을 못 벌겠다, 바람둥이다 등과 같이 함부로 단정하는 말을 하지 말아야 합니다. 항상 가능성을 말하는 긍정의 언어를 구사해야 하지요. 명리공부를 하다 보면 사주가 어느 정도 보인다 싶을 때 말 실수를 하는 경우가 생깁니다. 실력을 뽐내려는 오만함 때문이지요. 그럴 때를 조심하며 잘 넘겨야 합니다. 늘 반성하고 성찰해야 합니다. 저 역시 유경험자이기에 이렇게 말할 수 있는 것입니다.

 편인월에 태어나 병화 정인이 연간에 드러났으니 국가자격, 유학의 인자입니다. 정인이 정재 임수에 의해 재극인되어 못 쓴다는 식으로 보면 안 됩니다. 병화는 오화라는 강력한 근을 갖고 있기에 재성에 의해 파극될 염려가 없습니다. 오히려 재극인과 관련된 자격을 갖고 재극인의 직업 분야에서 일하기에 유리합니다. 문서를 비교, 분석, 검증, 판단하는 속성의 직업이지요.

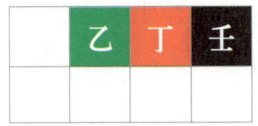

이런 식으로 연월이 합되어 있는 경우 두 글자가 묶여 둘 다 못 쓴다는 식으로 배우는데 그렇게 단순하게 보지 말아야 합니다. 마음을 열고 사고를 확장해야 합니다.

정화는 식신이니 일간 을목의 일입니다. 그것이 임수라는 국가자리의 정인과 합을 이루니, 일간이 하는 일은 반드시 국가자격을 갖고 해야 하는 일이라는 뜻이 됩니다. 일간의 일, 몸이 임수 정인에 묶인 상태이기 때문에 다른 일은 할 수 없고 오직 해당 자격이 정해 놓은 범위의 일만 할 수 있다는 것이지요. 얼마나 좋습니까? 공직생활 하기에 적당하지요.

재성은 현실성이므로 재극인이 잘 쓰이면 두뇌도 좋고, 판단이 빠릅니다. 직장에서 회의를 할 때도 현실적인 방안을 잘 낼 수 있는 인자이지요. 경제 감각도 뛰어나고, 메모, 정리도 잘합니다. 무재 구조의 경우, 메모, 기록하기를 싫어합니다. 인성다자의 경우 더욱 심합니다. 기록하고 정리하는 습관 없이 학문적 성취, 업무 능력 증대를 이루기 어렵지요. 사주에 재성이 없으니 그런 것을 어쩌겠느냐며 계속 살던 대로 살아서는 발전이 없을 것입니다. 원국에 없으면 운에서 만납니다. 꼭 대세운이 아니더라도 월운, 일운이 지속적으로 순환합니다. 모든 것을 사주 에너지 탓으로 돌리지 말고 실천해야 한다는 뜻입니다.

재성의 위치에 대해 우리가 주의해야 할 점이 있습니다. 기본적으로 재성은 지지에 있어야 좋고, 관성은 천간에 있어야 좋다고 합니다. 천간 재성은 외부에 드러나는 돈이요, 남에게 알려지는 돈이니 간수하기 어렵고 빼앗기기 쉽다는 것입니다. 지지에 있으면 그렇지 않다는 것이지요.

이를 이렇게 이해해야 합니다. 천간에 드러난 재성에 담긴 뜻은 위와 같습니다. 다만, 돈을 많이 벌어 부자라고 알려지는 것이기도 하다는 것을 알아야 합니다. 지지에 근이 강하거나, 운에서 강해지거나, 운에서 재생살을 일으키는 지지 칠살을 제화하여 재성을 살리거나, 방법은 여러가지가 있습니다. 천간에 재성이 떠 있다고 돈 벌기는 글렀다고 오해해서는 안 되는 것입니다. 돈 많이 벌었다고 소문날 수 있는 것이지요. 또한 돈을 다루다, 투자하다의 의미도 있습니다. 반면 지지의 돈은 축적의 뜻이 있습니다.

그렇다면 이렇게 일지에 편재를 깔고 있으면 무조건 부자일까요? 그럼 얼마나 좋겠습니까? 모든 병신일주는 다 부자일 테니까요. 병신일에 맞추어 자식을 낳으면 되지요.

하지만 그렇게 단순하지 않습니다. 원국의 지지에 비겁이 없더라도 운에서 사화나 오화 비겁이 오면 신금을 지키기 어려울 수 있습니다. 막아낼 인자가 있어야 하지요.

만일 시지에 식상이 있으면 비겁이 돈을 빼앗는 것이 아니라 일간의 일을 도와줘서 신금을 더욱 키워 줍니다. 관성이 있다면 비겁을 다스려 쟁재를 막겠지요. 위 사주의 경우에도 신중임수 편관이 있어 돈을 지킬 수 있는 기본적인 역량을 갖춘 상태이지만, 그렇다고 해서 무조건 지킬 수 있는 것은 아닙니다. 지장간 관계를 통해서 임수가 무력하게 되는 경우는 얼마든지 있으니까요.

결론적으로 우리는 재성이 천간에 있다고 해서 무조건 나쁘게 보는 선입견을 버려야 합니다. 연월간에 드러난 재성을 일시로 끌고 오면 사회의 돈을 일간이 가진 무기로 버는 것입니다. 지지 돈 창고에 사회의 돈을 넣으면 부자가 되겠지요.

시간에 있더라도 지지에 근을 갖고 있고, 없더라도 운에서 근을 만나거나 시간의 재성을 크게 살아나게 만드는 조합이 이루어질 경우, 돈을 벌게 됩니다. 특정 사주를 부자 사주라고 말하는 것은 실수할 확률이 적지요. 상대의 기분을 좋게 해주니까요. 문제는 가난할 사주, 거지 사주와 같은 표현을 생각 없이 내뱉을 때 생깁니다. 절대 운명 심판관과 같은 행동을 해서는 안 됩니다.

한편, 재성이 지장간에만 들어 있는 경우에는 돈을 잘 감추다, 알부자다와 같은 개념이 있지만 이것도 반드시 그런 것은 아닙니다. 명리 공부할 때 지양해야 할 것이 '반드시'라는 단어입니다. 공부의 깊이가 더해질수록 사유력이 증진되게 되지요. 결국 명리학이란 역학이요, 역易은 변화이며 그 어떤 것도 고정적이지 않다는 것을 알게 됩니다.

만일 가장 은밀한 영역인 시지의 축토 창고에 돈을 잠 숨겨 둔 이런 구조라면 영원히 병화 겁재에게 드러나지 않을 수 있는 것일까요? 그렇지 않습니다.

만일 미토 대운이 오면 미토 양인 식신을 쓰게 됩니다. 축미충이 일어나니 기존의 일과는 상반된 성격의 일, 사업을 하게 되지요. 그럴 때 천간에서 신辛 세운을 만나게 되면 축토 창고에서 꺼내 투자한 자금이 겁재에게 쏙 넘어가게 되는 일이 벌어질 수 있습니다.

4) 관성(官星)

관성은 직장 개념이 기본입니다. 현대인은 기본적으로 직장 생활을 통해 생계를 꾸려가지요. 사업이나 자영업 역시 크게 보면 직장 생활의 틀에서 벗어나지 않습니다. 자기 명의, 자기 소유의 직장이라는 점만 다를 뿐이지요. 인간은 어떤 식으로든 조직 생활을 한다고 볼 수 있는 것입니다.

관이란 틀, 질서, 체계, 규칙 등입니다. 직장에는 그것만의 규율이 정해져 있지요. 그것을 수용하는 사주 구조는 직장 생활을 하는 것이고, 거부하는 사주 구조는 직장을 벗어나 자기만의 조직을 꾸리거나 체제에 얽매이지 않고 자유롭게 살아가는 것입니다. 여기엔 옳고 그름의 잣대를 들이댈 수 없지요. 에너지로 구성된 인간이 에너지의 영향에 따라 형성된 기질에 따라 살아가는 것입니다.

신월 정관월에 태어난 을목이니 기본적으로 조직 생활을 경험하라는 뜻입니다. 직장인 구조이지요.

신금 속에 무토 정재, 임수 정인, 경금 정관이 있으니 경금 정관 직장과 임수 정인 계약을 맺고 무토 정재 월급을 받으면 됩니다. 하지만 임수 정인이 무토 정재에 재극인 당하니 저런 작용력이 사주 원국과 대운에서 반응할 때는 직장을 벗어나 자기 방식으로 돈을 버는 방식을 택할 수 있는 것이지요.

신중임수가 월간에 드러나 관인상생하니 직장인의 명이 더욱 확실해졌지요. 어떤 분야의 직장인지, 국내 기업인지 다국적 기업인지는 다른 글자들이 제공하는 정보를 통해 알 수 있습니다.

만일 이렇다면 신금 정관 조직과 사화 상관이 사신합형을 하면서 게임회사의 디자이너가 될 수도 있고, 전자회사의 영업사원이 될 수도 있으며, 형살을 써서 변호사가 될 수도 있습니다. 형살의 속성을 쓰지 않으면 직장과의 불화로 이직이 잦을 수도 있겠지요. 직업은 글자들이 마법처럼 만들어 내는 범주적 가능성입니다.

관성은 명예, 브랜드, 유명세의 속성입니다. 위의 예에서 정관 신금을 직장으로 쓰지 않고 명예로 쓴다면, 일간이 자신의 상관적끼 사화로 사회로부터 유명세를 얻고, 그 위의 임수 정인 인기를 얻을 수도 있습니다. 누군가는 사화를 예능성으로 쓸 것이고, 또 다른 누군가는 글, 그림, 음악, 운동, 기술 등의 재능으로 쓸 수도 있는 것입니다.

관성의 기타 속성을 한꺼번에 정리하자면 공동체, 고객, 거래처, 팬fan, 법, 권력, 기준, 가치관, 신념, 자기절제성(관리성), 통제, 체면 등입니다. 일간을 극하고 다스리며 책임지는 성분이니 사유를 확장할수록 현대 사회에 적용할 수 있는 다양한 속성들이 나오게 됩니다.

육친적으로는 남자에게는 자식, 여자에게는 남편이지요. 남녀 공히 외할머니이기도 합니다. 기본적으로 상사, 스승은 인성이지만 상사의 상사, 스승의 스승은 관성입니다. 인성의 인성이 관성이니까요.

정관이 합리적, 원칙적, 문관적 통제라면 편관은 비합리적, 강압적, 무관적 통제입니다. 그래서 편관이 힘들지요. 정확히 말하면 정관과 칠살을 비교해야 합니다. 제화된 칠살을 편관이라고 하니까요. 제화삼법을 통해 편관을 잘 쓸 수 있게 되면 높은 명예성을 가질 수 있습니다. 즉, 유명해질 수 있는 것이지요. 소위 스타가 될 수 있는 것입니다. 대부분의 사람은 칠살을 제화하여 쓰기 어렵기 때문에 온갖 고난을 딛고 마침내 칠살을 다스려 쓸 수 있게 된 사람이 소수의 스타 중 한 명이 되는 것은 당연합니다.

을목에게는 정관이었지만 갑목에게는 편관입니다. 그래서 갑목은 을목 일간에 비해 상대적으로 고통이 많은 사회에 태어난 것과 같지요. 직장에 들어가도 힘든 일이 많은 것입니다.

하지만 이런 식으로 막강한 무기를 갖고 있다면, 오히려 직장이나 고객을 자기 실력으로 자유자재로 다룰 수 있게 됩니다. 고객에게 이래라 저래라 할 수 있는 직업은 그 자체로 프로페셔널을 상징하지요. 특정 분야의 고급 자격, 지식에 기반한 전문성을 확보하고 있을 때 가능한 직업성입니다.

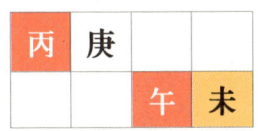

이런 식으로 시간에 관성이 있으면 일간이 자기 회사를 세우거나 자기 브랜드를 세우게 된다는 뜻입니다. 천간에 있어 외부, 타인들

에게 알려지게 되는 유명세입니다. 칠살이니 다스려 쓸 수 있다면 큰 명예이지요. 특히 이런 구조는 (사)오미합을 이룬 사회의 관이 일간 옆으로 온 것이어서 명예의 정도가 매우 높은 것입니다. 대기업이라면 임원이 가능할 수 있는 것이지요.

만일 지지에만 관성이 있다면 대세운에서 관성이 천간에 드러날 때 유명세를 얻을 수 있게 됩니다. 방해 요소가 없어야겠지요. 어떤 방식으로 알려지게 되는 것인지 이해한다면 그에 맞추어 자신의 실력을 제대로 키워 갈 수 있을 것입니다.

만일 신금 일간이 오월 칠살월에 태어나 이렇게 방합까지 짜고 있는 구조라면 매우 큰 명예를 얻을 수도 있습니다. 원국에 관이 떠 있다면 거의 확정적이지요. 만일 관이 천간에 드러나 있지 않다면 대세운에서 올 때 이름을 날릴 수 있는 것입니다. 사람에 따라 누군가는 젊을 때, 누군가는 중년에, 또 누군가는 말년에 유명해질 수 있는 것이지요.

다만, 이런 구조는 칠살월에 태어난 데다가 칠살국까지 짜고 있어 조직 생활이 쉽지 않습니다. 직장에 다니면 미칠 듯이 힘들기 때문이지요. 과도한 책임이 부여되어 남 모르는 고통을 느낄 수 있습니다. 달리 말하면 능력자라는 얘기도 됩니다.

일지에 쇠지 편인이 있으니 철학적 삶을 암시합니다. 세상의 고통을 모두 끌어안고 자신의 사유로 승화시킬 수 있는 구조가 됩니다. 이런 구조는 지지로 재성이 오면 재생살이 걸리기 때문에 사업을 통해 돈을 추구하는 삶으로 향하면 고난이 뒤따르게 됩니다. 가정 형편 등에 따라 부모의 욕망이 자식에게 투영되어 돈을 좇는 삶으로 내몰리는 경우가 있는데, 다 명의 이치 곧 명리를 몰라 겪게 되는 안타까운 일입니다.

만일 월간에 무토가 있다면 살인상생의 길을 확실히 제시해 준 것이지요. 공부만이 살길임을 알게 되고 자신의 편인 학문을 세상에 정인적대중적으로 알릴 수 있는 구조가 됩니다.

만일 시간에 계수가 있다면 정인 자격을 취득하여 식신으로 말하게 되니, 교수의 직업성이 됩니다. 그 과정에서 무계합화로 관성을 만드는 강의로 인기도 얻고 유명해지게 되는 것이지요.

앞에서 재생살을 얘기했는데, 재생관이 돈이 명예를 자연스럽게 생하는 관계여서 돈도 벌고 직위도 올라가는 조합이라면, 재생살은 돈이 칠살을 과도하게 생하는 조합이어서 재성이 급격히 설기되는 문제가 있습니다. 사업을 하다가 돈을 벌어도 갑작스레 돈이 나가는 일이 발생합니다. 하다 못해 직원이 사고라도 쳐서 돈 날릴 일이 생기는 등 사업하는 사람들에겐 최악의 에너지 조합이라고 할 수 있지요.

하지만 돈을 다 태워서라도 유명세를 얻겠다는 것이니 매우 큰 명예성이어서 재생살은 스타의 별인 것입니다. 돈이 아니라 브랜드를 추구해야 하는 것이지요. 유명해져서 돈이 따라오게 하는 삶을 추구해야 한다는 것입니다.

또한 사회사업가의 형태도 됩니다. 자신이 번 돈을 사회를 위해 다 써 버리는 방식으로 재생살의 설기를 쓰는 것이지요. 특히 운에서 재생살을 만나게 될 때 이렇게 쓴다면 그릇이 매우 커지게 됩니다.

정관이 가늘고 긴 명예, 예를 들어 공무원이 속성이라면, 편관은 짧고 굵은 명예성이라고도 할 수 있습니다. 그렇기에 편관이 정관에 없는 스타성을 갖는 것이지요. 영화 '위플래쉬'의 주인공이 추구하는 명예성이 바로 편관, 그 중에서도 재생살 조합의 스타성입니다.

사주에 관살이 너무 강하면 삶이 고난으로 점철될 수 있습니다. 앞의 사주는 인성이라는 해결책이 일찍 주어져 있으니 학문의 길, 특히 철학의 길을 택하면 무난히 교수가 될 수 있어서 좋습니다.

하지만 이렇게 재성이 드러나 있다면 식신생재로 돈을 추구하게 되고 재생살이 일어나니 직장이 힘들어 뛰쳐나와 자기 사업이나 투자업 등으로 진출하게 되면 젊은날 큰 손재의 고통스러운 경험을 할 가능성이 높습니다.

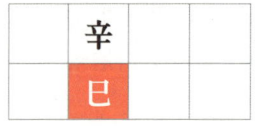

이렇게 일시에 관을 갖고 있으면, 자기 사업체를 만들 가능성이 높습니다. 그 외에 자존심이 강하고, 자존감이 높으며, 자신만의 확고한 원칙을 수립하고 지키려는 기질이 됩니다.

일시에 관이 있는데 연월 지지에 비겁이 있으면 리더형입니다. 일간의 권력, 권한으로 타인들을 다스리는 개념이 만들어지기 때문이지요.

이런 구조는 사유(축) 비겁 삼합을 짜기에 일간이 자신의 사화 정관으로 사회의 유금 비견들을 빛내 주고, 더 잘나가도록 돕는 형태가 됩니다.

리더형 구조는 단순히 일시의 관성 보유 여부만으로 결정되는 것은 아닙니다. 많은 여타 조합들이 있습니다. 예를 들어,

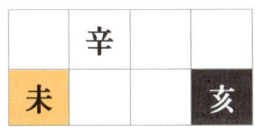

이런 구조라면 일간은 편인 학문으로 국가자리, 해외자리의 상관 제자들을 가르칠 수 있습니다. 그냥 가르치는 것이 아니라 해(묘)미 재성 삼합을 이루기에 교육업을 통해 수익을 창출하는 것이지요. 미토 속에 을목 편재가 있어 미중기토가 재극인되니, 돈 버는 법을 터득한 편인이어서 투자법 등 돈 버는 법을 해수에게 전수하는 것도 됩니다.

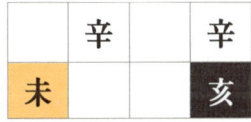

이렇게 되면 해수 상관을 쓰는 비견들에게 지식, 지혜를 전하는 것입니다. 연주 신해는 사업가, 투자가, 교육자, 예술가, 기술자 등 수많은 의미가 나오겠지요. 그들에게 아이디어, 사상, 노하우를 전달합니다.

그 과정에서 해중갑목이 미토에 입묘하니 신해는 갑목 정재를 대가로 지불하게 되지요.

편관에 대해 좀더 정리하고 마치도록 하겠습니다.

원국에 편관을 제화할 무기를 갖지 못하거나 운에서도 너무 늦게 만나는 경우, 고생스러운 삶을 사는 분들이 많습니다. 편관 제화삼

법을 다시 정리하면, 식상을 쓰는 식신제살, 상관합살이 한 쌍이요, 타인의 도움을 받는 양인합살, 그리고 공부를 통해 극복하는 살인 상생이 있습니다. 특히, 공부라는 수단만을 가진 사주라면 그것도 인성을 시지에만 갖고 있다면 아주 오랫동안 지난한 공부의 과정을 거쳐야 합니다. 웬만한 사람이라면 그 과정을 이겨 내지 못하고 중도에 포기합니다.

반대로 아무리 힘들어도 포기하지 않고 끝까지 공부를 마친다면 그릇이 커지겠지요. 힘든 상황 속에서 고독한 시간을 오랫동안 깊은 공부로 채운 사람을 넘어설 존재는 없습니다.

편관월에 태어나신 분, 편관국을 갖고 계신 분, 노력하여 남의 돈을 벌어 주고 남의 명예를 높여 주는 일만 하신 분 등 편관의 괴로움을 맛본 분들은 좌절하지 말아야 합니다. 편관의 미덕은 쓰러지고 또 쓰러져도 좌절하지 않고 일어나는데 있습니다. 말로만 역경을 얘기하는 수많은 사람들과 달리 편관의 고난을 겪은 사람들은 그것의 의미를 온몸으로 압니다.

난관을 만날수록 강해져야 합니다. 소위 마틴 셀리그만의 '학습된 무기력'에 빠져 허우적거리면 안 됩니다. 편관에 굴복하면 결코 편관을 극복할 수 없습니다. 극한의 에너지를 끌어내어 일어나고 또 일어나야 합니다. 공부하고 또 공부해야 합니다. 칠살의 고통을 공부로 극복해 낸 사람이야말로 이 세상에서 스승의 자격이 있다고 말할 수 있습니다.

칠살의 적은 우울입니다. 우울이 찾아오면 햇빛을 쬐며 긴 산책이라도 해야 합니다. 실패에 대해 너그러운 배우자, 자식은 극히 드물지요. 수많은 실패를 딛고 세상에서 큰 성취를 이룬 사업가들의 경우 밑바닥에서조차 희망을 얘기하고 용기를 북돋우기를 멈추지 않은 가족의 힘이 밑거름이 된 경우가 많습니다. 하지만 평범한 사람들의 경우, 대부분은 가족들과의 별리를 경험하기 마련입니다.

칠살을 제화하면, 그것도 인성으로 제화하면 큰 그릇이 된다는 것을 잊지 말아야 합니다. 누구나 하는 평범한 공부가 아니라 명리, 주역과 같은 큰 공부를 해야 합니다. 칠살을 가진 사주의 삶은 느리게 흐릅니다. 남보다 느리게 흐르는 긴 고통의 시간 속에서 인고의 세월 동안 깊은 공부와 수양을 통해 그릇을 키워야만 평범한 사람들은 엄두도 내지 못하는 위대한 성취를 할 수 있습니다.

세상의 스승이 될 수 있습니다. 파란만장한 생의 끝에서 얻은 영광을 누리며 세상에 큰 가르침을 남길 수 있습니다. 칠살은 한마디로 한恨과도 같습니다. 한을 남기지 않는 삶을 살기 위해 편관들은 웃어야 합니다. 웃으며 힘차게 난제를 해결해 가며 강인한 자신을 더욱 강하게 단련해야 합니다. 고통을 아는 자만이 타인의 고통을 위로해 줄 수 있는 법이니까요.

칠살들이여, 편관들이여, 파이팅!

5) 인성(印星)

식상이 일간의 표현 양식이라면 인성은 수용 양식입니다. 관인으로 흐르니 세상의 규칙을 이해하고 받아들여 일간에게 전달하는 것이지요. 그러므로 일간을 생하는 에너지 방향성을 갖습니다. 이 과정을 대표하는 것이 인간 세상에서는 공부입니다. 어떤 분야든 공부는 인간을 성장, 성숙시키는 핵심 요인이지요.

먼저, 인印은 도장이라는 뜻입니다. 도장이 찍히는 대표적인 사물이 문서이지요. 그래서 인성은 문서화된 것이나 문서를 매개로 한 행위나 결과물 곧 계약, 자격증, 면허, 결재, 승인, 부동산, 주식, 학문, 이론, 글, 책 등을 뜻합니다. 그리고 마음 작용인 생각, 사고, 사유, 아이디어, 이상, 꿈, 약속, 사랑, 양심, 인내심, 수용성, 기획, 인지 능력 등을 포함합니다. 그리고 그 내용들이 확장되어 세상에 공유될 때의 문화, 예술, 사상, 정보, 지식, 콘텐츠 등도 역시 의미합니다.

인성은 식상을 제어하여 식상의 쓰임을 업그레이드해 줍니다.

신금은 사회에서 임수 상관을 쓰는데 시간의 무토 정인으로 토극수합니다. 배워서 알고, 자격을 갖고, 말하는 것이지요. 그래서 상관패인의 기본 직업성은 교육업이 됩니다.

임수 상관을 사람으로 보아도 아랫사람, 제자 등이니 일간의 지식으로 학생을 가르치는 조합이 됩니다.

앞에서 공부했듯 인성은 재성의 극을 받습니다. 이를 재극인이라고 불렀지요. 마음 작용력으로 볼 때의 재성은 판단력, 분별력, 검증 능력, 추론 능력 등이기 때문에 재성의 제화를 받은 인성은 검증된 문서, 현실적 가치를 갖게 된 문서, 돈과 교환하여 갖게 된 문서 등의 의미를 갖습니다. 편인이 제화될 때 이런 의미가 강하지요. 정인도 충분히 힘이 있을 때는 문제가 없습니다.

갑목 일간이 무토 편재로 임수 편인을 재극인하고 있습니다. 사회에 만연한 편인 문화를 상업화하여 가치를 창출하는 것이기도 하고, 우울하고 활력이 없는 편인 사회에 재성의 즐거움과 희망을 제공하는 것이기도 하며, 사회에서 가치 없다고 분류된 부동산, 주식 등을 가치 있게 개발하는 것이기도 합니다.

　이런 식이면 돈의 사회에 영향 받아 일간의 정인 양심이 오염되거나 돈에 대한 욕망에 취해 문제가 심각해질 수 있습니다. 투기성 투자나 도박 등에 심취할 수 있지요. 계수의 상태에 따라 더 심한 정신적 문제를 겪을 수도 있고, 반대로 긍정적인 측면으로도 사용할 수 있습니다.

　관인상생 또는 관인소통은 관을 수용하는 능력이 좋은 것입니다. 직장인 구조이지요. 여자 사주라면 남자의 사랑을 받는 조합이 되지요. 편인일 때는 사랑이 왜곡되어 전달되기 때문에 남자의 사랑을 온전히 받아들이지 못합니다. 편인의 의심성, 부정성이 작동하기 때문이지요. 하지만 편인이 재성에 의해 잘 제화되어 있다면 이 문제가 해소됩니다. 사주를 전체적으로 볼 줄 알아야 하는 이유입니다.

　인성다자의 구조는 생각이 너무 많은 것이기도 하고 사랑 받고 싶다는 욕망이 강한 것이기도 하니, 공부로 에너지를 씀으로써 불필요한 감정 낭비를 없애고, 내면을 성숙시켜야 합니다.

　정인正印은 공부할 운명을 부여 받은 것과 같습니다.

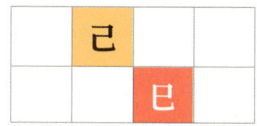

　이렇게 정인월에 태어나면 '공부는 나의 운명'이 되는 것이지요. 방해하는 인자가 있을 경우, 공부의 길이 방해 받을 수도 있음은 물론입니다.

정인은 사랑 받을 자격이 있는 것과 같아 인정 욕구가 강합니다. '나는 사랑 받기 위해 태어난 사람', 이것이 정인의 마음속 생각이니 만일 사랑이 원활하지 않거나 삶이 난관에 봉착하기라도 하면 견디기 어려워합니다. 주관성도 강해서 자기 중심적, 이기적 사고를 하기에 공부와 수양을 통해 자기 내부로 집중되는 인식을 외부로 확장하는 노력을 하는 것이 좋습니다.

감성적이고 우유부단한 것도 정인의 단점으로 지목됩니다. 하지만 글자들과의 조합에 따라 정인도 매우 냉철한 판단과 맺고 끊음이 가능하기에 정인 하나가 보인다고 이런 성격일 것이라고 단정하는 것은 안 됩니다. 부분은 전체를 포괄할 수 없다는 것을 명심해야 합니다.

정인이 대중적인 인기, 대중적인 학문, 학위, 보편적인 예술, 문화 등의 속성이라면 편인은 치우칠 편偏 자를 쓰는 십성 답게 사회적 학위에 특별히 연연하지 않는 특수 영역의 전문 지식 등을 뜻합니다. 그래서 편인의 기본 속성은 종교, 명리, 철학입니다. 필이 꽂힌 한 분야를 깊이 파고드는 기질로, 그렇기에 해당 분야의 전문가가 될 수 있는 것입니다.

편인은 상상력, 창의력이 뛰어납니다. 재극인을 받지 못한 편인은 자칫 현실과 동떨어진 공상과 몽상을 헤맬 수도 있습니다. 반대로 재극인 받은 편인은 탁월한 통찰력, 선견지명이 있습니다.

이런 구조의 경우 신금 일간은 재극인된 미토 편인으로 연지의 해수 상관을 다스립니다. 교육에 잘 맞지요. 을목 편재는 해(묘)미 가삼합을 통해 미토 편인에서 길러지는 돈으로, 미토 편인을 개발해야 자라는 돈이기도 합니다. 편인 공부를 많이 해야겠지요.

편인은 정인보다 사랑, 인정, 지지, 후원을 받는데 있어서 상대적으로 불리한 입장에 있으나 한 번 꽂힌 분야에 초인적인 집중력을 발휘해 끝까지 나아가는 실천 의지를 지녔고, 독창적 사유를 통해 남다른 사유의 결과물을 내는 장점을 갖고 있습니다.

고독을 숙명적으로 타고난 편인의 운명을 거부하면 안 되겠지요. 특히, 재생살 살인소통의 구조라면 크게 파재하는 쓰라린 경험들을 하기 마련이고 그후 종교, 철학, 명리, 주역 등의 정신적 학문에 심취하면서 일반인들은 알기 어려운 높은 수준의 깨달음을 얻는 경우가 많습니다.

대신 변덕을 조심해야 합니다. 제대로 된 방향을 찾기까지 자칫 오랜 방황을 하거나 심적 불안정에 시달릴 수 있으니까요. 그래서 편인이 재극인되면 우울한 상황에서도 긍정적인 생각을 하기 위해 노력하고, 밝고 즐거운 기분으로 전환하려고 애쓰게 됩니다. 그리고 끝내 그렇게 할 수 있는 힘이 있지요. 유머러스함은 보너스입니다.

하지만 편인의 기본이자 핵심은 편인적 공부에 있습니다. 그것을 해내야 발전이 있게 되니까요. 탁월한 두뇌, 눈칫밥을 먹으며 키운 현실적 적응력, 제도권의 인정에 얽매이지 않는 지혜를 추구하는 성정을 장점으로 극대화해야 합니다.

대신 일어나지 않은 일에 대한 지나친 걱정 근심, 노심초사, 전전긍긍의 단점을 이겨내기 위해 피나는 노력을 해야 합니다. 이런 편인의 특성은 당당하게 인생을 살아 나가는 데 있어서 방해 요소가 되기 때문입니다. 이른바 편인도식의 작용력이지요. 지나친 고민으로 좋은 선택을 외면하고 반대로 나쁜 선택을 하게 만드는 부작용이 생기기 쉽고, 그로 인해 점점 좋지 않은 상황에 처하는 경우가 많기 때문입니다. 그렇기 때문에 편인에게 정신적 학문은 필수 요소입니다. 명리를 깨우치기 이전에 이미 운명적으로 그 길에 접어들게 되고 말지요.

편인을 갖고 있고 편인을 유용하게 쓰기 위해 오랫동안 악전고투한 저는 편인 사용법의 산 증인입니다.

이 외에도 십성의 특성은 매우 많습니다. 다양한 사주 구조를 통해 실전적으로 익혀야만 그 오묘함에 대해 눈을 뜨게 됩니다. 에너지의 조합과 관계가 만들어내는 인간의 모습은 한편으로는 경이롭고 다른 한편으로는 허무하지요. 그 헛헛함을 잘 이겨 내면서 공부해야 합니다. 높은 수준에 올라서면 그런 감정들을 뛰어넘는 새로운 경지와 만나게 됩니다.

7 십이운성에 대한 이해

앞에서 십이운성의 개념에 대해 간단하게 살펴 본 바 있습니다.

십이운성十二運星을 직역해 보면 인간의 운을 보여 주는 열두 개의 별입니다. 일간을 중심으로 일간과 지지 공간과의 관계를 설명해 줍니다. 그 관계를 선명하게 이해할 수 있도록 인간의 생애에 비유합니다. 정신이 어느 정도 성숙한 인간이라면 누구나 인간의 일생이 어떻게 전개되는지 어렵지 않게 알 수 있으니까요.

그것이 바로 절태양생욕대녹왕쇠병사묘絶胎養生浴帶祿旺衰病死墓의 12단계입니다.

먼저 절絶에 대해 알아 보겠습니다. 절은 '끊다, 끊어지다'의 뜻이지요. 절의 개념을 이해하기 위해서는 가정이 하나 필요합니다. 우리의 삶이 일회성으로 끝나지 않고 윤회한다는 것이 그것입니다. 앞에서 얘기한대로 이 세상이 하나의 시뮬레이션 세계라는 관점을 도입하면 간단합니다.

이 세상에서의 삶을 마감하고 다음 생을 부여 받기 전의 상태가 절입니다. 어느 세계에도 속하지 않은 채로 직전의 삶에 대한 평가를 받는 동안입니다. 선한 일을 많이 했다면 높은 점수를 받고, 그 반대라면 박한 점수를 받겠지요.

명리학을 공부하는 사람은 이런 가정을 삶에 도입해야 합니다. 꼭 십이운성을 이해하기 위한 차원이 아닙니다. 인간이 운명적 존재라는 사실을 알았다면 선하게 사는 것이 당연하고, 인간의 다회적 삶에 대한 가정이 그 당연함의 근거가 되기 때문입니다. 명리학 공부에 뜻을 두었다면 제대로 공부하여 깨달음을 얻고, 올바르게 활용해야 하겠지요.

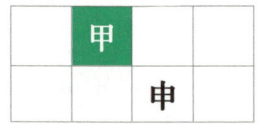

갑목이 신월에 태어났다면 십성으로는 편관이지요. 편관 조직에서 직장 생활을 경험하라는 것이 기본적인 의미입니다. 신중임수 편인이 있으니 살인상생하기 위해서는 편인의 개념에 맞게 공부를 많이 하고 특수 자격을 취득해야겠지요.

앞에서 공부한대로 편관을 제화하여 잘 쓸 수 있는 무기를 이미 갖추고 있는 셈입니다. 여기에 십이운성 절지의 잣대를 들이대니 잘 모르는 상태에서는 괜한 두려움을 갖게 됩니다. 명리학을 공부하면서 우리가 가져야 할 태도는 겸허함이지 두려움이 아닙니다. 두려움을 조장하는 명리 상담은 질이 낮은 것입니다. 그런 상담을 일삼는 명리가는 멀리해야 합니다.

절지는 가능성의 인자입니다. 어떤 유형의 다음 생을 부여 받을지 아직 모르는 상태이기 때문이지요. 대박일 수도 있고 쪽박일 수도 있겠지요. 여기에서 절의 극단성이 나옵니다. 선택의 변곡점에서 양단간에 결정을 내리는 성향입니다. 잭팟이 될 수도, 꽝이 될 수도 있습니다. 어떤 일에 배수의 진을 치고 임하는 기질입니다.

그래서 자수성가하는 사람도 나오고, 고립무원의 상황에 처하는 사람도 나옵니다. 이런 식으로 절지 편재를 깔고 있으면 구조에 따라 큰 부자가 될 수도 있고, 일군 재산을 허망하게 잃을 수도 있습니다. 중요한 것은 전체 구조이지 십이운성 하나의 개념이 아닙니다. 명리 이론 중 하나의 각론을 적용하여 의미 부여하지 말아야 합니다. 그것은 아직 명리학이 아닙니다.

이별, 사별 등 관계가 단절되는 아픔을 겪는 속성입니다. 사실 이것을 겪지 않고 살아가는 인간은 아무도 없습니다. 걱정할 일이 아닙니다.

'도 아니면 모'의 극단성을 자제하고, 지혜로운 선택과 처신이 필요합니다. 어떤 결정을 내릴 때 서두르는 대신 여유를 갖고 심사숙고하는 자세가 요구됩니다. 그러면 길흉이 크게 반복될 수 있는 절의 특성을 안정적으로 관리할 수 있습니다.

절은 극한의 상황에서 살아간다는 뜻이 있기에 꾀도 많고 적응력도 뛰어납니다. 최악의 환경에 처한 인간의 처절한 생존 본능을 생각해 본다면 이해하기 수월합니다. 고난에 처해도 항상 전화위복의 계기를 만나게 되는 것이 인생입니다. 특히 절지에겐 이 의미가 강합니다. 그러므로 항상 긍정적인 마음으로 위기 속에서 기회를 모색하는 자세를 견지해야 합니다.

태胎는 탯줄이 연결된 것입니다. 새로운 생을 받은 것입니다. 이제 막 생명력이 피어났기에 순수합니다. 순진하고 착합니다. 부정적으로 표현하면 세상 물정을 잘 몰라 어리숙한 것이기도 합니다. 감정적이고 즉흥적인 면이 있습니다.

모체에 의지하여 형체를 갖추며 성장해야 하니, 여기에서 의존성이 강하다는 특징이 나옵니다. 자연스레 독립심과 인내심이 결여됩니다. 인생에서 마주하기 마련인 고난에 대처하는 능력이 취약할 수 있으니 부모의 적절한 교육이 필요합니다. 스스로의 힘으로 공부하지 않고 과외 등 사교육에 지나치게 의존하면 설사 좋은 대학에 들어갈 수 있을지는 몰라도 장기적인 인생 관점에서 보면 그다지 바람직하지 않습니다. 세상은 온실이 아니며, 예측 불가능성이 극도로 높아진 시대를 살아가야 할 요즘 청소년들이라면 자주성을 길러 주는 일은 어느 때보다 중요한 과제이니까요.

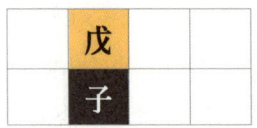

임신 초기와 같아 유산의 위험성을 갖고 있습니다. 탯줄이 끊어 질지 모른다는 원초적 불안감에서 오는 두려움이 있습니다. 그래서 태는 겁이 많습니다. 폭력을 매우 싫어합니다.

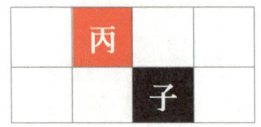

절과 마찬가지로 무한한 가능성의 인자입니다. 태아가 어떤 모습으로 성장할지 아무도 알 수 없으니까요. 단, 지나친 이상주의는 현실성의 부족을 초래할 수 있습니다. 부모에 의존하여 부모의 시각으로 세상을 보고 살다가는 자신에게 닥치는 냉혹한 현실에 좌절할 수 있습니다. 세상은 부모가 아니기 때문입니다.

자칫 현실에 적응하지 못하고 조직 생활을 거부하며 이른바 자유로운 영혼으로 사는 길을 택할 수도 있습니다. 물론 그것 자체가 나쁜 것은 아닙니다. 다만 자유에는 고통이 따르지요. 자유를 향유하기 위해서는 자신만의 무기를 갖추어야 합니다. 젊은 시절, 빈약한 경험과 실력으로 강력한 무기를 휘두르는 사회의 선배들과 맞서 자신의 경쟁력을 확보한다는 것은 거의 불가능에 가까운 일입니다. 세상으로부터의 도피가 되지 않도록 힘들어도 직장 생활을 통해 세상의 생리를 온몸으로 체험하는 과정이 필수적입니다.

양養은 '기르다'의 뜻입니다. 이제 낙태의 우려는 사라졌습니다. 임신부가 적응을 마치고 한결 편안해진 마음으로 대중교통을 이용해 출퇴근하는 모습을 떠올려 보십시오. 그래서 양에는 느긋함의 속성이 있습니다. 조급하여 안절부절하는 것보다는 심각한 사태 앞에서도 태평한 것이 좋습니다. 여유 속에서는 돌파구도 잘 보이는 법이니까요.

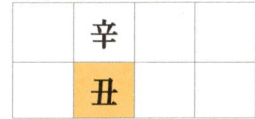

이런 느긋함 때문에 지각을 자주 하는 사람에게 양이 있는 경우가 많습니다. 이런 면은 당연히 개선해야겠지요. 그래도 서두르지 않고 자신의 때를 기다리며 실력을 연마하며 준비하고자 하는 양의 자세는 강한 장점으로 작용합니다.

태생적으로 느긋하면 성격이 모나지 않고 동글동글할 가능성이 높지요. 사람들과 원만할 가능성이 높습니다. 위의 신축일주의 경우 편인 공부를 하게 되면 마음 그릇이 커지니 그 가능성이 더욱 커지게 될 것임을 알 수 있습니다.

양지에는 위력적인 기능이 있습니다. 겁재를 입묘시킬 수 있습니다. 이런 구조는 일간의 생각과 사상으로 겁재를 굴복시킬 수 있는 것이지요.

이렇게 되면 서로 양지를 깔고 있는 일간과 겁재가 서로의 생각 속으로 타인을 입묘시키려 합니다. 겉으로 축진파 조합을 이루고 있으니, 생각과 생각이 부딪히는 형국입니다. 타협이 쉽지 않겠지요. 따라서 자기 주장을 너무 내세우지 않도록 주의해야 합니다. 공부와 수양이 필요한 이유입니다.

양은 상속의 인자이기도 합니다. 부모에게 받을 것이 있다는 얘기이지요. 물론 구조가 우선입니다.

생生지로 이어갑니다. 생은 장생長生이라는 표현으로 더 자주 불립니다. 길고 오래 생을 받는 개념입니다. 새로운 시작이기에 희망이 가득합니다.

흔히 장생복이라는 표현을 쓸 정도로 장생은 천성적으로 식복과 인복이 있습니다. 그야말로 복 받은 인생이지요. 다만 모든 것에 명암이 있듯이 자신이 많은 복을 받았다는 것을 모르고, 세상 사람들이 다 자신처럼 사는 줄 착각하며, 더 큰 사랑을 갈구한다면 꼴불견이겠지요. 소위 개념이 부족한 사람이 되지 않도록 노력해야 합니다.

특히 편인장생은 복을 많이 받은 것입니다. 정인보다 더 사랑 받는 속성입니다. 대신 자신이 할 일도 남이 대신 해주고, 주변에서 도와주는 사람이 많으니, 의존성이 높아집니다. 타인들로부터 받은 도움을 망각하고 다 자기가 똑똑해서 잘된 것이라고 생각하면 좋지 않습니다. 주변의 도움 없이 단독적으로 추진하는 일에 성공을 거두기 어려운 것이 장생편인의 특징입니다.

이런 조합이라면 편인 공부를 많이 해서 영혼을 성숙시켜야 하겠지요.

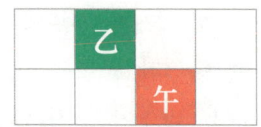

장생복을 누리다 보면 타인의 입장에서 역지사지해 보는 능력이 부족할 수 있습니다. 그래서 장생은 리더와는 잘 어울리지 않습니

다. 리더는 모든 일을 자신의 책임 하에 두고 타인들을 정신적으로 통솔하고 이끄는 능력이 있어야 하지요. 인정 받고 사랑 받으려는 정서가 강하면 리더십이 왜곡될 가능성이 높습니다.

을목 입장에서는 식신이 장생이니, 사회에서 전문가로 활동할 때 인정받으며 자신의 역량을 잘 펼칠 수 있을 것입니다. 대신 특정 분야의 전문성을 갖추었다고 하여 그것이 곧 리더의 역량으로 이어지는 것은 아니지요.

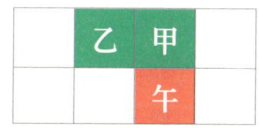

참고로 생지는 항상 사지와 연결해서 봐야 합니다. 일간의 장생지는 겁재에게 사지이고, 겁재의 장생지는 일간의 사지입니다. '양생음사 음생양사'라고 부릅니다.

욕浴은 '목욕하다'는 뜻입니다. 목욕의 개념을 사유하면 이것이 상징하는 다양한 의미를 이해할 수 있습니다.

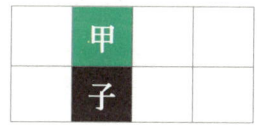

우리가 목욕을 하는 이유는 청결해지고자 하기 때문입니다. 깨끗하게 윤이 나는 모습으로 데이트 상대 앞에 서려는 것이지요. 그래서 '드러내고 싶은', '내보이고 싶은', '보여 주고 싶은', '자랑하고 싶은' 속성을 갖습니다. 데이트할 생각에 들떠 있으니 목욕이 즐겁겠지요. 그래서 욕지는 즐거움, 반대 개념인 병지는 외로움을 뜻합니다.

목욕은 옷을 벗고 하지요. 그래서 '부끄러움이 없는', '옷을 벗는'과 같은 의미도 도출됩니다. 여기에서 섹시함, 성적 매력, 자유분방함, 솔직담백함 등의 속성도 나오게 됩니다. 우리에게 익숙한 도화살의 속성이 이 욕지에 들어 있는 것입니다.

그래서 멋 부리는 것을 좋아하고, 유행에 민감하며, 타인의 시선을 의식합니다. 풍류와 예술을 좋아하고 즐깁니다. 지성을 갖추면 멋을 부려도 품위가 있는 반면에 그렇지 않으면 천박한 느낌을 줍니다. 웃음을 파는 밤의 여인들에게서 우아함을 느끼기는 어려운 법이지요.

욕지는 단점이 명확합니다. 일 년에 한 번 목욕하는 사람은 없지요. 주기적으로 목욕하고, 날마다 샤워하듯, 목욕에는 '자주'의 속성이 담기게 됩니다. 그래서 지구력이 결여되기 쉽습니다. 이것이 연애에 있어서 싫증을 내거나 변덕을 부리는 에너지로 작동합니다. 파트너를 갈아치우는 바람기가 있기 쉽지요. 그렇게 할 수 있는 이유는 당연히 인기가 좋기 때문입니다. 외모가 수려한 경우가 많다는 얘기입니다.

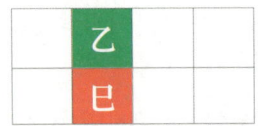

갑자일주는 정인이 욕지이고 을사일주는 상관이 욕지이지요. 갑자일주는 지식과 학위를, 을사일주는 몸과 재주를 목욕의 수단으로 삼는다는 것입니다.

학위가 높고 아는 것이 많다고 뽐내면 소위 밥맛이겠지요. 인간에게는 언제나 아는 것보다 모르는 것이 많은 법입니다. 겸손이 필요한 까닭이지요. 외모가 예쁘고 재주가 많다고 우쭐해도 마찬가지입니다. 연예인으로 살아가면 몰라도 일반인이 외모에 기댄다면 오래가기 어렵습니다. 성숙한 내면을 갖추지 못한 외모의 화려함은 결국 가치가 떨어지게 되니까요.

을사일주라면 지식을 연마하고 지혜를 갖춰 상관패인할 때 몸과 말과 행동이 빛날 것입니다. 갑자일주라면 공부를 많이 하여 식상을 가치 있게 쓸 때 자신의 글을 세상에 드러낼 수도 있고, 제자들을 가르칠 수도 있겠지요.

그래도 자신의 무기를 자신이 원하는 대로 세상에 펼치며 자유롭게 살아간다면 즐거운 인생이 아닐 수 없습니다. 장점이 많은 목욕지입니다. 잘못 쓰면 말을 함부로 할 수도 있으니 조심해야 합니다. 욕설이 쉽게 나갈 수도 있으니까요. 목욕, 욕, 기억하기 쉽지요?

대帶는 관대冠帶라는 용어로 더 많이 불립니다. 관대란 갓과 띠를 뜻합니다. 사모관대라는 표현이 있지요. 오래 전 중고생들이 썼던 교모나 대학 졸업식 때 쓰는 학사모를 연상하면 됩니다.

관대는 신체적으로는 성장했지만 정신적으로는 미숙한 청소년기의 속성입니다. 사춘기를 지나는 인간의 마음이 어떻던가요? 부모를 포함한 기성세대의 생각이 고루하고 나약하게 들리지 않던가요? 대학만 가면 또는 사회에만 나가면 뭐든 이룰 수 있을 것만 같은 근거 없는 자신감에 충만하지 않던가요? 물론 요즘 학생들은 세상살이의 어려움에 일찍 눈을 떠서 이렇게 생각하지 않을 수 있습니다. 철이 일찍 든 것이기도 하고, 청춘의 낭만이 사라진 것이기도 하겠지요.

여하튼, 자존심과 주체성이 강한 것이 관대지의 특징입니다. 고집도 매우 셉니다. 위의 임술일주의 경우, 편관을 깔고 있고 백호이기도 하기에 그 기질이 더욱 강력합니다.

젊은 날에는 패기가 있어야 하지요. 그런 점에서 관대지의 성정은 사회적 성취에 긍정적인 역할을 하는 것이 사실입니다. 하지만 지적으로 미성숙하고 내면이 부실하면 유아독존의 성향에 아집이 대단하여 가까이하기 어려운 사람이 되고 맙니다. 중년이 되어서도 청소년 시절의 성정 그대로 함부로 말하고 행동하는 사람 곁에 있기란 불편한 일이겠지요.

관대는 경쟁심, 투쟁심이 강합니다. 이기기 위해서 수단과 방법을 가리지 않습니다. 선하고 정직하게 살아가는 서민들의 삶을 보면 한심하게 생각합니다. 무능하기 때문에 돈과 권력을 갖지 못한다는 입장이기 때문이지요. 인간에 대한 애정, 자비심이 부족합니다. 관성과 인성이 있어도 망가진 구조나, 운에서 입묘하는 경우에는 자기 통제력을 잃고 무례한 경우가 많습니다. 힘의 논리를 추종하며 폭력 서클을 만들어 활동하는 청소년들을 연상해 보십시오.

그래서 관대지를 갖고 있으면 내면 수양이 중요합니다. 공부를 많이 해야 합니다. 그래야 어깨의 힘을 빼고 고개를 숙일 줄 아는 성숙한 사람이 됩니다.

돈을 많이 벌고 높은 자리에 오른다는 것은 일시적인 현상에 불과합니다. 세상에 영원한 것은 없습니다. 정점에 이른 모든 것은 꺾여 내려가기 마련이고, 감당할 수 없는 재물과 권력의 무게는 사람을 망칩니다. 생각해 보면 간단합니다. 반성과 성찰의 자세를 망각한 철부지 같은 사람이 사장이고 대통령이라고 해서 아랫사람들이 진심으로 따를리 만무합니다. 먹고 살기 위해서, 혹은 또 다른 필요에 의해서 복종하는 체 할 뿐이지요.

녹祿은 건록建祿이라고 불립니다. '녹을 세우다'는 뜻입니다. 벼슬을 하여 국가로부터 받는 것이 녹봉입니다. 현대적으로 보면 사회에 나가 일하며 수입을 만드는 개념입니다.

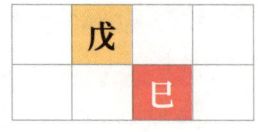

그래서 자립과 독립의 인자요, 자수성가의 힘으로 해석됩니다.

대신 자신의 기질이 너무 강해 자칫 자만하기 쉽습니다. 자만하다 가는 낭패를 보기 마련이지요. 망신살이 뻗치게 되는 것입니다.

　그 자체로 굉장히 막강한 근을 갖고 있기에 큰 성취의 힘으로 작용하는 것입니다. 위의 구조라면 사회에서 많은 공부를 해야 하겠지요. 그래야 사중경금 식신을 잘 쓰는 전문가가 될 수 있습니다. 사화 속에 사중무토 비견이 근이 되어 주니, 공부하는 과정에서 많은 사람들과 좋은 인연을 만드는 것이 중요합니다.

　하지만 너무 강한 기운은 독으로 돌아옵니다. 이런 일주라면 스스로 성취할 수 있는 힘을 가진 것이지만 지나치게 자기 중심적이기에 배우자의 발전을 막기 쉽습니다. 실패를 용인하지 않기 때문이지요. 자연스레 배우자와의 인연이 좋지 않게 됩니다.

　십이운성만을 공부하면 건록과 제왕지를 깔고 있는 사람들이 세상의 성공을 독차지할 것 같아도 그렇지 않습니다. 힘의 강도만으로 인생의 성패가 결정되지 않기 때문입니다. 가령 신강, 신약을 절대적인 가치로 배운 사람은 신약이나 극신약으로 분류된 사주를 매우 좋지 않게 보게 되지요. 그런 단순한 기준으로 사주를 해석하는데 익숙해지기 전에 하루빨리 벗어나야 합니다.

　강건한 신체를 갖고 있어 건강함을 자랑하던 사람이 한 순간의 질병으로 운명을 달리하는 것이 인생입니다. 늘 골골한 몸으로 잔병을 달고 사는 사람이 꾸준히 건강관리에 힘쓰며 장수하는 것이 인생입니다. 성공에 취해 실패를 거듭하는 사람을 우습게보다가는 시련을 통해 막강한 실력을 갖게 된 그 사람의 큰 성공 앞에 얼굴을 들이밀지 못하게 됩니다.

포기하지 않고 열심히 노력하는 배우자를 무시하고 함부로 대하면 훗날 성공한 배우자의 옆엔 다른 사람이 있게 됩니다. 이런 경우는 생각보다 많습니다. 들뜬 기분에 무조건 '예'라고 대답하는 결혼 서약에는 기쁘고 행복할 때만 함께하겠다고 되어 있지 않지요. 그러나 사람들은 고통을 함께하려 하지 않습니다. 그것이 인연의 한계입니다. 배우자의 연속된 실패에도 격려하기를 멈추지 않을 때, 고난을 함께 이겨 내겠다고 용기를 불어 넣을 때, 배우자는 위대한 성공으로 보답합니다. 반대로 구박과 멸시로만 대한다면 배우자의 마음속에는 반드시 성공하여 후회하게 만들어 주겠다는 생각이 자리하게 되겠지요. 인지상정입니다.

건록과 제왕의 기운을 가진 사람들이 꼭 명심해야 할 사항입니다. 자기만이 옳다는 생각에서 벗어나야 합니다. 하지만 쉽지 않지요. 타고난 기질을 바꾸기란 어려운 일입니다. 그래서 인간에게는 공부와 수양이 필요하지만, 일에 필요한 도구적 지식을 쌓는 것 외에 별도로 시간을 만들어 내면을 키우는 배움에 힘쓰는 사람은 적은 법입니다. 영화와 유튜브는 가깝고 책은 멀지요. 베스트셀러 소설은 가깝고 고전 철학은 멉니다.

왕旺은 제왕帝旺이라고도 합니다. 임금의 왕성함입니다.

	壬	
	子	

건록에게 경험이 부족하다면 제왕은 그것을 보완하여 완숙한 경지에 이른 것입니다. 능소능대함을 갖추었다고 흔히 표현합니다. 누누히 당부하지만 이것은 기본 개념일 뿐입니다. 십이운성 하나로 사주팔자를 다 아는 것처럼 말하는 것은 어리석은 일입니다.

겁재성을 갖고 있기에 포부가 크고, 치열한 경쟁 환경 속에서 반드시 승리하겠다는 의지가 강합니다. 실패해도 다시 일어나려는 성정이 있습니다. 대신 근이 되어 주는 제왕지 글자가 심하게 극을 당하여 꺾이는 운에는 무기력하게 체념하기도 합니다. '뭘 해도 안 되는구나. 이제 더 이상 못하겠다.' 이런 자포자기에 빠지는 것이지요.

제왕은 그래서는 안 됩니다. 끝까지 포기하지 않고 반드시 이루겠다는 의지를 잃으면 성취는 물 건너가고 맙니다. 자기 자신을 믿고 과감하게 나아가기를 멈추지 말아야 합니다.

대신 주위의 현명한 사람의 조언을 충분히 새기는 것이 좋습니다. 지나친 과단성이 문제가 될 수 있기 때문입니다. 실패에 굴하지 않는 행동주의자가 성공할 것 같아도 그렇지 않습니다. 머릿속에서 전장 상황에 대한 수많은 시뮬레이션을 거치고 반복적인 훈련을 통해 완벽한 승리의 조건을 구비하지 않았다면, 이순신 장군의 전승 신화는 있을 수 없습니다. 늘 준비되지 않은 상태로 실전만을 치르며 살고 있는 우리에게 실패가 잦은 것은 당연한 일일 것입니다.

크게 성공했던 사람이 반대로 크게 실패하는 경우에는 과거의 화려함을 잊지 못하고 허세를 부림으로써 낭비벽에 빠져 재기의 기회를 스스로 날리는 경우도 많습니다.

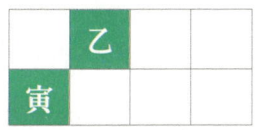

건록도 제왕도 현실주의자의 면모가 강합니다. 특히 제왕은 우두머리의 기질이 강하기에 직장 생활보다는 타인 위에 군림할 수 있는 개인 사업을 추구합니다. 물론 꼭 그런 것은 아닙니다. 기본적으로 비겁 에너지가 많기에 대기업군에서 직장 생활하는 경우가 많습니다.

조금만 생각해 보면 너그럽고 지혜로운 임금이 백성들의 지지를 얻는 법이지만, 자본주의 사회는 이익과 효율을 무엇보다 중요시하기에 제왕의 기질이 전체주의적으로 흐르기 쉽습니다. 일이 잘 풀리지 않을 경우, 모든 책임을 대표가 져야 하는 현실 논리상 이는 피하기 어려운 모습입니다.

실력 없는 직원들을 품고 오랫동안 기다려 주는 것도 회사에 여유가 많을 때 가능한 일이지요. 직원 역시 안정성이 떨어지거나 비전이 보이지 않는 회사에 충성을 다하기 쉽지 않습니다. 기회만 되면 더 나은 여건의 회사로 옮기려는 생각을 하지 않을 수 없습니다. 좆소기업으로 풍자되는 우리나라의 많은 중소기업이 가족 중심 경영을 하고 있지요. 직원을 남으로 대하는 한 직원들도 주인의식을 가질 수 없습니다.

따라서 제왕지를 갖고 있는 사람이 '아무도 믿을 수 없다, 믿을 수 있는 것은 오직 나 자신과 가족뿐이다'와 같은 개인주의 성향을 공고히 하는 한, 독단성으로 흐르기 쉽고, 철저히 실적에 의해 직원들을 평가하고 구분하는 냉혹한 경영자가 되기 쉽습니다. 이런 경영자들이 정말 많지요. 일시적으로는 성공할지 몰라도 장기적으로 지속 성장하는 기업이 되기는 어렵습니다. 사람을 소모품으로 대하는 회사에 기업 문화가 만들어지고 정착될 확률은 낮으니까요. 물론 회사를 상장시켜 엄청난 지분 가치를 확보하는데 만족하면서 자신이 일군 왕국의 전제 군주로 살아가는데 만족하는 경영자라면 아쉬울 것이 없을 것입니다.

성장하여 정점에 오른 모든 것은 때가 되면 내려가야 합니다. 끝없이 상승만을 추구하다가는 이카로스처럼 추락을 경험하거나 항룡처럼 후회를 남기게 되겠지요. 십이운성에서 쇠衰가 지혜로운 물러남을 잘 설명해 줍니다.

한가지 명심해야 할 사항은 십이운성으로 쇠병사묘절태를 깔고 있다고 해서 '약하다'는 개념을 적용하지 말아야 한다는 것입니다. 인간은 몸 외에 머리를 쓰면서 살아갑니다. 따라서 쇠지~태지 위주로 지지가 구성된 사주는 두뇌를 사용하는 지적인 일에 종사하는 것이 어울린다는 점을 파악하는 것이 핵심입니다.

쇠는 '쇠하다, 노쇠하다'는 뜻입니다. 나이가 들면 육체적으로 시드는 것이 당연하고, 전성기가 지나면 쇠퇴기에 접어드는 것 역시 마땅한 일입니다. 하지만 나이 든 사람들에겐 젊은이들에게 없는 큰 장점이 있지요. 바로 풍부한 경험과 지혜입니다.

그래서 쇠지에는 '노련하다'의 속성이 있습니다. 관대지가 끓어오르는 열정으로 앞장서고자 한다면 쇠지는 여유 있게 한 발 물러섭니다. 적극적으로 나선다고 일이 잘 풀리는 것이 아님을 잘 알고 있지요. 뒤에 서서 차분하게 상황을 관조합니다. 온순하고 겸손한 성품의 소유자입니다.

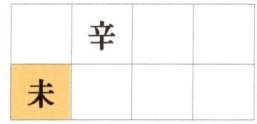

미토가 쇠지 편인이기에 노련할뿐더러 극강의 인내심을 갖고 있는 조합입니다. 丁乙己의 지장간은 재생살 살인상생의 흐름이기에 갖은 고난을 겪고 편인 학문으로 승화시킨 모습이지요. 재극인 조합도 있기에 편인적 지식과 지혜를 실용화하는 능력도 갖추고 있습니다.

이렇게 십이운성 쇠지인데 인성이려면 금 일간이어야 하지요. 경금에겐 술토, 신금에겐 미토의 관계입니다. 어려서 별명으로 애늙은이나 영감 소리 듣기 딱인 조합입니다.

쇠지는 대립과 반목을 싫어합니다. 젊었을 때야 치열하게 투쟁적으로 살았다치더라도 '돌아와 거울 앞에선' 국화처럼 고요해지는 것이지요. 정직하고 성실하게 살아가는 인자입니다.

월지 정관이니 직장 생활해야 하는 운명이지요. 조직 생활을 통해 돈을 버는 동안 현실 논리에 눈을 뜨면서도 재극인된 편인이라는 실용적 삶의 지혜를 터득하고 정관적 삶의 가치관과 태도를 익힐 수 있는 구조입니다. 쇠지 정관입니다.

성과와 승진 경쟁에 전쟁터와 같은 직장이지만 질서를 잡아 주고 조직 구성원들간 조화를 유지시켜 주는 노련한 임원이나 고문이 있으면 좋지요.

나이 들어 몸이 쇠하면 병이 찾아오는 것도 자연스러운 일입니다. 인간은 그렇게 떠날 날과 가까워집니다.

병病지는 욕지와 대비됩니다. 데이트하러 나가기 전에 샤워하는 시간의 즐거운 마음과 달리 늙고 병들어 병원에 홀로 누워 있는 쓸쓸함과 외로움을 느껴야 합니다.

아파 본 사람은 아픈 사람의 마음을 알기 마련입니다. 그래서 병지를 깔고 있으면 다정다감한 성정을 갖습니다. 아픈 만큼 성숙해지는 것은 진리입니다. 꼭 몸이 아픈 것만을 말하는 것이 아니지요.

이렇게 편관을 깔고 있거나 특히 편관 편인의 살인상생 구조라면 측은지심이 매우 강합니다. 어려운 사람들을 보면 안타까운 마음이 저절로 들게 되지요. 그래서 병지를 갖고 있는 사람은 활인업 계통이 잘 어울립니다. 활인업은 심신을 아우르지요. 의료 분야뿐만 아니라 정신적 위로와 위안을 선사하고 행복의 길로 안내하는 명리

상담도 아름다운 활인업입니다. 인간에게 정신적 고통은 신체적 그것 못지 않지요. 앞으로 정신적 고통을 호소하는 사람들이 더욱 늘어날 것입니다. 미래에는 인간 소외가 가속화될 것이 분명하기 때문이지요.

해수가 병지 식신입니다. 쇠지 편인도 깔고 있고 술해천문 조합을 이루니 활인업에 잘 어울리는 구조가 됩니다. 술토 편인 공부를 많이 하면 사회의 식신 제자들을 가르치는 교육자가 될 수도 있겠지요.

병지는 너무 감성적이 되지 않도록 주의해야 합니다. 고독을 즐기며 자기 공부에 힘쓰는 것은 좋지만, 혼자 멍하니 센티멘털한 기분에 젖어 우수 어린 노래를 반복적으로 듣는다든가 하면 좋지 않습니다. 정신 건강에 나쁘다는 것이지요.

우리는 고독과 외로움을 구분해야 합니다. 고독한 시간을 확보하지 않으면 인간에게는 배움이 없고 깨달음도 없습니다. 고독은 공부와 수양으로 채워지는 자발적 상태이니까요. 반면에 외로움은 목적지를 잃고 파도에 몸을 맡긴 채 표류하는 뗏목과 같은 상태로 머물 때의 감정입니다. 바다 한가운데 있는 뗏목에 난데없이 하늘에서 사람이 떨어질리 없지요. 외로움에 취해 부질없이 사람을 불러내 의미 없이 시간을 소진하는 일을 반복하면 발전이 없습니다. 그래서 우울증을 이기는 가장 좋은 방법도 외로움을 고독으로 전환시키는 것입니다. 몰입하여 책을 읽고 글을 쓰며 명상의 시간을 갖는 것은 사람을 키우는 위대한 밑 작업입니다.

고독한 시간을 갖지 않은 사람들은 영혼의 깊이가 낮습니다. 명리 공부에 뜻을 가진 여러분은 자발적 고독 속에서 기쁨을 만끽할 정도가 되어야 합니다.

몸이 많이 불편하면 스스로 움직이지 못하고 타인의 손에 의존하게 되지요. 마찬가지로 병지를 잘못 쓰면 의타적인 사람이 될 수 있습니다. 그러지 말아야 합니다. 인간에게 의지가 존재하는 이유가 별 것 아닙니다. 스스로 일어나기 위해서입니다. 스스로 일어날 수 있다고 믿는 사람만이 스스로 일어날 수 있는 사람이 되기 위해 노력합니다.

상담을 하다 보면 30대 초중반에 서울의 고급 아파트를 대출 받아 사면서 계속 돈돈거리는 사람들이 있습니다. 집안의 혜택을 입든 일찍 성공했든, 너무 젊을 때 큰 것을 누리면 긴 인생으로 보아 별로 좋은 것이 아닙니다. 사람은 편리하고 안락한 것에 쉽게 중독되는 존재이기 때문입니다. 스마트폰 없이는 불편해서 하루도 살 수 없게 된 것처럼, 지나치게 풍족한 환경에서 살다 보면 힘든 시기를 맞게 되었을 때 인내하기 어렵습니다.

돈이 많아도 너무 많아서 남은 평생 걱정할 일이 없다고 해도 문제가 없는 것이 아닙니다. 타인들의 삶에 공감하지 못하고 자신의 작은 불편만을 보는 별나라 사람이 되기 쉽습니다. 공동체야 어떻게 되든 말든, 나라야 어찌 되든 말든, '내' 아파트 값은 계속 올라야 하고, '내' 수입은 계속 불어나야 하는 돈 중독자가 되어 간다면 한 인간으로서 매우 불행한 삶일 수밖에 없습니다.

이어서 사死지에 대해 알아봅니다.

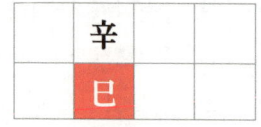

사지는 정신적인 분야에 종사하라고 하늘이 천부적인 재능을 내려 준 것과 같습니다. 종교, 명리, 철학 등의 학문과 예술, 의료 등의 활인 분야에 매우 잘 어울립니다. 죽어 가는 사람도 살리는 일이라고 기억해 두면 연상하기 수월할 것입니다.

천성적으로 침착하고 생각이 깊으며 사색하기를 즐기니 정신 분야에 최적화된 것입니다. 오히려 장사나 사업에 뛰어들면 좋은 성과를 거두기 어렵습니다. 물질을 쟁탈하기 위해 사람들이 영혼조차 내던지고 치고 받는 분야는 아무래도 고고한 학자와 어울리지 않지요.

이렇게 사지를 가진 사람이 많은 공부를 통해 진리를 깨우치면, 만인을 가르치는 스승과 같은 존재로 거듭날 수 있습니다. 구조적으로는 인성과의 조합이 필요하겠지요.

욕대녹왕을 가진 사람들에 비해서 진취성이나 적극성은 현저히 부족할 수 있습니다. 대신 그들이 갖지 못한 장점이 있고 이를 살려야 합니다. 그것은 오랫동안 책상 앞에 앉아 연구하고 탐구하며 사유하는 능력입니다. 깨달음을 얻기 위해 대단한 인내심을 발휘합니다. 꼭 정신적인 분야에만 국한되지 않습니다. 자본주의 사회인 만큼 주식이나 부동산 투자법에 대해 공부하겠다고 마음을 먹는다면 평범한 사람들은 해내기 어려운 각고의 노력을 통해 깨달음에 이르고 마는 기질입니다.

사지는 태생적으로 안빈낙도의 성향입니다. 돈을 많이 벌어도 부귀영화를 누리려 하지 않습니다. 사회의 춥고 어두운 곳에 아름답게 쓰려 합니다. 산도 좋아하고 물도 좋아하여, 여행 다니기를 즐깁니다.

사람은 이렇게 살아야 합니다. 수단과 방법을 가리지 않고 부와 권력을 쟁취하여 그것을 휘두르는 쾌락에 빠지면 구제불능의 인간이 되기 쉽습니다. 쾌락이 무서운 것은 약한 강도로 후퇴할 수 없기 때문입니다. 정신이 공허하면 육체적 쾌락에 골몰하고 그것의 강도를 높이기 위해 더 많은 부와 권력을 향해 돌진하기 마련입니다. 인간의 수준 자체가 지극히 낮은 위치로 내려가고 맙니다.

마지막으로 묘墓입니다. 명리학을 어설프게 배우거나 이상한 상담을 받은 분들이 사지나 묘지에 두려움을 갖는 경우가 적지 않습니다. '혹시 나 죽나?' 이런 생각을 하며 사는 사람의 심신에 활력이 넘치기는 어렵겠지요. 우리 모두는 때가 되면 병들고 죽어 흙으로 돌아갈 것입니다. 하지만 스스로 말하십시오. "But not today."

영화 〈탑건: 매버릭〉에서 "파일럿이 전투기를 조종하는 시대는 끝났어."라고 말하는 상관에게 매버릭은 다음과 같이 말합니다. "그럴지도 모르지요. 하지만 오늘은 아닙니다Maybe so, sir. But not today." 대세운에서 묘지를 만난다고 해서 여러분은 죽지 않습니다.

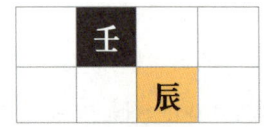

묘를 이해하는 키워드는 '낮추다, 빠지다'입니다. 고개를 뻣뻣이 드는 대신 숙이고 낮춰야 합니다. 특정 대상에 빠지는 문제가 생깁니다. 어떤 문제가 어떻게 생기는지 이해하면 해결책이 나오는 법이지요.

만일 우리가 우연한 일에 휘말려 영화처럼 고대의 무덤 속에 갇혔다면 우리는 어떻게 해야할까요? 물론 본능적으로 출구를 찾아보느라 여념이 없겠지요. 하지만 스마트폰 배터리도 거의 닳고 체력도 방전되었다면 잠시 멈추어 현명하게 생각해 볼 것입니다. 출구를 찾는 것이 쉽지 않다는 결론에 이르러 일단 생존에 무게를 둘 수밖에 없겠다는 생각이 들면 물과 식량이 있는지 파악하는 것이 급선무입니다. 식량은 둘째 치고라도 물이 있으면 생존율을 높일 수 있겠지요.

운 좋게 물이 고인 웅덩이를 찾았다면 일단 단기간에 죽을 염려는 덜 수 있습니다. 게다가 물속에 물고기가 산다는 사실을 확인했다면 비록 생식이나마 단백질을 섭취해 가며 살아남을 수 있겠지요. 생존이 담보된다면 전략적으로 출구 찾기에 나서면 됩니다.

이 상황에서 우리가 알 수 있는 사실은 일단 무덤 속에는 자원이 한정되어 있다는 것입니다. 물의 근원이 없다면 물도 언젠가는 없어지고 맙니다. 그렇다면 물고기도 무한정 존재하는 것이 아니니 아껴서 잡아먹어야 할 것입니다.

이렇듯 십이운성 묘지는 자원이 한정되어 있기에 근검, 절약해야 한다는 뜻이 나옵니다. 밖으로 나가지 못하니 사회 활동의 위축이라는 의미도 도출됩니다. 활발한 신체 활동을 해온 사람이나 날마다 유희나 유흥을 즐겨온 사람이라면 답답해서 미칠 지경이 되겠지요.

하지만 고독한 공부와 수행에 익숙한 사람이라면 별 감정의 동요 없이 침착성을 유지할 수 있을 것입니다. 그래서 묘지는 학자, 종교인, 연구원, 수행자 등의 속성이 있습니다. 환자나 죄수도 갇혀 있기는 매한가지이니 이들도 포함됩니다. 한정된 공간 속에서 정신 분야의 일을 하는데 단련된 사람이라면 묘대운이나 세운도 수월하게 쓸 수 있습니다. 오히려 더 잘 쓸 수도 있습니다.

묘는 묘인데 어떤 특성을 가진 묘인가가 매우 중요한 의미를 갖습니다. 예를 들어, 위의 사주처럼 관성에 입묘하는 구조라면 학교나 회사가 곧 묘지입니다. 아침에 등교하거나 출근하면 야자하거나 야근하느라 밤 늦도록 나오지 못할 수도 있습니다. 여명이라면 남자에 빠져 정신을 차리지 못할 수도 있겠지요. 집요하게 명예를 추구하는 사람이 될 수도 있습니다.

만일 인성이라면 공부에 심취하겠지요. 공부에 빠져드는 것이야 나쁠 리 없습니다. 몸을 망칠 정도로 공부에만 전념하면 문제가 될 수 있을 것입니다. 여기에서 한발 더 나아가면 사랑 중독, 학위 중독(표절을 해서라도 박사학위를 받고자 하는 등), 문서 중독(별 필요도 없는 자격증을 따느라 돈과 시간을 낭비하는) 등 탐닉을 넘어선 중독으로 인해 정신적으로 피폐해질 수도 있습니다. 모친의 말이라면 반항도 못하고 무조건 순종하는 성향이 될 수도 있겠지요.

식상 묘지라면 일에 중독될 수 있습니다. 우리는 이런 사람을 보통 일벌레나 워커홀릭이라고 부르지요. 성공하기 위해 일을 열심히 하는 것은 긍정적인 면이지만, 크리스마스이브에도 퇴근하지 않고 일에만 미쳐 있다면 정상적인 상태라고 보기 어려울 것입니다. 애인이 없더라도 맥주를 사들고 들어가 넷플릭스에서 신나는 액션 영화를 보며 스트레스를 풀거나 크리스마스 시즌을 배경으로 한 로맨스 영화를 보며 달콤한 미래의 사랑을 꿈꾸는 것이 바람직하겠지요.

일이 아닐 경우에는 취미에 푹 빠지는 경우도 많습니다. 그래도 일에만 미친 상태보다는 훨씬 나은 상황이지요. 동호회 활동 등을 통해 사람들과의 유대 관계를 이어갈 수 있으니까요. 가장 좋지 않은 예로는 엄마가 자식에게 빠지는 것입니다. 막장 드라마에 자주 등장하는 얘기처럼 아들에 중독되어 아들이 사랑하는 여자를 며느리감으로 받아들이지 못하고 반대를 위한 반대만을 일삼거나, 억지로 집안에 들인 후에도 아들이 보지 않는 시간과 공간에서 며느리를 학대하는 시어머니가 될 수 있습니다. 정신 치료를 받는 것이 좋겠지요.

만일 이렇게 무토 식신의 입묘지를 일지에 깔고 있다면 자식에 대한 구속이 매우 심할 수 있습니다. 술토는 일간의 식신이니 자신의 언행을 통해 자식을 지배하려는 성향이 강합니다. '세상은 넓고 또라이는 많다.'는 교훈은 명리 공부 과정에서 절감할 수 있습니다.

비겁에 입묘한다면 사람에게 푹 빠질 수 있습니다. 이순신 장군이나 세종대왕 같은 사람에게 매료되는 일이야 좋은 일이지요. 온 마음을 다해 충성하고 싶은 마음이 절로 일어날 테니까요. 하지만 질이 좋지 않은 친구와 어울려 다니면 좋을 일이 없습니다. 아울러 믿었던 사람에게 배신당하여 우정도 잃고 돈도 잃고 법적인 책임을 지는 불행한 사태를 맞을 수도 있습니다. 예를 들면 아래와 같은 구조입니다.

사회의 지인과 해(자)축 재성 방합을 이루어 신나게 돈을 벌었는데 어느 날 갑자기 지인이 회삿돈을 횡령하여 외국으로 도망갔다면, 그 돈이 고객의 투자금이었다면, 고스란히 독박을 써야겠지요? 사람으로 인해 사회 활동이 멈추는 것만큼 큰 고통이 없습니다.

이런 구조의 남명이라면 사회의 팜므파탈에게 정신을 차리지 못할 수 있습니다. 원국에 없더라도 운에서 만나면 순식간에 넋을 잃고 빠져 들게 됩니다. 미토가 입묘지이니 탈탈 털릴 때까지 헤어나지 못할 수도 있습니다. 멀쩡하게 직장 잘 다니던 남자가 술집에서 만난 여자에게 가스라이팅 당해 자신을 관대시켜 주는 조강지처를 버리고 집을 나가 인생을 망치는 일이 일어날 수도 있지요.

묘지를 깔고 있는 직원을 채용하면 회사 살림에 도움이 됩니다. 근면 성실, 근검 절약의 인자이니까요. 자기 목소리를 내지 않고 묵묵히 회사를 위해 일합니다. 적어도 이런 직원을 알아보는 눈을 갖고 있어야 좋은 리더이겠지요. 대우를 잘해 줘야 합니다. 회사를 키우는 직원을 번번히 놓치는 사업가는 성공할 자격이 없는 것과 같습니다.

묘운을 지나고 있거나 앞두고 있는 분이라면 두려워할 필요가 없습니다. 그런 운에 타인의 눈에 드러나지 않게 모습을 감추고 자기

계발에 힘쓰면 됩니다. 그런 시간이 사람을 키운다는 사실을 명심하고 또 명심해야 합니다.

CHAPTER 02

사주 해석의
　　　절대적 핵심

01 월지는 당신이 살아갈 사회다.

1 월지는 중요하다. 정말 중요하다.

우리가 태어나기 전에 연월이라는 환경은 미리 결정되어 있습니다. 예를 들어, 내일 태어날 예정인 아이를 가정해 보세요. 연과 월은 이미 확정적으로 주어진 상태이지요? 이제 남은 것은 일시뿐입니다.

'나'를 상징하는 글자가 일주를 구성하는 일간이니 우리가 어떤 날에 태어나느냐에 따라 월지와의 관계가 형성됩니다. 명리학을 공부한 사람들끼리 흔히 하는 농담 중의 하나가 다음과 같은 것입니다. "하루만 늦게 태어났어도 30대에 떼부자되었을 텐데!" 물론 그런 일은 실제 벌어지지 않았고, 벌어질 수도 없습니다. 그러면 태어나기 전에 이미 부유한 집안이어야 하는 등 일간의 환경이 전부 맞지 않을 테니까요.

한 인간이 타고난 잠재력을 꽃 피우기 위해서는 많은 지원이 필요합니다. 뉴스에 자주 등장하는 아동학대 사건이 끔찍한 이유는 한 인간의 무궁무진한 잠재력과 고귀한 영혼을 무참히 파괴하는 악마의 짓과 같기 때문이지요. 누군가는 경제적으로 안정적인 집안에 태어나 호의호식하며 온갖 사랑을 받는가 하면 다른 누군가는 태어나자마자 부모로부터 버려지기도 하고, 온갖 학대를 받기도 합니다.

중요한 것은 그 환경이 결정되었으되 운명을 결정할 정도는 아니라는 것입니다. 특히, 시련 가득한 파란만장한 인생을 암시하는 월지를 만나게 된 일간이라도 절망할 필요는 없습니다. 병이 있는 사주가 약을 만나게 될 때 대발한다는 말을 여러분은 신뢰해도 좋습니다. 큰 병을 가진 사주가 오랫동안 약이 되는 운을 만나지 못하더라도 그 기간 동안 초인적인 노력을 거듭해 왔다면 길운을 만날 때 성공의 정도가 일반인들의 그것에 비해 훨씬 크게 됩니다. 우리는 맹자의 다음 말을 늘 가슴에 품어야 하지요.

> 天將降大任於是人也 必先苦其心志 勞其筋骨 餓其體膚 空乏其身 行拂亂其所爲 所以動心忍性 曾益其所不能
> (천장강대임어시인야 필선고기심지 노기근골 아기체부 공핍기신 행불란기소위 소이동심인성 증익기소불능)
>
> "하늘이 장차 큰 임무를 사람에게 내리려 할 때는 반드시 먼저 그의 마음에 품은 의지를 괴롭게 하고, 근골을 힘들게 하며, 몸을 굶주리게 하고, 신세를 궁핍하게 하며, 하는 일마다 어긋나고 어지럽게 한다. 이는 인내심을 작동시켜 불가능한 일에 도움이 되도록 하려는 것이다."　　－고자 하(告子 下)

월지는 매년 인월로 시작하여 축월로 끝납니다. 당연히 자연의 차원에서는 계절을 상징하지요.

태어난 해의 월 순서

> 1. 연간 글자의 천간합으로 만들어지는 오행을 찾습니다.
>   - 연간이 갑목이라면 갑기합으로 토 에너지를 만들고자 하지요.
> 2. 해당 오행을 생하는 천간 글자가 인월과 조합합니다.
>   - 위의 예에서 토를 생하는 천간 글자는 병丙이지요. 그러니 모든 갑년은 병인월로 시작하여 정축월로 끝나게 됩니다.

월지의 시공적 개념이 중요하지 않은 것은 아니지만 우리에게는 인간화된 월지의 의미가 더 중요합니다. 즉, 집안과 사회 환경이라는 개념 말입니다. 인간은 처음부터 홀로 설 수 없는 존재이기 때문입니다. 만일 부모가 불의의 사고로 모두 사망하여 홀로 남겨진 어린아이라도 국민 한 사람 한 사람을 국가가 책임지고 인간다운 삶을 보장하는 복지국가라면 잠재력을 키울 수 있는 기회를 제공받으며 높은 삶의 질을 영위할 수 있을 것입니다.

2 월지에서 1차 정보를 획득하라.

경금이 사월에 태어났습니다. 십성으로 편관이지요. 물론 제화되기 이전의 편관은 칠살이라고 부르는 것이 원칙적으로는 맞습니다. 앞에서 편관제화삼법에 대해 배웠지요.

편관은 기본적으로 힘든 에너지입니다. 하지만 이를 제화하여 잘 쓸 수 있게 되면 크게 발전할 수 있습니다. 큰 칼은 아무 장수나 휘두를 수 없고, 큰 자리는 아무나 맡을 수 없는 이치입니다.

현대 사회의 입장에서 월지 편관은 '편관적 직장 생활을 경험하라.'는 것입니다. 합리적 통제가 이루어지는 직장이 정관이라면 비합리적, 강압적 통제를 받는 직장은 편관입니다. 한마디로 상식이 통하는 곳이 정관, 까라면 까라는 곳이 편관입니다. 물론 앞에서 공부한 대로 이보다 더 많은 의미가 있다는 것을 기억하시겠지요.

그 다음은 지장간의 의미를 해석해야 하지만 이는 뒤에서 별도로 다루도록 하겠습니다. 그만큼 중요하니까요.

편관이라 무조건 힘들다고 보면 안 되는 이유가 십이운성으로 장생이기 때문입니다. 경금이 사화 직장에서 생활하는 동안은 많은 발전을 이룰 수 있다는 얘기입니다.

사화는 오행적으로 6양의 공간이요, 밝고 화려하기 이를 데 없습니다. 그래서 경금이 근무하게 되는 사화 조직은 반드시 그 속성을 갖게 되어 있습니다. 이 대목은 뒤에서 월지 지장간 분석법을 공부할 때 알아보도록 하겠습니다.

몇 개의 예를 더 보도록 하지요.

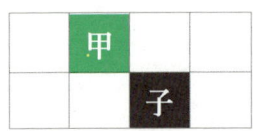

자월에 갑목으로 태어난 사주입니다. 정인의 사회입니다. 공부와 학문, 문화와 예술, 자격, 문서, 정보, 지식, 콘텐츠 등의 속성을 말합니다. 기본적으로 공부를 많이 할 숙명을 부여 받은 것이지요. 공부의 사회에서 태어나 공부를 하지 않으면 쓰임이 적을 확률이 높을 수밖에 없습니다.

정인 공부를 방해하는 재성이 있으면 아무래도 그렇겠지요. 노는 재미에 빠져 공부를 등한시하는 것과 같습니다. 남명이라면 여자 친구에 빠져 공부엔 뒷전일 수 있습니다. 물론 이를 고정된 것으로 바라보면 안 될 것입니다. 만약 일지에 신금이 있다면 자기 통제력을 갖고 있는 것이요, 신자진 수삼합으로 인성을 키우니 웬만한 재 극인으로 인해 공부를 놓지 않습니다.

십이운성으로는 목욕 정인입니다. 정인 공부를 통해 '목욕의 효과'를 누리고자 하는 것입니다. 때 빼고 광 내면 아무래도 뽀얗게 보이는 법이지요. 학창 시절에 공부를 잘하면 선생님에게 이쁨 받고 친구들에게도 존중 받기 마련입니다.

그런데 이런 마음은 얼마든지 다르게 발현되기도 합니다. 인간이란 단순한 존재가 아니니까요. 공부 잘한다고 뻐기고, 좋은 학교 다닌다고 어깨에 힘주고 다니는 학생은 어디나 존재합니다. 공부로 쓰기 어려운 구조라면 목욕의 속성이 강해져 사랑 받기 위해 자신의 외모를 꾸미는데 공을 들이거나 사치를 부리는 등의 부작용이 있게 됩니다.

병화 일간이 유월 정재월에 태어났습니다. 돈의 사회를 만난 것입니다. 기본적으로 월지 재성을 만난다는 것은 여하튼 경제적으로 넉넉한 집안일 확률이 높은 것이요, 일간이 활동하는 사회, 영역, 시장이 재물적으로 풍요로운 환경인 것과 같습니다. 아무리 하루종일 열심히 일한다고 해도 임금 수준이 극악한 저개발 시골 수준이라면 풍족한 생활을 하기엔 어려움이 따르게 되겠지요.

정재이니 정당한 노력을 하고 그에 대한 합리적 대가를 받기를 추구합니다. 이것이 반드시 장사, 사업보다 직장 생활을 통해 안정된 월급을 받고자 하는 성향이라고 단정하지는 말아야 합니다. 기술이나 예체능적 재능을 통해 수입을 올리려는 구조라면 얘기가 달라지니 말입니다.

십이운성으로는 사지입니다. 기본적으로 몸을 쓰기 보다는 두뇌를 사용하는 일이 적절하다는 것입니다.

묘월에 태어난 계수입니다. 십성으로 식신입니다. 자기 분야의 전문가가 될 운명이라는 것입니다. 전문성을 갖춰야 능력을 발휘하고 인정 받으며 사회 생활을 할 수 있다는 것이지요.

본래 계수는 을목과 잘 어울리는 글자라고 했습니다. 을목을 보면 자신의 에너지를 있는 그대로 공급하려 합니다. 달리 표현하면 을목 식신 일을 매우 하고 싶어 한다는 것입니다. 천간 글자들 중 을, 병, 무, 경, 계는 양의 세계, 갑, 정, 기, 신, 임은 음의 세계에 속합니다. 계수는 을목을 생하기 위해 존재하는 글자라고 해도 무방합니다.

을목의 전성기인 묘월은 계수의 활동성이 매우 활발할 수밖에 없는 시기입니다. 일간은 자신이 좋아하는 분야와 적성을 잘 찾는 것이 매우 중요한 과제가 됩니다. 식신은 '내'가 좋아하는 일이니 부모의 입장에서도 자신의 욕망을 자식에게 투영하지 말고, 자식이 스스로 자신의 길을 찾아갈 수 있도록 배려하고 후원해야 합니다.

십이운성으로 장생지이니 일할수록 신명나는 셈입니다. 왜 안 그렇겠습니까? 자기가 좋아하는 일을 하면서 능력자라고 대우 받는 것만큼 기분 좋은 일도 드물지요.

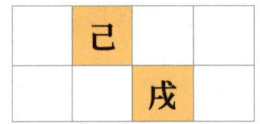

기토가 술월에 태어났습니다. 겁재들의 세상이지요. 이렇게 월지 비겁 사회에 태어나면 크게 두 개의 의미를 기본적으로 갖게 됩니다. 하나는 많은 사람들과의 관계를 형성해야 할 숙명을 갖는다는 것입니다. 당연히 우호적인 유대 관계가 좋겠지요. 그런 관계를 가능하게 하는 가장 좋은 방법은 직원이 많은 큰 규모의 회사에 들어가는 것입니다. 그래야 타고난 조건에 부합하게 되기 때문입니다. 거리에 많은 사람들이 지나다니는 도심지를 걷는다 해도 냉정히 말하면 그들은 '나'와 무관한 사람들입니다. 상호 작용이 일어나지 않는 무의미한 관계라는 것이지요.

다른 하나는 경쟁 관계에 놓일 수 있다는 것입니다. 일시에 내가 가진 인자를 빼앗기는 구조인데 그것을 방어할 무기를 갖지 못했다면 문제가 되겠지요. 관이 있어 겁재를 억제하거나 식상이 있어 오히려 겁재가 나의 일을 열심히 돕는 구조라면 별 문제가 되지 않을 것입니다.

이런 문제를 사전에 방지하는 방법이 사회 생활을 통해 십이운성적으로 양지 역할을 해주는 우호적인 사람들과의 관계를 잘 형성하는 것이 됩니다. 겁재라고 해서 두려워하거나, 사회에는 오직 적대적인 사람들만 있다는 착각을 해서는 안 됩니다. 인간 관계는 영원히 우호적이지도 영원히 적대적이지도 않습니다. 사주란 언제든 인간의 노력을 환영하는 법이며, 인간의 노력이 지속적으로 개입될 때 사주 에너지는 긍정적으로 쓰이게 됩니다.

02 월지 지장간은 사회의 속성이자 당신의 숙명이다

1 월지 지장간은 사회의 디테일한 속성이다.

월지와 월지 지장간을 제대로 해석하는데 익숙해지기만 해도 하늘로부터 운명적으로 부여 받은 이 생에서의 삶의 윤곽을 기본적으로 그리는데 엄청난 정보를 얻게 됩니다.

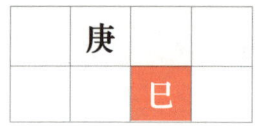

사화의 지장간은 戊庚丙이지요. 편인, 비견, 편관의 조합입니다. 비견들과 편관 특수 조직에서 편인 특수 자격을 갖추어 살인상생하는 직장인의 삶을 암시합니다.

사화와 사중병화는 화려한 빛이요, 색채이며, 경금은 컴퓨터, 전자제품 등의 물상이니 게임회사, 전자회사, 광고회사 등의 속성을 갖습니다. 현대는 수많은 업종과 직업이 존재하니 이것에 한정되지 않습니다. 공부의 깊이가 더해지고 사유력이 증대될수록 보이는 것은 계속 늘어나게 되어 있습니다.

이런 조직에서 일간이 식상을 쓰는지 혹은 재극인 조합을 쓰는지 등에 따라 세부 직업성이 나뉘게 되겠지요. 전자라면 프로그래머나 디자이너, 영업이나 마케팅에 걸맞습니다. 후자라면 재무 부서나 기획팀에 잘 어울릴 것입니다.

월지 지장간에서 어떤 글자들이 천간에 드러나고 다른 궁성의 글자들과 조합을 이루고 관계하는지에 따라 전체적인 의미가 도출되게 됩니다.

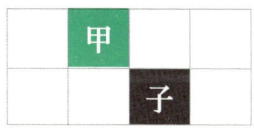

자월의 지장간에는 壬癸가 들어 있습니다. 공부를 해야 할 운명입니다. 편인 공부도 하지만 결국 정인으로 귀결되는 것이지요. 물론 편인 공부를 통해 정인이 강화되는 측면도 읽어 주어야 합니다.

유월 속에는 庚辛금이 있습니다. 위의 관점과 다를 바 없지요. 편재를 추구하고 싶은 성향이 없는 것은 아니나 정재를 향해 가는 것이 맞다고 생각하게 됩니다. 병신합으로 정재를 얻는 것이 병화의 본능이기도 합니다.

이렇게 월지가 재성일 때 인성을 보게 되면 재격패인 구조가 되지요. 앎이 재물적 성취의 밑거름이 되며, 앎의 토대 위에서 재물 활동을 하게 됩니다. 정재의 성향상 재생관 관인상생의 흐름으로 직장생활하면 안정성을 확보할 수 있겠지요.

묘월에는 甲乙목이 들어 있습니다. 이 진로 저 진로, 이 일 저 일에 관심을 두는 과도기를 거치더라도 끝내 자신의 한 길을 찾아야 합니다. 전문성이란 그 길 위에서 길러지는 것이니까요.

이렇게 식상 월지를 만난 경우, 인성을 갖추게 되면 학문 활동을 통해 취득한 학위, 지식, 자격 등을 토대로 지적 활동을 하게 됩니다. 어떤 분야든 이론적 기반이 갖춰졌을 때 실무 능력의 가치도 높아집니다. 오랫동안 몸으로 터득한 경험을 통해 형성된 철학과 장인의 기술도 결국 지적 노하우입니다. 인성이지요.

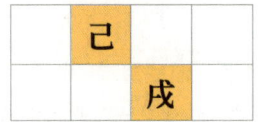

술월에는 辛丁戊가 들어 있습니다. 무토 겁재들과 정화 인성을 써서 식상패인하는 삶을 살도록 예정되어 있습니다.

많은 공부를 통해 자격을 취득하고 지식을 갖출 때 신금 식신의 가치가 높아지겠지요. 그것이 IT 기술이든, 예술적 재능이든 생각을 키우기 위해서는 배움이 있어야 합니다. 배움 없이 남다른 혜안이나 통찰을 가질 수 있다고 생각하는 것은 위험하지요.

2 월지 지장간을 철저하게 해석해야 사주 실력이 는다.

이런 구조라면 일간 신금이 살아가야 하는 사회는 일반인들과 다릅니다. 많은 시련이 따르게 됩니다. 집안 환경도 어렵고, 직장생활도 전쟁을 치르는 듯한 파란만장함이 암시되어 있습니다. 만일 재성이라도 있으면 재생살의 고통이 따르게 되니, 장사나 사업을 한다면 파재의 경험은 필수적입니다. 힘들더라도 조직 생활을 통해 안정적인 생활 여건을 갖추면서 자신만의 시간을 만들어 학문 연마에 심혈을 기울여야 합니다.

물론 편관을 제화할 수 있는 무기를 갖고 있다면 얘기는 전혀 달라집니다. 사회의 큰 명예나 권력을 얻을 수도 있겠지요.

지장간에는 丙己丁이 있습니다. 살인상생해야 할 숙명을 갖고 태어난 것입니다. 기토 편인 공부를 깊게 하면서 남다른 깨달음을 얻어야 합니다. 다른 글자와의 지장간 관계에서 기토 편인을 재극인 한다고 해도 재생살의 위험이 먼저 닥치니, 시련 속에서 편인 공부와의 인연이 맺어질 운영입니다. 많은 공부와 가치 높은 자격을 취득하는 것이 필수적입니다.

특히, 월령이 기토라면 더욱 운명적입니다. 종교, 명리, 철학 등 정신 학문 분야의 학습과 경험이 필수적인 삶이 됩니다. 기가 막히게 그렇게 인생이 흘러갑니다. 인간은 보이지 않는 '참된 주재자'의 설계도 내에서 살아갑니다. 노자와 장자는 그것을 도道라도 불렀지요.

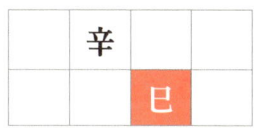

십성적으로는 동일한 관성이라도 신금 일간에게 편관인 오화와 정관인 사화의 차이는 실로 큽니다.

이미 제련을 마친 신금 입장에서 오화의 열기는 지속적인 단련과 그것을 넘은 시련을 뜻합니다. 인간에게 그 과정이 즐겁고 유쾌한 경험이기는 어렵지요. 그러나 끝끝내 버티고 견디려는 신금의 강인한 정신과 포기의 문턱에서도 극강의 의지력을 발휘하여 고난을 딛고 일어서려는 편관의 속성은 신금 일간을 비범한 존재로 업그레이드시킬 가능성의 인자입니다. 큰 시련을 극복한 사람만이 위대한 인물이 될 수 있는 법이니까요.

사화 정관은 육양의 공간입니다. 인간에게는 밝은 빛이 충만하고 만물이 화려한 자태를 뽐내는 계절의 여왕입니다. 기본적으로 직장 생활을 해야 하는 명이지요. 일반적인 평범한 직장이 아니라 사화의 속성을 가진 곳이어야 합니다. 우리가 살아가는 현실 업계 중에서는 방송, 영화, 연예, 광고, 홍보, 게임, 디자인, 패션, 조명, 백화점, 화장품 등이 어울립니다. 이런 곳에서 사회 생활을 시작해야 하는 것입니다. 그래야 신금은 병화의 빛을 받아 반짝반짝 빛나는 존재가 될 수 있는 것입니다.

사화 지장간에는 戊庚丙이 있지요. 사화 속에서 장생 받고 있는 경금 겁재가 보입니다. 많은 사람들이 근무, 활동하는 직장이어야 합니다. 무토 정인 자격을 갖춰야 합니다. 공부도 많이 하고, 문화, 예술적 소양도 길러야 하지요. 그래야 관인상생으로 조직의 인정을 받으며 오랫동안 근무할 수 있습니다.

만일 이런 구조 하의 무식상 사주라면 반드시 사화의 속성을 가진 조직과의 인연을 만들어야 합니다. 사중병화 정관 조직에서 근무하면 병신합으로 식상 에너지를 만들게 되니 일거리가 생긴다는 뜻이 됩니다.

(2, 1930)

세계적인 배우이자 영화감독 클린트 이스트우드의 사주입니다. 월지 사화의 속성을 영화계에서 사용하니 사중병화와 병신합하여 만드는 식상 에너지를 화려한 조명을 받는 연기로 사용했습니다.

사오(미) 관성국을 짠 연월일의 큰 명예와 권력을 시간에 드러냈으니 세계적인 명성을 날리는 주연 배우이자 연월의 경신금과 시지의 유금을 다스리는 영화감독으로 활약했습니다.

03 연월은 공적 영역이고, 일시는 사적 영역이다.

1 연월에서 배우고 일시에서 개발하라.

인간은 사회 체제에 순응하며 살아갑니다. 누군가는 굴종적 태도로, 누군가는 비판적 태도로, 정도는 구분될지언정 기본적으로 사회 체제 자체에 맞춰 삶을 영위합니다. 체제를 거부하며 사는 것이 보편적인 일은 아니라는 것입니다. 국가에 의해 강제된 의무를 수행하지 않으면 불이익을 입게 되어 있습니다.

이를 명리적으로 보면 일간은 연월에 있는 인자들의 영향을 받는다는 것입니다. 누군가는 그 인자들을 적극적으로 활용하면서 혜택을 입고, 누군가는 그 인자들과의 상호작용이 원활하지 않아 오히려 고통을 받기도 합니다. 사실 사회에 순응하며 산다는 것이 말처럼 쉬운 일은 아니지요. 행복에 겨워 직장생활하는 사람은 극소수에 불과한 것이 현실입니다.

연월 인자들과의 소통이 원활하기 위해서는 연결성이 중요합니다. 이에 대해서는 잠시 뒤에 살펴보도록 하고, 여기에서는 특히 일시 인자들의 개발을 강조하고자 합니다. 자신에게 주어진 사회 환경이 불리하다고 해서 불평만 하면서 살 수는 없지요. 신세 한탄을 통해 얻을 수 있는 것은 아무 것도 없습니다. 그래서 일시의 인자를 자세히 살펴 '내'가 어떤 잠재력을 갖고 있는지 알아내야 합니다. 그것을 강화하여 '나'만의 전략적 무기이자 능력으로 키울 때, 사회 인자들의 활용도도 높아지게 됩니다.

일지에 진토 편인을 깔고 있습니다. 일간이 개발하여 갖춰야 할 능력이란 특수 분야의 지식, 자격을 확보하는 것입니다.

진토 안에는 乙癸戊가 있습니다. 을계로 상관생재하겠다는 것인데, 계수가 무계합으로 편인과 엮여 있으니 무토 편인 지식과 자격을 갖춰 상관패인하겠다는 것입니다. 정보와 지식, 자격을 토대로 일하여 돈을 벌겠다는 것이지요. 을무로 재극인 조합까지 있으니, 편인적 상상력을 현실적으로 기획하는 능력도 가질 수 있습니다. 열심히 개발한다면 말입니다.

일시의 인자는 저절로 개발되지 않습니다. 각고의 노력을 기울일 때 확보할 수 있는 것입니다. 특히, 인성을 개발하는 데는 시간이 많이 소요됩니다. 하루아침에 터득할 수 있는 지식이나 지혜도, 획득할 수 있는 자격도 존재하지 않습니다.

오랜 시간이 걸리지만 하루하루를 꾸준히 공부에 투자하는 과정에서 사람은 업그레이드됩니다. 괄목상대라는 말이 괜히 있는 것이 아니지요. 돈을 벌기 위한 악전고투가 물거품이 되는 일은 비일비재합니다. 그러나 공부는 당장에 인생을 바꾸지 못하더라도 사람에게 반드시 보답합니다. 부지불식 중에 사람의 가치를 높여 놓기 때문입니다.

단, 학교에서의 학업이나 학위를 공부로 착각하지는 말아야 합니다. 진짜 공부는 학교 밖에서 시작됩니다. 인식 능력이 학창 시절에 멈춰 있는 사람이 부지기수입니다. 인성 개발을 포기한 사람은 영혼의 성숙도 동시에 멈춥니다. 그들의 경험적 통찰이 천박한 수준인 경우가 많은 것은 이 이유 때문입니다.

시지에 사화 식신이 있으니 나의 밝고 씩씩한 표현 능력을 개발해야 합니다. 지금은 연결성을 배제한 채 보고 있습니다. 저 역시 연결하여 설명하고 싶은 마음을 참고 있는 중입니다.

시는 자식궁이니 이를 확장하면 아랫사람, 젊은이, 청소년과 아동, 후대 등의 개념으로 넓어집니다. 즉, 만일 작가라면 사화 식신의 밝고 발랄한 표현이 어울리니, 청소년 문학이나 아동 문학이 어울리겠지요. 유아교육 분야에서 종사하는 사람도 많습니다.

일지에 양인이 있습니다. 병오일주로 강한 기질의 소유자가 됩니다. 그 기질을 무엇을 향해 발산하게 될지는 다른 글자들과의 관계에 달려 있겠지요.

굴하지 않는 자신감이나 무엇이든 해낼 수 있다는 신념은 아름답지만 그것이 자칫 고집이나 지나친 자기 중심주의로 흐르지 않도록 주의해야 합니다. 간여지동이나 백호, 괴강 일주들에게 공통적인 과제입니다. 지나친 과단성은 자칫 경솔함으로 이어지기 쉽고, 경솔함은 불필요한 시행착오를 겪게 하기 마련입니다.

마음을 수양하고 공부하는 습관을 길러 자기 분야의 프로로 거듭남으로써 자신의 능력을 마음껏 발휘하는 방향으로 사용하는 것이 좋습니다. 성숙한 생각이 결여된 어설픈 강함은 신체적 우위를 내세워 폭력을 휘두르는 하찮은 사람이 되게 할 수도 있습니다. 인간의 스펙트럼의 폭은 참으로 넓기에 내면의 힘을 기르지 않은 사람일수록 인간에게서 멀어진 행태를 보이기 마련입니다.

일지에 편관이 있으니 자기만의 원칙, 신조, 고집이 강한 사람입니다. 운에서 지지로 비겁이라도 온다면 자신의 관으로 지배하겠다는 의지가 강합니다. 좋게 말하면 리더의 자질이 있는 것이요, 나쁘게 말하면 타인을 지배하려는 우두머리 기질이 강한 것입니다. 리더십의 배양이 중요한 과제가 되겠지요.

일시에 관을 갖고 있다는 것은 스스로 대표나 사장이 되고 싶다는 마음이 있는 것입니다. 관이란 브랜드, 간판, 권력, 유명세 등을 두루 상징하니까요. 곧 니체의 '힘에의 의지'를 가진 사람입니다.

그러나 편관을 깔고 있다는 점에서 자칫 재생살로 이어질 수 있는 리스크를 갖고 있습니다. 사업을 통해 많은 돈을 벌어 유명해지고 싶다는 열망이 독이 되는 경우입니다. 미토 속에 丁乙己가 있으니 식신생재가 재생살로 이어질 수 있음을 암시하지요. 곤경에서 벗어나고자 하는 노력이 식신제살로 표시되어 있습니다.

십이운성적으로 미토는 계수의 묘지이므로 계수 일간은 겸손함을 익혀야 합니다. 뭐든 할 수 있을 것 같아도 세상에는 이미 수많은 강자가 자신의 영역을 차지하고 있는 상황이요, 의지와 욕심만으로 강자들과 맞서 그들의 영역 일부를 잠식해 들어가는 것은 매우 버거운 일임에 분명합니다.

편관을 가진 사람이 겸손을 키우는 방법 중 살인상생만한 것이 없습니다. 공부하고 수양해야 합니다. 그 과정에서 겸손의 미덕이 저절로 길러지며, 지혜를 통해 난관을 극복해 나가는데 필요한 힘과 능력을 키울 수 있습니다.

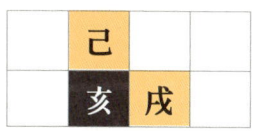

일지에 정재가 있으니 정당한 노력에 대한 합리적인 대가를 추구하는 성향입니다. 사업 등을 통한 큰 재물의 확보를 추구하는 것은 아니지만 대신 돈에 대한 애착, 소유욕을 갖게 됩니다. 정재의 특징이지요. 아울러 정재의 꼼꼼함, 완벽주의 성향도 나오게 됩니다.

해수 지장간에는 戊甲壬이 있으니 무토 겁재와 함께 재생관하려는 속성입니다. 갑목 정관 조직에서 수입을 얻겠다는 것이지요. 그래야 임수를 차지하려는 겁재를 방어할 수 있습니다.

해수는 기토의 태지이므로 불안, 걱정의 심리가 있습니다. 튼튼한 직장에서 안정적인 수입을 고정적으로 올릴 때 그런 심리가 줄어들게 되겠지요.

2 연월의 인자를 일시에서 업그레이드하라.

사회에서는 진토 자격을 취득하고 공부해야겠지요. 진토 지장간에 乙癸戊가 있으니 식신생재로 전문적인 능력을 갖춰 재물적 성취를 이루기 위한 성격의 학문입니다. 무토 정인을 충실하게 학습할 때 계수 식신의 쓰임이 좋게 됩니다. 지식 기반형 전문성이 되니까요. 무계합으로 화기를 만드니 돈을 벌고 나면 명예를 추구하겠다는 심리가 담겨 있습니다.

일지에 미토 편인이 있으니 개인적으로 편인 공부를 많이 해야 합니다. 공간의 순서상 미토 편인은 진토 정인보다 진보한 것이지요. 물론 공간이 순행하지 않는다고 해서 다운그레이드를 뜻하는 것은 아닙니다. 일시의 인자는 일간 고유의 사적 노력을 통해 개발되는 것이기 때문이지요.

미토 지장간에는 丁乙己가 있으니 재생살을 막기 위해서라도 기토 편인 공부가 필수적입니다. 을기로 재극인되어 있으니, 배우고 익힌 것을 실용화하는 능력이 뛰어납니다. 돈과 관련된 학문으로 원리를 추구하는 경제학에 잘 어울립니다. 물론 편인의 속성답게 심리학, 명리학 등을 공부해도 학문적 성취를 재물적 결과로 연결시키는 능력이 있습니다.

이런 구조라면 사회에서 자수 식신 전문성을 쓰는 삶입니다. 겉으로 드러난 자미천(자미원진)의 관계만 보고 무조건 흉하다고 판단하는 것은 단견입니다. 물론 오행적으로는 미토가 자수를 편인도식으로 극하니 건강면에서 불리한 측면이 있습니다. 자수를 생하는 글자가 원국에 있거나 대운에서 만나게 되면 이런 불리함도 해소가 됩니다.

자수의 전문성을 쓰되 일지 미토 편인의 개발이 완성될 때 그것의 쓰임을 업그레이드하는 것입니다. 쉽게 표현하자면 그냥 일하는 것이 아니라 생각하고 일하는 것입니다. 나만의 기획을 통해 일하거나, 글을 쓰거나, 행사를 하는 등의 다양한 의미를 갖게 됩니다.

핵심은 공부를 하면 할수록 사회 활동력이 줄어들게 된다는 말도 안 되는 해석을 해서는 안 된다는 것입니다. 편인도식은 장인의 별입니다. 만일 어느 상담가로부터 공부할수록 인생이 잘 안 풀릴 운명이니 너무 열심히 공부하지 말라는 얘기를 듣는다면 무시해야 합니다. 인간은 살아가는 동안 학습을 멈추지 말아야 하는 존재입니다. 사유를 통해 통찰력을 증진시키려면 공부라는 사전 입력 과정이 필수입니다. 공부를 해서 인생이 안 풀리는 것이 아니라 공부가 덜 되었기 때문이라고 생각하는 것이 성숙한 태도입니다.

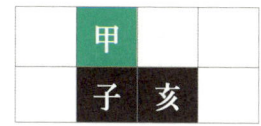

사회에서 해수 장생편인 공부를 할 숙명입니다. 사랑도 많이 받게 됩니다. 학문과 사랑이 더욱 커지는 구조이지요. 해자(축) 인성국을 짜려 하니 학문을 통해 축토 재물을 창출합니다.

해자축 인성 방합의 왕지를 깔고 있으니 자기 주관이 매우 강하지요. 자묘오유 왕지를 깔고 있는 일주에게는 기본적으로 자기 중심성, 우월 의식이 내재되어 있습니다. 왕王의 속성인 것입니다.

갑목 일간에게 자수는 목욕 정인이니 자신의 학문에 대한 자부심은 좋으나 그것이 전부인양 뽐내거나 으시대면 좋지 않습니다. 자기 생각만 옳다고 주장하는 것도 당연히 좋지 않겠지요. 그래서 인성은 도장, 문서, 학문, 공부만 뜻하는 것이 아니라 수양과 수양을 통한 마음 그릇을 의미합니다. 겉으로 보이는 학위가 높다고 저절로 훌륭한 학자가 되는 것은 아니지요. 시류에 영합하는 학자들에게서 우리가 깊은 지혜의 향기를 맡기 어려운 까닭입니다.

인성을 공부 에너지로 제대로 쓰지 못하면 인정 욕구, 사랑에 대한 갈망이 되기 쉽습니다. 누구나 세상으로부터 존경 받는 삶을 살기를 원합니다. 그러나 그것은 공부와 수양을 통해 자격을 갖출 때 따라오는 것이라고 생각해야 합니다. 인기를 얻으면 돈과 명예가 따라오기 마련이라고 죽어라고 퍼스널 브랜딩 강의를 듣고 블로그와 유튜브를 한다고 해도 '내'가 아직 준비 되어 있지 않은 상황이라면 뜻은 이루어지지 않습니다. 운이 없는 것이 아니라 아직 자격이 없다고 여기며 정진해야 합니다.

04 언제나 연결성을 보라.

1 조합과 관계를 무시한 사주 해석은 무의미하다.

글자를 따로따로 풀이하거나 한 글자의 의미에 과도한 비중을 두는 것은 지양해야 합니다. 특히, 임의로 용신을 선정한 다음 그것을 방해하는 이른바 기구신으로 분류된 글자들의 가치를 폄훼하거나 쓸모없는 것으로 보는 등의 태도는 반드시 버려야 합니다.

모든 글자는 조합과 관계 속에서 진정한 의미와 작용력이 도출됩니다. 그것을 통찰하지 못한 상태에서 세부 이론들을 파편적으로 적용해 봤자 사주에 담긴 진정한 운명적 스토리에 다가가지 못합니다.

월지 편관 사화가 일지 진토 편인과 살인상생으로 연결되어 있습니다. 직장과의 계약 관계를 통해 조직 생활을 하는 구조입니다.

비록 장생편관이지만 그래도 고통을 회피하고 행복을 추구하려는 인간의 입장에서는 편관성을 힘들게 인식하기 마련입니다. 이럴 때 진토 편인 공부를 열심히 하고 마음을 수양하면 조직 생활로 인한 스트레스를 능히 감당할 수 있게 되지요.

또한 사회로부터 큰 명예를 얻을 수도 있습니다. 높은 자리에 수반되는 강한 권력을 쥐면 행복할 것 같아도, 감당할 수 없는 무게의 힘은 사람을 몰락시킵니다. 자리가 사람을 만든다고 하지만 자신의 능력을 초과하는 자리에 앉으면 사람은 쪼그라들게 마련입니다. 일도 사람도 모두 망가집니다.

진토의 지식과 지혜, 기획력, 사유 능력, 통찰력, 마음 그릇이 갖춰져 있다면 사화 편관을 감당하고도 남음이 있겠지요. 살인상생도 편관을 제화해서 쓰는 방법들 중의 하나입니다. 공부와 수양에는 오랜 시간의 노력이 필요하지만 그 지난한 과정을 묵묵히 밟아 실력을 갖추고 깨달음을 얻은 사람이라면 큰 편관의 영예를 안을 수 있는 자격이 있는 사람임에 틀림없을 것입니다.

지장간 관계를 보면 진중을목과 사중경금이 합하고 있습니다. 일간의 재물과 배우자(남명의 경우)를 사회의 비견들이 노리고 있는 형국이지요. 사중병화 편관이 사중경금 비견들을 제어하고 있으니, 조직 생활을 할 때 재물이 지켜질 수 있는 확률이 높아짐을 알 수 있습니다. 물론 사람과 사람의 관계는 그것만으로는 어렵겠지요.

진중계수가 사중무토와 무계합니다. 진중무토 일간의 생각과 지식 외에도 사중경금 비견들의 생각과 관의 지시(사중무토는 사중병화 편관 입장에서는 식신이니 회사의 명령, 지침과 같은 것)를 존중하며 그에 맞추거나 참고하면서 계수 상관을 써야 한다는 의미입니다. 조직 생활을 혼자만의 생각대로 해나갈 수는 없지요. 항상 조율과 조정이 필요한 관계입니다. 연결성을 이해한다는 것은 이렇게 글자와 글자 사이의 겉과 속을 다 살피면서 상호 작용을 파악하는 것입니다. 글자가 많아질수록 도출되는 내용이 많아지겠지요? 모든 것에는 순서가 있는 법, 차근차근 양자 관계부터 정교하게 읽는 훈련을 통해 다자 관계로 확장해 갈 수 있습니다. 챕터 3의 실 분석 사례들을 통해 사주 이론의 체계성을 깨닫고 간명의 엄밀성을 추구해야 합니다. 용신운이니 좋고 기신운이니 나쁘다와 같은 수박 겉핥기식의 해석은 명리학이라고 볼 수 없습니다. 명리학을 빙자한 얕은 술수에 불과합니다.

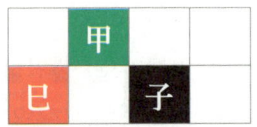

자수와 사화의 관계는 식신패인입니다. 사화 식신의 근거가 자수에게 있는 것입니다. 사회에서 닦은 학문과 학위를 토대로 식신 활동을 하는 것이지요. 앞에서 본 대로 식신 활동의 종류는 다른 글자들과의 관계를 통해 매우 다양하게 나타날 수 있습니다.

사화라는 글자는 대단히 오묘합니다. 유금과 만나면 화에서 금으로 속성을 변화시키지요. 해수와는 충하지만 자수와는 사이가 좋습니다. 오화가 자수와는 충하면서도 해수와는 사이좋게 지내는 것과 비슷합니다. 자사합(자중계수와 사중무토의 암합)의 십성적 관계를 지장간을 들여다봄으로써 더욱 정밀하게 이해할 수 있습니다.

무토 편재적 돈벌이는 계수 정인과 묶여 있는 것입니다. 학문, 교육, 글, 책, 문화, 예술 등의 인성 성격의 비즈니스 내에서 재물 활동을 하라는 것이지요. 그것을 벗어나면 좋지 않다는 것입니다.

이처럼 글자와 글자 간의 안팎 관계를 모두 읽어 주는 훈련을 거듭할 때 사주를 보는 눈이 빠르게 밝아지게 됩니다.

오화와 유금은 파의 관계에 있습니다. 일간이 양인적 기운으로 사회의 유금을 강제로 취하겠다는 것이지요. 만일 유금 여자가 키도 크고 외모도 뛰어난 병오 남자를 처음 보면 겉모습에 반해 이끌리기 쉽습니다. 병신합의 에너지가 작동하니까요. 하지만 시간이 지날수록 오유파로 인해 고통을 입게 됩니다. 부드러운 합의 관계가 아니라 이른바 나쁜 남자 스타일로 여자를 지배하려는 기질이기 때문입니다.

그 과정에서 오화도 점점 힘을 잃기 때문에 병오 역시 자신의 사랑 방식이 제대로 인정 받지 못한다는 것을 알게 되어 둘 사이가 멀어지게 될 가능성이 압도적으로 높게 됩니다. 천간의 신금과 지지의 유금은 편관인 정화와 오화에게 시달릴지언정 쉽게 굴복하지 않습니다. 시련을 주고 또 줘도 극복해 낸다면 나중엔 시련이 나가 떨어지는 것과 같습니다. 우리가 인생의 편관을 수용하는 자세가 이러해야 한다고 생각합니다.

묘목 식신과 미토 편관은 (해)묘미 식상 삼합을 합니다. 묘목 식신 전문성을 확보하게 되면 식신제살로 자신이 처한 어려움을 극복할 수 있으며, 명예를 높일 수 있습니다.

달리 보면 자신의 브랜드를 가지고 사회 활동을 하는 것도 됩니다. 식신에 장생 받으니 일을 하면 할수록 힘이 나게 됩니다. 미중 기토 편관이 묘중갑목에 갑기합으로 잡히고, 묘중을목에 극당하니, 미중정화의 설기도 막을 수 있습니다. 재생살의 작용력은 멈추고, 식상생재의 효과가 커지는 것이지요.

묘목 식신을 아랫사람 즉, 학생이나 부하 직원들로 본다면 나의 권한, 직급, 권력을 내려놓고 식신들과 동화하는 사람입니다. 서번트 리더십을 갖춘 것이지요. 이런 리더십의 보유자라면 조직에서 좋아할 수밖에 없고, 자신이 사업을 해도 사람들이 잘 따르게 될 것입니다.

천간 글자의 십이운성 흐름을 살피면 천간이 지지의 어떤 삼합 운동과 궤를 같이 하는지 알 수 있습니다. 계수는 '오사진묘 인축자해 술유신미'의 흐름으로 절지부터 묘지까지 진행되므로 지지의 해묘미 삼합과 밀접한 관계가 있다는 것을 알 수 있습니다. 그래서 계수 일간 입장에서 이런 구조로 짜인 사주적 운명을 산다는 것은 아무래도 즐겁고 보람될 가능성이 높게 됩니다. 그렇다고 모든 일이 그럴 수는 없지요. '날마다 즐겁고 행복하기를', '매일 꽃길만 걸으세요.'와 같은 덕담은 사실 욕심이지요. 어떤 인간도 그렇게 살 수는 없으니까요. 모든 사람의 인생에는 음양이 함께 깃들어 있습니다.

기토 일간의 입장에서 정재인 해수와 겁재인 술토가 관계를 형성하고 있습니다. 겉으로는 토극수의 관계이니 겁재가 일간의 재성을 노리는 모습처럼 보입니다. 물론 그런 일이 벌어지지 말라는 법은 없습니다. 다만 그 이전에 더 중요한 의미를 알아야 합니다.

술월과 해월에 자연이 하는 일을 상기해 봐야 합니다. 술월은 인오술 삼합을 마감하고 술토 창고에 추수한 곡식을 저장합니다. 이후 해자축의 휴지기에 들어가지요. 동물들은 겨울잠 준비에 들어가고 땅은 지력을 회복하며 식물들은 새로운 생기의 싹을 내놓기 위해 나목으로 시련을 견딥니다.

술중신금은 유월에 유중경금이 먹거리로서의 효용을 마치고 남은 씨종자와 같습니다. 이제 죽을 일만 남았습니다. 하지만 씨앗이 죽음으로 끝나면 새로운 시작은 있을 수 없겠지요? 자연의 순환이 어그러집니다. 술중정화가 술중무토 땅의 술중신금에게 열기를 가합니다. 술중정화는 인오술 삼합을 통해 축장된 화기이지요.

새로운 생명의 에너지에 자극된 술중신금은 해월의 해중임수에 그 뜨거운 몸을 풀고 해중갑목으로의 변신을 시도합니다. 금생수 수생목의 과정을 거쳐 해묘미 삼합의 출발이 이루어지는 것이지요. 술월과 해월 사이에 얼마나 중요한 일이 벌어지는지 잘 알 수 있습니다. 찬란했던 물질 문명의 날들이 저물고 그것의 유산이 정신 문화로 이어져 그 속에서 새로운 문명을 창출할 실마리가 태동하는 것입니다. 괜히 술해천문이라는 표현이 존재하는 것이 아니지요.

술해천문을 사주 원국에 보유하고 있으면 반드시 공익성을 추구해야 합니다. 이것이 꼭 정신 분야만을 뜻하지는 않습니다.

이를 위 구조의 지장간 십성 관계로 살펴보면 술토 겁재는 자신의 술중정화 정인 노하우에 바탕한 술중신금 상관적 능력을 발휘하여 해중임수를 금생수하여 일간의 재성을 키워 주고, 해중갑목 브랜드를 태동하게 하거나 회사를 키워 주는 등의 역할을 하게 됩니다.

겉으로 보이는 토극수의 관계가 실제로는 매우 우호적인 것임을 알 수 있지요. 물론 기토 일간은 술중무토의 노력에 대한 대가를 해중임수로 건네 줘야 합니다. 지장간에서 정임합하니까요. 남의 재능과 노력을 잘 활용하여 돈을 버는 사람이 부자가 될 가능성이 높습니다. 물론 타인의 기여에 대한 대가 역시 충분히 지불해야겠지요?

2 연결성이 좋지 않으면 좋지 않은 대로 강점을 살려라.

인간이 만든 세상은 파라다이스와 거리가 멉니다. 누구나 자유를 꿈꾸지만 누구도 온전히 자유롭지 못합니다. 그래서 장자가 말하는 대붕의 자유 대신 경제적 자유를 획득하기를 바라며 고군분투할 따름이지요.

월지 정관이니 기본적으로 직장 생활을 해야 합니다. 미토 지장간에 丁乙己가 있으니 기토 정관 조직에서 식신생재 재생관의 삶을 사는 것이지요. 영업, 유통, 판매와 같은 상관 분야에서 일하며 월급을 받는 것입니다. 사화 속에서 재극인된 사중경금 편인이 있어 상관패인하니 특수 분야의 전문 지식을 활용하여 상관적 임기응변성, 언변을 쓰는 것입니다. 을목 상관으로 기토 정관을 상관견관하여 밀어 내리는 마음이 크겠지만 을목이 정화로 이어지니, 고정적으로 들어오는 월급을 안정적으로 확보하려는 성향을 떨쳐 버리기 어렵습니다.

인목 식신을 깔고 있으니 전문가로서의 삶을 살아가야 합니다. 식신 인목 일과 몸이 미토 정관과 귀문 관계를 이룹니다. 인중갑목이 미중기토에 묶여 입묘하니 조직에 갇혀 있는 형국이지요. 갑목에게는 미토가 십이운성적으로 묘지에 해당합니다. 대운이 역행한다면 귀문을 풀어 주고 식상국을 이루는 묘대운에 회사를 나와 자기 일, 사업을 하며 살아가게 됩니다.

시지에 사화 편재가 있으니 개인 사업, 자신의 능력을 사용해 직접 자신의 돈을 크게 키우겠다는 의도를 품고 있습니다. 하지만 인사형으로 식신생재가 원활하지 않으니 때를 기다리며 사중경금을 익히기 위해 노력해야 합니다. 사중경금의 자격이 충분히 갖춰져야 인목을 금극목으로 식신패인하여 인목의 쓰임을 좋게 만듭니다. 자격을 갖춘다는 것은 사적 자산인 학습을 통해 지식, 지혜, 노하우를 터득한다는 것입니다. 식신패인이 될 때 식신의 쓰임이 좋아지는 까닭은 식신이 지식 기반, 문서 기반의 일로 가치가 높아지기 때문입니다.

유금 상관월에 태어난 무토 일간입니다. 유금 위에서 기토 겁재가 장생 받고 있는 모습입니다. 사람들과 함께 상관적 일을 하는 것이지요. 아주 쉬운 예를 들자면, 프리랜서 속성의 업무를 하는 것입니다. 글을 쓰거나, 디자인을 하는 일이라면 조직에 속해 고정적인 일을 수행하는 것이 아니라, 비정기적으로 들어오는 의뢰를 처리하는 것이라 할 수 있습니다. 물론 다른 글자들을 감안하지 않을 때의 해석입니다.

일지에 정인을 깔고 있는 양인일주이니 상관패인하여 지적인 업무를 수행하게 됩니다. 아울러 편법, 탈법, 불법, 부정부패와 같은 상관의 부정성도 해소되지요.

기토 입장에서는 식신이니 기토는 전문가입니다. 무토 일간이 기토의 일에 대해 아이디어를 제공하는 형국입니다. 기획서를 써서 제공하거나 의뢰 받은 원고를 넘기는 등 무수한 유형의 일들을 떠올릴 수 있습니다.

하지만 오유파 관계이니 오화의 진이 빠질 정도로 머리를 쥐어짜야 하는 상황입니다. 해도 해도 심하다는 생각이 들면 기토의 입이 닫히도록 오화로 유금을 심하게 극할 수도 있겠지요. '내' 생각을 강요하는 형식으로 발현될 수 있습니다. '더 이상은 못하겠다,

받고 싶으면 받고 받기 싫으면 관두자'와 같이 반응할 수 있다는 것이지요. 공동의 일을 망치지 않으려면 당연히 마음을 잘 다스려야 합니다.

만일 여명이라면 이런 구조는 사정상 자식을 자매에게 맡겨 놓거나 재혼한 남편을 따라가 다른 여자와 함께 사는 자식에게 애정 어린 잔소리를 하는 모습도 됩니다. 또한, 기토 아래에 있어 일간과 수평적 관계를 형성하는 유금 학생들에게 정인 지식을 전달하는 교육자의 모습도 나옵니다. 운명적 범주는 정해져 있으나 글자의 다양한 스펙트럼을 어떻게 쓰느냐는 사람에 따라 다른 이유입니다.

연월은 자미천하고 연일은 술미형합니다. 합으로 매끄럽게 연결되지 않고 형충파해가 들어 있는 사주를 좋지 않게 배웠다면 그릇된 것이니 모조리 버려야 합니다. 얼토당토않은 논리이기 때문입니다.

경금이 자월 상관월에 태어났습니다. 술미형으로 형살 걸린 인성들을 패인한 상관입니다. 공부를 많이 하고 자격을 갖추어야 한다는 것을 알 수 있습니다.

이렇게 있는 그대로 해석하면 되는 것입니다. 미토 정인은 국가 자리 문서이니 일간이 사회에서 하는 일은 국가 자격을 따서 하는 일이 됩니다. 물론 해외에서 공부하는 인연이 있을 수도 있지요.

미토 지장간에는 丁乙己가 있으니 재생관 관인상생으로 국가 기관에서 급여를 받으며 일할 것을 암시합니다. 물론 천간에 어떤 글자가 드러나 있는지에 따라 해석이 달라지겠지요. 을기로 재극인하니 문서를 다루고 판단, 분석, 기획, 정책 수립 등을 하는 업무에 어울립니다. 그런 능력을 배양하는 대학 전공은 일반적으로 문과의 경영, 경제, 회계 등이지요. 재무, 금융, 조세 등을 담당하는 부처의 속성입니다.

미중정화 정관 입장에서 미중기토는 식신입니다. 즉, 직장의 지시, 명령과 같지요. 따라서 경금 일간은 정인 문서 자격을 따서 일하는 사람, 문서에 의거하여 일하는 사람, 직장이 시키는 대로 일하는 사람인 것입니다. 그 관계가 자미천이요 원진관계라고 해서 일하기 싫어한다는 식으로 오해하면 안 됩니다. 미토는 자수를 말리니 자수를 쓸 수 없는 것이 아닙니다. 하기 싫은 일, 남들이 꺼려하는 일을 적극적으로 하는 것일 수 있지요. 시에 자수를 생해주는 글자가 있을 수도 있으며, 운이 순행하면 재극인하여 토를 적절히 제어하고, 역행하면 자수를 보완해 주기 때문입니다. 이렇게 원진 조합의 일을 잘하는 사람은 소위 궂은 일도 도맡아 하는 사람이라는 평가를 받게 됩니다.

술토는 편인이고 일간이 스스로 개발하여 갖추는 자격과 같습니다. 그것이 경술이라는 괴강 일주를 형성하니, 프로의 자질을 구비하기 위해 노력하는 사람입니다. 쇠지 편인이니 경험과 학습을 통해 노련한 면모를 가지고 있습니다.

술토 지장간에는 辛丁戊가 있으니 양인을 다스리는 정관의 리더십과 책임감을 지니고 있습니다. 술토는 양인의 관대지가 되니 동료들이 잘 되도록 위하는 마음이 있습니다.

두 개의 인성이 형하니 기획, 수립된 정책이 수정, 보완, 조정, 개선, 조율되기를 지속합니다. 이에 맞추어 자수 상관으로 일하는 것이지요. 아울러 30대 중반을 넘어서면 권한이 증대되니 관의 지시에 대응하여 자신의 의견을 적극적으로 피력하면서 효율적인 안을 만들고자 하는 것입니다. 그러면 자미 원진의 작용력이 수그러들면서 술자로 자신의 생각을 반영하여 주도적으로 일하게 되겠지요.

아울러 상관은 부하 직원들이니 중간 관리자로서 이들을 다스리는 모습도 됩니다. 이렇게 인성이 발달한 구조에 식상을 지도하는 조합은 교육과도 인연이 깊게 됩니다. 그 자체로 교육자의 속성을 갖습니다. 교육계로 나아가지 않는다 하더라도 인재개발원 등 직장 내의 교육을 담당하는 부서에서 일할 수 있습니다.

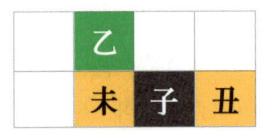

자월 편인 사회에 태어난 을목입니다. 재극인된 편인이니 두뇌가 좋고, 취득한 특수 자격과 학문적 성취로 재물 활동을 하게 됩니다.

연월이 자축합으로 연결되어 있으니 해외에서 공부하는 인연이 됩니다. 공부를 뜻하는 글자인 자수가 해외자리의 터전과 연결되어 있기 때문이지요. 조후상 그곳은 을목에게 편안한 환경은 아니지만 사주에 신강 신약의 척도만큼이나 조후의 잣대를 절대적인 것으로 적용하지 말아야 합니다. 인간은 적응의 동물입니다. 오늘 적도 열대 지방에 살다가 내일 북극에 떨어뜨려 놔도 인간은 필사적으로 생존법을 찾기 마련입니다.

반드시 공부를 많이 하여 연월의 인성 에너지를 소진시켜야 하겠지요. 일간이 일지에 품고 있는 식신 에너지가 연월 천간에 드러나 있다면 그것이 인성에 의해 잠식될 수 있으니, 열심히 몸을 움직이며 운동하면서 늘 활력을 유지하려고 노력해야 합니다. 식신이란 전문성인데 인성과 조합을 이루니 자격을 가진 전문성이요, 그럼 식신의 가치가 높아집니다. 신체적 활동을 멈춘 채 공부만 하면 식신의 특성상 음식으로 에너지 보충을 하려 들기 마련이고, 결국 비만 체형이 되고 맙니다. 어떤 분야든 살찐 사람에게서는 전문가의 풍모가 반감되기 마련입니다. 기본적으로 자기 관리가 안 된다는 인상을 주기 때문이지요. 특히 오행적으로 지나친 수기는 정신적 우울을 동반할 수 있는데, 운동은 하지 않고 먹기만 해서 살이 찐 몸을 거울로 바라보면 타인 앞에 나서기도 싫어지니 아예 우울증에 빠져 버릴 위험성도 있습니다. "식신은 살찐다, 살찌지 않게 관리하라." 식신을 가진 사람들에게 제가 당부하는 바입니다.

을미 백호 일주답게 프로페셔널의 길을 걸어야 합니다. 미토 편재를 추구하는 삶이지요. 미중정화 식신성을 쓰는 것입니다. 30대 중반 이후가 되면 축미충하니 해외에서의 삶을 정리하고 터전을 바꾸려는 시도를 하게 됩니다. 충한다고 연결성이 나쁜 것이 아니라 이렇게 순리대로 잘 쓰게 되는 것입니다. 또한, 여명이라면 4대운에 진토 대운을 만나게 되는데 이때는 원국의 일지 시기가 되지요. (신)자진 삼합을 이루게 되니, 국내로 복귀해 신금 정관 조직에서 인성적 업무를 통해 재물 활동을 하게 되는 것입니다.

05 천간의 출처를 확인하라.

1 출처는 그 글자의 근원을 얘기해 준다.

　일간 경금은 월지 사화 장생편관에서 드러났습니다. 기본적으로 직장생활을 하는 운명이지요.

　월간에 정화가 드러나 월주가 관성으로 간여지동을 이루고 있습니다. 정화의 출처는 사화이지요. 그러므로 세상에 잘 알려진 잘 나가는 회사와 살인상생의 관계를 이루어 근무하게 됩니다.

　외부에서 보기에는 합리적 질서가 작동하는 정관 조직으로 보이지만 일간에게는 편관성으로 인해 스트레스를 많이 받습니다. 회사생활을 통해 성장하고 대우 받는다는 점을 알면서도 본인은 힘들다는 생각을 떨쳐 버리기 어려운 것이지요.

　만일 오화나 미토와 같이 정화를 품고 있으며 월지 사화와의 연결성을 갖는 글자가 연지에 있다면, 정화 정관 조직은 대기업, 다국적 기업, 공공기관 등의 성격으로 확장되게 됩니다. 앞에서 강조했던 연결성의 의미를 항상 염두에 두어야 합니다.

　이렇게 강한 관을 연월에서 보게 되면 명예욕이 크고, 자존심도 매우 세기 마련입니다. 관성의 다른 기본 속성인 명예, 권력을 생각해 보면 간단하게 이해할 수 있습니다.

　아울러 남명이라면 정사는 자식 글자가 되니 자식이 사회에서 잘 나가는 인물이 될 수 있음을 암시합니다. 지지에 강한 근을 갖고 천간에 드러난 간여지동 관성이기 때문이지요. 진토 상관으로 경금 정재를 상관생재하겠다는 것이요, 진토 속에서 무계합을 하고 계을 로 살인상생, 을무로 상관패인 관계를 이루고 있으니 편관 조직에 서 자격을 갖고 많은 동료들과 일하는 사람이 될 것임을 알 수 있 습니다.

진중을목은 사중경금과 을경암합을 이루고 있으니 재극인된 편인 으로, 을목을 충실히 갖출 때 옆의 경금 정재가 그것 덕분에 더욱 커질 수 있겠지요. 을경으로 간지합하니까요.

이렇게 사주 안에서 다른 글자를 중심으로 읽는 훈련을 하게 되 면 더욱 많은 정보를 볼 수 있게 됩니다. 궁성과 십성을 모두 참고 해야 합니다. 단, 그렇게 보이는 타인의 정보를 전부라고 착각해서 는 안 되겠지요. '나'의 운명을 다른 사람의 사주에서 읽는 어리석 음과 마찬가지이기 때문입니다. 모든 사람은 저마다 자기 사주의 주인이라는 점을 명심해야 합니다. 자기 사주로 자신을 보듯, 타인 의 운명은 그의 것으로 봐야 합니다.

그래서 가족 사주를 볼 때는 가족 구성원 한 명 한 명의 간명을 우선해야 하며, 전체를 종합적으로 보며 상호 보완적인 추가 정보 를 그 다음으로 읽어야 합니다. 가족 사주를 보면 인간이 철저히 인연으로 맺어진 존재라는 사실이 더욱 선명하게 구체적으로 다가 옵니다. 인연으로 맺어진 사이지만 그 안에서 애증이 교차하는 것 이지요.

참고로 '내 사주 내가 보기'와 같은 언뜻 그럴싸하게 들리는 논리 에 현혹되지 말아야 합니다. 어떤 사주든 구조적 분석을 자유자재 로 할 수 있는 수준이 되어야 정확하게 해석하고 통찰할 수 있는 것입니다. 자기 자신으로 살아온 유일한 존재이기에 인간은 스스로 를 안다고 착각합니다. 냉정히 따지면 자기가 어떤 존재인지 알고 사는 사람은 거의 없습니다. 명리적 깨달음을 얻은 후에나 가능한 일입니다. 파편적인 명리 이론을 접한 채 이른바 4흉신이 많거나 좋지 않다는 신살이 포진되어 있다고 비관적인 생각에 빠지는 경우가 흔합니다. 그것은 사주를 보는 것이 아니라 스스로 자신의 인생에 저주를 내리는 어리석은 행위입니다. 자기 사주를 제대로 간명하려면 타인의 사주를 정확히 읽을 실력을 갖추어야 합니다. 어줍잖은 이론 몇 개 적용하는 것은 명리학이 아닙니다. 그런 것을 명리학이라고 착각하기에 세상에는 난삽한 방식의 관법이 가득한 것입니다.

월간에 병화가 드러나 있습니다. 일간 갑목은 자월 정인의 사회에서 자신의 전문성을 드러내어 발휘하는 사람입니다. 자격을 가진 전문가요, 문화, 예술, 교육, 학문, 정보, 지식 등의 업계에서 일하는 사람입니다. 자신의 능력으로 사회의 어둠을 밝히는 모습입니다.

병화 식신의 출처는 시지입니다. 사회에서 배우고 익힌 것으로 개발한 자신의 전문 능력입니다. 만일 작가라면 자신의 작품을 사회에 드러내는 사람이지요. 화 식신이니 밝고 명랑한 작품 세계임을 알 수 있습니다. 청소년이나 아동을 위한 문학, 웹툰 등에 잘 어울립니다.

사람으로 보면 식신은 아랫사람이니 사회에서 획득한 정인 학위로 학생들을 가르치는 교육업에 종사할 수도 있습니다. 가르친 학생들이 사회에 드러나 명예를 얻거나 직장 생활을 하는 모습이 병자로 잘 나타나 있습니다.

이렇게 천간에 드러난 글자가 어디로부터 유래했는지 파악하는 것은 간명에 있어서 실로 중요한 일입니다. 단순히 원국에서 읽는 것에만 한정되지 않습니다. 대세운에 따라 천간 글자의 출처는 달라집니다. 운의 지지 글자에서 드러난 것으로 의미가 달라질 수 있다는 얘기입니다. 그래서 변화를 이해하지 못하고서는 올바른 통변을 할 수 없는 것입니다. 이 점에 대해서는 뒤에서 다시 얘기하도록 하겠습니다.

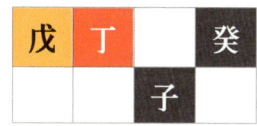

자월 편관월에 정화로 태어났습니다. 편관이 연간에 떴으니 근이 강력한 국가기관이나 전국적, 세계적 명예 등의 의미가 생깁니다.

정화가 혹독한 편관 사회를 살아가려면 이 편관을 제화할 무기가 있어야 하겠지요. 젊은 날 공부를 많이 하는 것이 1차적 과제입니다. 예를 들어 월간에 갑이 있다면 살인상생이 됩니다. '공부는 나의 힘'이니 학위를 취득하고 세상에 드러낼 스펙을 쌓아야겠지요.

지지에 정화의 근이 있거나 없더라도 대운에서 근이 되어 주며 정화의 역량을 강화하는 글자를 만나야 좋겠지요.

시간에 무토가 드러나 있으니 상관적 능력으로 연간 계수를 합으로 제화하며 끌어갈 수 있습니다. 국가 기관에서 근무하든가 일간의 언변, 재주, 재능, 기술적 능력으로 큰 사회적 명예, 권력을 누릴 수 있다는 것입니다. 마찬가지로 무토도 원국이나 대운에서 근을 만나야 힘을 받습니다. 아울러 상관패인의 구조가 될 때 무토 상관의 가치를 높여서 쓸 수 있겠지요.

기초를 잘못 익히면 비견은 우호적, 겁재는 적대적으로 생각하기 쉽습니다. 전혀 그렇지 않습니다. 지지 관계에 따라 비겁의 속성이 결정됩니다. 믿는 도끼에 발등을 찍히거나 뒤통수를 맞으면 많이 아프겠지요? 동지라고 생각할 정도로 믿었던 사람의 배신은 자칫 삶에 회의를 느끼게 할 만큼 뼈 아프게 다가옵니다. 별로 신뢰하지 않았던 사람이 배신한다면 "내가 그럴 줄 알았다" 정도로 넘어갈 일도, 오랜 친구의 배신은 깊은 상처를 남기는 법입니다.

비견이라고 영원히 우호적인 것이 아니오, 겁재라고 '나'의 것의 강탈을 삶의 목표로 삼는 것은 아닙니다. 지지 관계가 좋으면 일간의 성공을 돕는 큰 힘이 될 수도 있습니다.

특히 '등라계갑'이라는 표현이 있듯이, 을목 입장에서 갑목은 이로움을 많이 주는 존재입니다. 물론 지지 관계가 도저히 답을 찾기 어려울 만큼 적대적인 것이 명확할 때는 예외이겠지요.

겁재 갑목은 오화라는 상관적 능력을 갖고 있습니다. 재주가 많고 언변이 뛰어나며 용모가 수려하겠지요. 을목 일간은 정인을 깔고 있습니다. 자신의 입장에서 오화 식신, 갑목의 입장에서 오화 상관을 가치 있게 쓸 수 있도록 이론적 근거, 아이디어를 제공합니다.

갑목과 을목은 서로를 장생시켜 주고 있습니다. 일간은 정인으로, 갑목은 상관으로 서로가 잘 되기를 바라고 노력하는 입장입니다. 특히, 갑목은 해수에서 드러났으므로 을목 일간은 갑목에 대한 애정이 지대할 수밖에 없습니다. 해수는 모친을 뜻하는 글자이니 갑목은 형제와 같지요. 사회에서 만나는 갑목들을 그렇게 대한다는 것입니다.

아울러 오화와 해수가 지장간에서 갑기합, 정임합하니 둘의 사이가 각별할 수밖에 없습니다. 을목 일간이 갑목 겁재에게 아이디어를 제공했더니 갑목이 그것을 사업에 활용하여 번 돈 오중기토를 일간에게 보상해 주는 등의 모습이 그려집니다.

2 천간은 알림판이다.

　천간은 정신이자 심리, 지지는 현실이자 실체입니다. 사주 속의 우리 모습도 일지라는 육체를 가진 일간이라는 정신으로 존재합니다.

　그렇다고 천간을 허상으로만 보면 안 됩니다. 일간으로 표시되어 있는 우리 각자가 허깨비는 아니니까요. 천간은 동시에 이상과도 같습니다. 모든 인간에게는 저마다의 이상이 있지요. 현실화하고자 하지만 아직 현실화되지 않은 것이 이상입니다. 지지에서 갈고 닦아 축적한 인자는 천간으로 뜰 때 외부에 알려집니다. 그래서 천간은 하나의 알림판과도 같습니다. 이상의 실현입니다.

　먼저, 이상 이전에 인상의 개념을 알아야 합니다.

　사회에서 식신 전문성을 통해 돈을 버는 구조입니다. 일단 연주 기미라는 관에 인목 식신을 입묘시켜 일을 하다가 중년이 되면 술 미형하여 기미 조직을 벗어나고 인(오)술 삼합으로 자기 사업을 통해 돈을 벌고자 하게 됩니다.

　저렇게 연간에 정관이 있으면 이른바 바른 사람의 인상을 주게 됩니다. 남자라면 신사, 여자라면 요조숙녀의 느낌을 사람들에게 주게 되는 것이지요. 이미지 메이킹이라는 말은 달리 말하면 자신의 본모습을 있는 그대로 드러내는 대신 자신의 이익을 위해 타인에게 건네는 인상을 효과적으로 조작하는 것을 긍정합니다. 외모가 대접 받는 세상이니 세태를 비판하고 거부해 봐야 소용없는 일입니다. 하지만 겉으로 드러난 이미지에 현혹되면 불행해지기 쉽습니다. 예를 들어, 제비족은 매우 세련된 신사의 이미지를 차용하고 있으니까요. 지지를 제대로 살필 때 천간에서 받은 인상의 실체를 파악

할 수 있습니다.

월간에 임수 식신이 드러나 있으니 사람들에게 전문가의 인상을 줍니다. 하지만 그것의 근간은 상관이지요. 인성에 의해 적절히 제어되지 않거나 경금 일간이 관에 의해 통제되지 않는 구조라면, 언행이 매우 방종하고 방탕한 사람이기 쉽습니다.

남명이고 연간에 재성을 보고 있다면 여성을 유혹하는 탁월한 재능을 발휘하게 됩니다. 그런 말솜씨에 넘어갔다간 후회할 일을 겪기 십상이지요.

기본적으로 타인들이 받는 인상은 연월에서 결정됩니다. 따라서 이 구조는 월간의 편재를 바로 보고 있으니 돈 있는 사람, 돈과 즐거움을 추구하는 사람, 재미 있는 사람 등의 인상을 사람들에게 주게 됩니다.

실제로는 술토 편인 자신의 생각으로 자신이 하고 싶어 하는 자수 상관일을 하려는 욕망을 가진 사람입니다. 시간에 병화 편관이 있어 권력 지향적이고 자존심이 매우 강한 구조인데, 병화가 술토에 입묘하니 그런 성향을 의도적으로 감추려 합니다. 그런 모습이 겸손한 리더십으로 보이기도 하지요.

그런데 천간에서 재생살 조합을 이루고 있으니, 병화 편관에 대한 욕망이 식기 어렵습니다. 연월에 비겁이 있으면 그 열망이 더욱 강해지지요. 타인을 지배하는 사람이 되겠다는 것이며, 식상운을 만나 타인이 식상으로 자신의 편관을 건드리는 일이 발생하면 자존심에 상처를 입어 불같이 화를 내는 경우가 생기기 쉽습니다.

병화 편관이니 겉으로는 통이 크고 예의도 바르며 의리도 있어 보이지만 타인이 자신의 자존심을 건드렸다 싶으면 상관 기질이 폭발할 수도 있습니다. 이런 구조에서는 술토 편인의 수양과 공부를 많이 해야 하는데, 그것 대신에 자기 중심적인 사고로 무장되어 있으면 술중정화 정관으로 술중신금 양인을 지배하려는 기질이 매우 강할 수 있습니다.

우리는 권력 지향형 인물들의 내면이 매우 취약한 경우를 많이 접합니다. 특히, 일시에 관성과 인성을 가진 사람들이 공부를 하지 않아 아는 것이 별로 없는 상황에서 타인의 조언이 자신의 자격지심을 자극하거나 하면 크게 자존심 상해 하면서 적대적인 모습으로 돌변하는 경우가 생기게 됩니다. 공부를 하지 않았으면 마음 수양이라도 해야 하는데 둘 다 게을리했을 때 자신의 감정을 조절하지 못하는 일이 잦게 됩니다. 그래서 권력을 추구하는 사람들을 조심해야 합니다. 힘을 갖게 되면 그 힘으로 타인을 굴복시키려 하기 때문이지요. 때로는 영문도 모른 체 앙갚음의 대상이 되어 있기도 합니다.

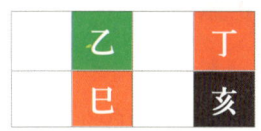

연지 정인 위에 식신이 있고 연주가 정임합의 간지합을 이루고 있으니, 국가 자격을 갖고 국가 자리에서 전문가로 근무하다, 해외에서 유학하여 외국에서 살아가다 등의 의미를 갖게 됩니다.

월지 지장간을 포함하여 월주에 식상이 없다면, 이 구조는 연지 해수 정인과 일지 사화 상관의 상관패인 조합 속에서 정화가 드러난 것이 됩니다. 해수 자격을 갖고, 해수 공부를 하여 사화 상관적 재주를 잘 제련한 후 식신으로 전문화하여 세상에 드러내 쓰는 것이지요. 화 식신이니 전문가로서의 일간의 말, 재능, 실력이 잘 보이게 됩니다. 국가, 해외 자리에서 쓰니 넓은 영역에서 능력을 발휘할 수 있음을 암시합니다. 아울러 사해충의 역마성 조합을 통해 올라왔으니, 한 군데 고정되어 있지 않고 여기저기 출장을 다니며 일하는 속성을 내포하고 있습니다.

이런 사주가 병오년 같은 해를 만나게 되면 사화 상관의 끼, 식신적으로만 일하느라 감춰 둘 수밖에 없었던 자신의 숨은 재주를 타인과 사회에 보여 주려는 강한 충동을 갖게 됩니다. 천간의 정화에 병화가 더해지니 화려한 조명들이 커진 것과 같아 유튜브를 통해 자신의 끼를 드러내 인정 받으려는 행동을 실천에 옮기거나 책을 출간하거나 공연이나 행사를 하는 등 바삐 자신의 표현을 외부에 노출시키는 활동을 이어가게 됩니다. 천간이 알림판인 이유이자, 이상의 실현인 까닭입니다.

사회의 비겁들에게 일시 인성을 제공하며 미신, 진유, 신(자)진으로 연결된 비겁다자 구조입니다.

일시 토 인성 속의 목들이 연월의 금에 상하고 연월 천간에 드러나 각각 절태지 위에 앉아 있으니, 상하는 생기를 임수 상관으로 상관생재하여 살리는 활인업에 어울립니다. 특히, 신사대운에 사신형으로 형살 조합을 이루니 의료인에 적합합니다. 실제로 의사의 삶을 살았습니다.

사회의 위태로운 재성을 생하는 조합을 자신의 말로 사회가 점차 잃어가는 즐거움, 웃음을 살려내는 것으로 썼습니다. 상관을 웃음 강연의 속성으로 사용한 것입니다.

대운에서 관이 말년에나 드러나는데, 그렇다면 유명세를 얻는 것은 한낱 꿈에 불과한 것일까요? 그렇지 않습니다. 세운에서 천간으로 오는 관성을 잡으면 순간적으로 유명해질 수 있습니다. 특히, 현대 사회는 미디어의 힘이 막강하기에 우연한 기회에 방송 출연을 통해 이름이 알려져 순간적으로 사업이 번창하여 지속되는 경우가 많습니다.

위 명식의 주인공도 기묘대운 정축년에 방송을 타서 일약 유명인사가 되었습니다. 임수 상관으로 정화를 합한 것이지요. 정화의 출처가 일지 미토이니 일간은 자신의 편인적 지식 속에서 유명세의 인자를 키운 것이요, 명예를 얻고자 하는 욕망을 품고 있었던 것이며, 그것이 천간에 드러났을 때 잡을 수 있는 무기가 있었던 것입니다. 천간의 흐름도 상관생재 재생관 관인상생으로 원국과 대세운이 조화를 이루는 시기였습니다.

그렇다면 합이 되지 않으면 잡을 수 없는 것인가, 이런 질문을 던질 수 있어야 하겠지요. 그렇지 않습니다. 위처럼 소통이 원활해지는 운이나 재생관, 재생살 운에 순간적으로 유명해질 수 있습니다.

웃음전도사, 행복전도사로 한 시대를 풍미하며 많은 국민에게 웃음을 선사했던 고 황수관 박사의 명식입니다.

06 모든 것은 변화한다.

1 글자의 의미는 고정된 것이 아니다.

사주팔자 각 글자는 포토샵 프로그램의 레이어layer, 층와 같습니다. 다층적인 의미를 갖는다는 것입니다.

갑인 식신으로 월주가 구성되었으니 전문가로 살아갈 운명이지요. 계축이라는 백호 프로페셔널들과 함께 국가자리의 축토 정관 조직에서 일하는 구조입니다. 축인암합으로 일간이 사회에서 비겁들과 함께하는 일이 긴밀하게 연결되어 있기 때문이지요.

식신생재로 월급을 법니다. 축토 정관과 유금 정인이 (사)유축 삼합으로 연결되어 있으니 유금은 국가 자격이요, 오행적으로 보면 오화 화기에 달궈진 금기가 인목을 치고, 공협되는 사화와 인사형 조합을 이루니, 상하는 생기를 보호하고 치료하는 의료인 직업성에 잘 어울입니다.

자신의 정인으로 국가자리의 축토 정관을 합으로 끌고와 시간에 올렸으니, 직장 생활을 오래하면 높은 자리에 오를 수도 있습니다. 여자 사주라면 축토를 직장으로 쓰고, 기토를 남편으로 쓸 수도 있고, 둘 다 직장으로 쓸 수도 있으며 마찬가지로 둘 다 남자로도 쓸 수 있습니다. 인간의 현실적 삶에서는 당연히 둘의 속성이 섞여서 함께 발현됩니다.

사화가 공협된다는 것은 오화 정재 외에 사화 편재적 돈벌이에 대한 욕망이 잠재되어 있다는 것입니다. 오유파로 정인이 재극인되는 조합이 있어서 문서 투자로 돈을 벌겠다는 충동도 있게 됩니다. 정인이 재극인되면 아무래도 순수한 마음이 탁해지는 문제가 있습니다. 물론 절대적인 것은 아닙니다. 투자법 등 돈 버는 공부를 많이 하여 자신의 노하우를 충분히 갖추고 있거나, 수양을 많이 한 중년이라면 충동적인 투기에 가볍게 흔들리지 않습니다.

인오(술) 삼합으로 술토 편관이 공협되면 축술형하니 직장을 그만두고 옮기고 싶다는 마음도 늘 갖게 됩니다. 계축과 일주 임오가 오축 원진, 귀문, 탕화의 관계에 있다는 점도 그런 마음이 사라지지 않게 합니다.

갑인은 자식, 후배이기도 하지요. 계수는 손위 형제이기도 합니다. 공부가 깊어질수록 글자가 가진 다층적 의미를 동시에 읽어 내어 통찰할 수 있는 것입니다.

여명이라면 기미대운에 기미라는 새로운 관으로 이직하게 됩니다. 축미충하니 기존의 관과 전혀 다른 성격의 직장이요, 인오합, 오미합으로 돈을 벌고자 하는 것입니다. 갑인이 기미와 갑기합, 인미 귀문(지장간 갑기합)으로 입묘하게 되니, 축토와의 인연은 끝나게 됩니다. 유금 정인과도 미유 격각을 이루니, 기존의 국가 자격은 쓰지 않게 되지요. 이렇게 운에 따라 일어날 일은 일어나게 됩니다. 뒤의 풍부한 사례를 통해 원국과 대세운의 변화를 통찰하는 것이 진정한 간명임을 이해할 수 있을 것입니다.

누군가는 기미대운을 남자의 속성으로도 쓸 수 있습니다. 운명이란 범주적으로 설계되어 있고, 디테일을 완성하는 것은 인간의 선택입니다. 포토샵의 레이어들 중 어떤 것을 위에 올리느냐에 따라 보이는 이미지가 달라지는 것과 같습니다. 단, 조화를 이루지 못하면 이미지의 모습이 우스꽝스럽게 보이듯이, 사주 원국과 대세운의 글자들의 의미를 긍정적으로 사용하지 못하면 바라지 않았던 일들이 일어나기도 할 것입니다.

학원업으로 성공한 여명의 명식입니다. 무인성 사주가 어떻게 교육 분야에 몸을 담을 수 있을까, 궁금해하는데 그치지 않고 답을 찾으려 노력해야겠지요. 물론 '무인성 사주라고 공부 못하는 것 아니다.'와 같은 하나마나한 얘기를 하면 안 될 것입니다.

초운이 인성운으로 흘러 학창 시절에 상관패인, 재극인으로 총명하여 공부를 하게 되며, 술중신금과 병신합하여 인성 에너지를 만들게 됩니다. 술토 돈의 사회 속에 들어 있는 직장에서 근무하면 인성 에너지가 만들어진다는 것이지요.

이런 사주가 중년에 임진대운을 만나게 되면 어떤 일이 벌어지게 될까요?

원국 지지와 지장간에는 수가 들어 있지 않습니다. 따라서 대운의 임수는 역시 대운의 진토 속에서 드러난 것임을 알아야 합니다. 이 진토는 을목 일간에게 정재이지만, 그 의미 단독으로 쓰이는 것이 아니기에 진술충, 진사합, (인)묘진 비겁 방합, 묘진천의 관계 속에서 그 의미를 파악해야 합니다. 이런 것이 진정한 사주 공부이지요.

사회의 을사와 상관생재하여 커지는 술토를 묘술합으로 끌어왔다면, 진대운은 술토 대신에 진토를 벌겠다는 의미입니다. 술토 돈을 벌 때는 묘술합으로 식상 에너지를 만드니 더욱 열정적으로 일을 하게 된다면, (인)묘진은 진토가 비겁화되니 이럴 때는 상관생재로 키운 돈을 비겁들에게 많이 나눠 주면 됩니다. 직원들과 형제들,

그리고 사회에 기부 등으로 돈을 쓰는 것이 좋지요. 부자들은 돈을 잘 쓸 줄 알아야 합니다. 잘 쓰면 그만큼 또 벌지요. 돈을 버는 시스템을 구축했기 때문입니다. 돈도 몸도 물질이라서 모으기만 하고 제대로 쓰지 않으면 몸이 상하게 됩니다. 이는 명리학을 공부하는 사람들이 반드시 알아야 할 매우 중요한 포인트입니다.

진토 기름진 봄 땅에서 드러난 임수 정인 문서가 병화를 수극화하니 문서 투자로 기토를 버는 형국이라서 부동산이나 주식투자하기 좋은 운입니다. 아울러 진중을목이 사중경금과 암합하니, 만학도가 되어 대학원에 진학하여 진중을목, 연주 을사 비견들과 함께 상관의 끼를 표현하는 예술 분야의 공부를 하는 운도 됩니다. 어떻게 활용할지는 사람의 선택에 달렸지요. 그런 선택이 행복으로 이어지게 돕는 것이 명리학적 조언입니다.

2 운명을 모르면 충동에 시달린다.

《논어》의 마지막은 공자의 다음 말로 끝납니다. 「不知命 無以爲君子也 不知禮 無以立也 不知言 無以知人也 부지명 무이위군자야 부지예 무이립야 부지언 무이지인야 – 명을 알지 못하면 군자가 될 수 없고, 예를 알지 못하면 설 수 없으며, 말을 알지 못하면 사람을 알 수 없다.」

공자가 '명命'을 어떤 의미로 사용했는지 의견이 분분합니다만, 지천명을 얘기했던 그를 생각해 보면 '천명'임이 분명합니다. 하늘이 우리 각자에게 내린 소명이 무엇인지 알 때 비로소 우리에게 덧없는 인생을 가치 있게 만들 수 있는 가능성이 열린다는 사실은 명리학을 공부하는 과정에서 명확해집니다.

여명입니다. 이런 구조의 사주가 경진대운을 만나면 시주에 있는 진토 상관 투자를 통해 돈을 벌고 싶어집니다.

진유합으로 시지 진토 사적 투자를 통해 유금 편재를 키우고 싶다는 욕망이 들끓게 됩니다. 직장에서 오화 비겁과 함께 쓰는 미토 식신 일을 통해 직장에서 받는 경금 정재 월급에는 만족되지 않기 때문이지요. 미유 격각으로, 사회에서 하는 전문적인 일은 일간이 추구하는 편재의 크기를 키우지 못합니다. 마음속에는 더 많은 돈을 벌고 싶다는 열망이 있게 되지요.

상관생재 조합의 경진대운이 오면 일지의 돈을 천간에 드러내 활용하게 됩니다. 경금이 갑목 정인을 극하니 정인에 재극인이 걸려 투기성이 작동하게 됩니다. 멀쩡히 회사를 잘 다니면서도 더 많은 돈을 갈구하게 되고, 이때가 아니면 큰 돈을 만질 수 없을 것 같은 투기성이 작동하게 됩니다.

원국에 정인 재극인 조합을 갖고 있거나 운에서 걸리면 주의해야 합니다. 공부를 많이 하고 사회적 지위가 있다고 해서 피해 갈 수 없습니다. 오히려 에너지가 추동하는대로 휘둘리기 쉽습니다. 그런 사람들은 자신이 똑똑하다고 생각하기 때문에 자신의 판단에 이상이 없을 것이라고 생각하는 경향이 강합니다. 적어도 동양철학의 깊은 사유를 익히고 수양했거나, 명리학을 깨달아 에너지가 일으키는 충동임을 간파하는 사람이 아니라면, 정인 재극인이 걸리는 시기에 투기성, 알코올이나 마약 경험 및 중독, 도박 등에 빠지는 경우가 흔합니다. 공부 밖에 모르는 순진한 선비가 이전에 경험해 보지 못한 즐거움을 접하고 헤어나지 못하는 꼴입니다.

진토 속에 乙癸戊가 있으니 상관패인하여 문서 투자를 하려는 것이고, 진유합 과정에서 을목 편인이 재극인되고, 진유합금으로 밑천이 불어나리라 확신하고 하는 투자입니다. 여기까지는 큰 문제가 없습니다. 문제는 시간에 갑목 정인이 드러나 있다는 점입니다.

임인년, 알고 지내는 남자의 권유를 받아 투자합니다. 임수 남자는 인목 식신을 깔고 있고 사유(축) 금 인성 자격과 지식을 갖고 있는 사람으로 투자 업계에서 일하는 사람이었습니다. 정임합목으로 관인상생의 조합을 만들어 내니 신뢰하는 사람이었지요.

일간 입장에서 보면 인목은 정인입니다. 정인이 재극인되는 해입니다. 임수 남자의 말이 곧 자기 생각과 같아지는 해이기도 하지요. 그래서 유금 밑천에서 경금 정재를 꺼내 올려 임수에게 금생수로 투자하면 천간에서 정인 재극인 당해 투기성 투자가 되는 것이요, 결국 돈 걱정으로 끝나게 됩니다. 허망한 결과를 만나게 되는 것이지요.

주식이든 부동산이든 코인이든, 투자와 관련된 분야에서 돈 버는 실력을 갖추지 못했다면, 함부로 실전에 뛰어들지 말아야 합니다. 특히, 자신은 모르면서 전문가라는 사람들의 말을 믿고 거액을 맡기는 어리석은 행위를 해서는 안 됩니다. 이 사주는 특히 귀, 청각을 상징하는 계수가 미토에 입묘하고 많은 비겁 에너지에 마르는 형국이기 때문에 남의 말에 잘 넘어가게 됩니다. 금생수 받으니, 돈 얘기만 나오면 귀가 쫑긋하는 기질임을 알 수 있습니다.

노자는 무위無爲로 하면 모든 일이 저절로 이루어진다고 말했습니다. 우리는 착각해서는 안 됩니다. 무위는 아무 일도 하지 않는 것이 아닙니다. 아무렇게나 하는 것도 아닙니다. 자기 분야에서 깨달음을 얻고 실력을 갖춘 사람이 굳이 억지로 할 필요 없이 순리대로 하는 것을 뜻합니다. 순리란, 인위와 작위가 없는 상태입니다. 밤이 지나면 아침이 오고, 겨울이 가면 봄이 오듯, 자연스러운 것입니다.

자격(자격증이 아닙니다)을 갖추기 전에는 무위를 실천할 수 없습니다. 《장자》의 '포정해우' 정도의 경지에 올라설 때 무위가 가능합니다. 그 전까지, 사주 원국과 대세운의 반응은 충동 에너지일 가능성이 압도적으로 높습니다. 이유는 간단합니다. 세상에는 성공하는 사람이 적고 실패하는 사람이 많습니다. 부자는 적고 빈자는 많습니다. 자신이 잘 알지 못하는 분야에서 큰 돈을 벌겠다고 나서거나 아예 타인에게 맡겨서 기분 좋은 결과를 만날 확률 역시 세상의 확률에 수렴할 따름입니다.

여명으로 몸이 강한 구조입니다. 몸매가 매우 좋고, 식신을 깔고 있는 정미일주라서 외모도 무척 아름답습니다.

무인성 구조에 해중갑목 정인이 지장간에서 재극인되어 있으니 공부와는 인연이 적습니다. 초운도 비겁과 식상 에너지가 강하게 들어오니 재성의 즐거움과 돈을 좇으며, 관의 통제를 거부하게 됩니다.

지장간의 금극목 구조에 식신 전문성을 쓰고 강한 재성 대운으로 흐르니, 미용사 자격증을 취득하여 애견 미용업에 종사합니다. 해(묘)미 목 삼합으로 미토에 모이는 미중을목을 금 가위로 자르는 것이지요. 미토 식신을 반려동물로 잘 썼습니다. 금극목 구조, 특히 화기에 금의 살기가 더욱 예리해지는 구조는 활인성 직업을 가져야 합니다.

연주 계해는 키가 훤칠하고 잘 생긴 남자를 선호한다는 것을 암시합니다. 이 남자는 해미합으로 연결되고 해중갑목 식상 에너지가 일지 미토에 입묘하니, 운명적으로 만나게 됩니다. 다만, 연주와 일주 사이에 정사 비겁이 있으니 이 남자는 바람기가 다분합니다. 일간을 만나기 전에 많은 여자와의 연애사가 존재한다는 것을 알 수 있습니다. 다만, 정계충 사해충으로 서로 밀어 내니 지지합을 이루는 일간과 인연이 되는 것이지요.

계해 남자 입장에서는 식상 에너지가 박하고 돈을 바로 보고 있으며 대운에서 인성 에너지가 강해져 재물 활동을 하지 않으려 합니다. 대신 돈을 벌고 싶은 욕망만 강해지니, 이것저것 돈 된다 싶은 것에 투자하는 행동을 보이게 됩니다.

신축년, 원국에 없는 축토 식신이 와서 사유축 삼합을 이루니, 사회의 정사 비겁들과 축토 식신 일을 해서 돈을 벌고자 하거나, 놀고 싶어 집니다. 재성 즐거움을 추구하는 것이지요. 축토 속에는 癸辛己가 있어 식신생재 재생살의 흐름으로 이어집니다. 비겁들과 열심히 축토를 쓰면 함께 하니 즐거운 것이요, 그 즐거움 속에는 다른 남자들 계수도 함께하기 마련입니다. 해(자)축으로 자수 남자들을 공협하기도 하지요.

축토 식신은 돈 창고이기도 한데 돈을 모아도 해(자)축으로 시지의 남자에게 묶여 관성국을 짜려 하니 남자에게 쓰느라 돈이 흐지부지 사라지게 됩니다. 축토 속 재생살이 암시하는 바 그대로이지요.

아울러 일지궁이 축미충으로 건들리니 연주와의 해미합이 깨지게 되고 시지와의 해축합이 연결됩니다. 천간 재생살 조합에 바람기가 강한 남편이니 이혼을 결심하고 실행에 옮기게 됩니다. 재생살 남편은 돈을 모아 밀어 주면 사업한답시고 홀라당 날리기 쉽습니다.

이렇게 인간사의 많은 일을 사주팔자와 대세운은 이미 품고 있습니다. 그런 에너지의 조합에 충동 당하지 않으려면 무위가 가능해질 때까지 노력해야 합니다. 공부하고 수양해야 합니다. 자격을 갖춰야 한다는 것입니다.

명리학을 배우고 익혀 명리산 정상에 선다고 해서 사주 속에 담긴 수많은 암시 하나하나를 모두 분석하고 대처하면서 사는 것은 아닙니다. 그럴 수도 없습니다. 인간이 해야 할 일은 명리적 지혜를 통해 소명을 발견하고, 발견한 소명의 큰 길을 뚜벅뚜벅 걷는 것뿐입니다. 충동은 후회를 낳지만, 지혜로운 행동은 복을 부릅니다.

우리가 선택해야 할 것은 자명합니다. 지혜로운 사람이 되는 것입니다. 자격을 갖추기 전에 무리수를 던지며 도전이라고 미화하지 않는 것입니다.

CHAPTER 03

사주해석의 실사례
- 부자 사주구조 정밀분석

01 부자 사주에 대한 이해

사람의 생년월일시로 만들어지는 사주팔자의 조합은 총 51만 8천 400개입니다. 태어난 해를 뜻하는 연주는 60간지 중의 하나이고 연주가 정해지면 태어난 달인 월주는 12간지 중의 하나가 되며, 생일은 60간지 중의 하나이고 두 시간 단위로 정해지는 생시는 12간지 중의 하나이니, 60×12×60×12=518,400의 계산식이 만들어집니다.

이를 우리나라 인구에 대입하면 대략 100분의 1이니 동일한 사주를 갖고 태어나는 사람은 약 100명 정도가 됩니다. 남녀는 대운이 반대로 흐르니 남녀 각각 50명이 하나의 사주를 공유하는 것이지요.

이를 세계 인구인 80억명에 대입하면 하나의 동일한 사주를 공유하는 사람의 수는 16,000명 정도이며, 남녀 각각 8,000명 정도가 됩니다.

재물편에 사례로 인용한 10개의 부자 사주는 우리가 익히 들어서 알고 있는 세계적인 유명인들의 것입니다. 이 예들을 활용한 까닭은 이들의 삶의 궤적과 이들이 부자라는 사실이 객관적으로 널리 알려져 있기 때문입니다. 사주 공부가 깊어지기 위해서는 먼저 이해의 과정이 필수입니다. 일반인의 사주를 예로 들면 '이 사주가 과연 부자의 것이 맞나?'라는 의구심을 떨쳐 버리기 어렵습니다. 사주풀이 실력이 충분히 깊지 않은 한 말입니다. 그러나 누구나 아는 인지도 높은 부자들 사주 명식에 대해서는 그런 불필요한 과정을 생략할 수 있는 장점이 있습니다. '왜 부자 사주인가?', '어떤 방식으로 부자가 될 수 있었는가?', '어떤 특징으로 구조가 짜여 있는가?'에 대한 해설에 집중할 수 있게 됩니다.

10개의 부자 사주 명식에 대한 해설은 진정한 사주 해석법을 익힐 수 있도록 집요할 정도로 상세합니다. 이는 고서는 물론 서점에 있는 수많은 현대 명리학 이론서들과는 차별화된 실전성을 여러분에게 제공합니다. 이 책에서 익힌 사주 해석법을 토대로 여러분은 여러분이 공부해야 할 명리학 이론이 무엇인지 알게 되며, 부족한 지식을 채우면서 이 책을 곁에 두고 반복적으로 읽을 때마다 엄청나게 향상되어 있는 여러분의 실력과 마주하게 될 것입니다.

여러분이 간과하지 말아야 할 것은 위에서 미리 언급한 숫자들의 의미입니다. 10개의 부자 사주는 각 8,000명, 총 80,000명의 다른 사람들의 삶을 범주적으로 대표하고 있다는 점입니다. 즉, 각 사주는 8,000개의 디테일 중 하나라는 것입니다. 저마다의 실제 삶의 내용은 모두 다릅니다. 오직 부자라는 범주적인 공통성만 갖습니다. 돈의 규모에 있어서도 천차만별일 수밖에 없습니다. 태어나 자란 국가와 사회 환경, 하는 일 등에 따라 액수에 차이가 생기는 것이 당연하지요. 그럼에도 부자가 되는 사주라는 점에는 변화가 없습니다. 물론 부자가 되기까지 매우 오랜 고난의 세월을 이겨내야 하는 구조의 경우, 부자가 되기 위한 전제 조건을 제대로 이행하지 못할 경우 부자가 되는데 실패할 수도 있습니다. 이는 내용에서 확인하실 수 있습니다.

직업도 세부적으로 저마다 다를 수밖에 없습니다. 다만 범주적으로는 유사한 것입니다. 이 점은 시리즈 후속편인 '직업편'에서 정확히 이해하시게 될 것입니다.

아울러 세계적으로 유명한 큰 부자들의 사주 구조를 통해 우리는 부자의 그릇이라는 개념을 사주적으로 이해할 수 있습니다. 확률상 누구나 세계적으로 명성을 날리는 억만장자가 될 수는 없는 법이니까요. 이 책에 해설된 10개의 부자 사주 유형을 통해 여러분은 아무리 큰 재물 그릇을 타고 났을 지라도 제대로 쓰지 않으면 상대적으로 적은 재물을 담게 된다는 점을 아시게 될 것입니다.

동시에 사주적으로 재물을 보는 눈을 뜨게 됨으로써 여러분 각자의 사주를 구성하고 있는 에너지들의 최적화 된 활용 방법을 깨닫게 될 수 있을 것입니다.

막연히 긍정적인 생각을 하며 살아가는 사람과 자신이 걸어가야 할 길과 그 위에서 나아가고 쉬어야 할 타이밍까지 이해하고 걷는 사람의 성취와 삶의 보람은 다를 수밖에 없습니다. 특히 부자들의 사주에 비해 재물을 창출하고 모으는데 저마다 약점을 갖고 있을 일반인의 사주를 감안한다면, 명리학이 제시하는 전략적 삶의 중요성은 더욱 크다고 하지 않을 수 없습니다.

명리학은 군자의 학문입니다. 진정으로 지피지기하게 해주는 학문이 그렇지 않을 수는 없는 것입니다. 요즘 말로는 리더의 학문입니다. 나를 알고 상대를 알고 세상의 흐름을 아는 사람이 리더가 되지 않기란 어려운 법입니다.

명리학 공부에 뜻을 둔 여러분이 이 책을 통해 명리학 공부의 바른 지름길과 만나는 행운을 누리시길, 동시에 부자로 거듭나는 전략 수립의 기회를 잡으시길 희망합니다.

> *대운 옆의 괄호 안에 표기된 숫자는 각각 대운수와 생년을 의미합니다. 대운 위에 숫자가 나열되는 기존의 표기 방식을 지양하고자 이와 같이 깔끔하게 표기합니다.

02 실전 사주 해설 – 부자 사주 구조

1 빌 게이츠

> 글쎄요, 스티브……. 내 생각엔 우리 둘 다 제록스라는 부유한 이웃이 있었고 내가 그의 집에 TV를 훔치러 들어갔다가 당신이 이미 훔쳐갔다는 것을 알게 된 것과 비슷한 것 같군요.
> – 빌 게이츠

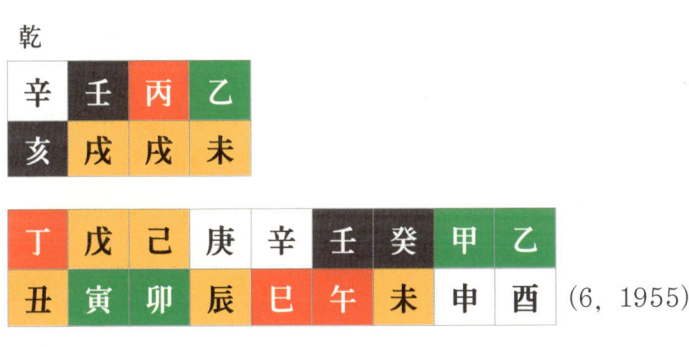

(6, 1955)

술월 편관 사회에서 임수 일간으로 태어났습니다. 편관은 기본적으로 힘든 에너지이지요. 하지만 그 편관을 제화하여 쓰게 되는 구조는 그릇이 큽니다. 기본적으로 큰 명예를 얻을 수 있는 것이지요. 태생적으로 큰 명예를 추구하는 성정을 갖고 있기도 합니다.

관성(정관, 편관) 월에 태어나면 일반적으로 조직생활을 경험하라는 의미가 됩니다. 월지는 사회를 뜻하는 자리이기 때문이지요. 그것과의 인연이 길고 짧은 것은 그 다음의 문제입니다.

술토 지장간에는 신금 정인, 정화 정재, 무토 편관이 들어 있습니다. 월지 술토 편관은 사회에서 조직생활을 경험하고, 고객들과 유대관계를 형성하며, 명예를 추구하라는 등의 기본 속성을 갖습니다. 명예를 현대적인 개념으로 이해하면 유명세, 브랜드입니다. 즉, 명예를 추구한다는 것은 유명해지려는 것, 세상에 알려지는 자신만의 브랜드를 갖고자 하는 것입니다.

월지 지장간은 일간이 살아가는 사회의 세부 속성이 됩니다. 즉, 무토 편관 조직에서 정화 정재를 획득하는데 재생살이 되니, 살인소통으로 재생살을 풀어주는 신금 정인의 역할이 매우 중요하게 됩니다. 성장기에 모친의 영향이 중요한 것이며, 학창시절에 공부를 많이 해야 합니다.

신금과 정화는 재극인의 관계로 두뇌가 좋을 수밖에 없습니다. 재극인은 정보, 지식, 생각, 아이디어, 문서 등의 인성을 현실적, 금전적으로 판단, 분석, 검증, 추론하거나 문서를 돈으로 바꾸고, 생각을 돈이 되도록 현실화하는 능력입니다.

다만, 정인은 학자의 속성을 가진 십성인데 신금 정인이 정화 정재의 재극인을 받으면 공부에 전념하는 대신 돈을 버는 길로 나아가려 합니다. 부정적으로 쓰이면 욕심을 부리게 되고 정도가 심해지면 투기성이 나타나게 됩니다. 그리하여 돈을 벌기 위해 양심을 속이거나 돈에 눈이 멀어 판단력이 흐려지는 등의 부작용이 생길 수 있습니다.

운에서 조합되어도 마찬가지입니다. 예를 들어 기토 일간인데 원국 천간에 정인 병화와 정재 임수가 있다고 하면 재극인의 속성을 갖고 있는 사람이지요. 그런데 세운에서 임수나 병화가 온다면 원국의 글자가 반응하여 재극인에 걸리게 됩니다. 갑자기 무리한 주식투자에 나서는 일 등이 이런 운에 일어나게 됩니다.

　그러나 이 사주는 초운에 인성이 강하게 들어와 술토 편관과 신)유술, 신(유)술로 인성 방합을 짜는 구조로 술중 신금 정인이 강해지니 부정적 개념의 재극인의 폐해가 일어나지 않습니다. 어릴 때 공부와의 인연이 깊어지게 되지요.

　술토가 편관이기는 하지만 술토를 만난 임수는 프로 근성이 강해집니다. 결코 편관의 에너지에 무너지지 않고 이겨내고자 합니다. 십이운성적으로 술토가 임수의 관대지이기도 하고 임술이 백호 간지인 만큼 투쟁성이 남다르기 때문이지요.

　술중 정화 정재는 즐거움의 인자이고 정화에는 전기의 물상이 있으니 명주는 월지 술토 속 신금 정인과 정화 정재의 화극금 조합을 신금 컴퓨터를 가지고 노는 데서 기쁨을 얻는 것으로 사용했습니다.

　술토 편관 사회에서 거침없이 살아가기 위해서는 술중 신금 정인 공부를 많이 해야 한다고 했습니다. 술토 사회 속에서 신금 정인과 병화 편재가 천간에 드러났는데, 신금 정인으로 사회에서 드러난 병화 편재를 합하여 가져오니 신금 정인 공부와 자격, 지식과 정보, 노하우 등이 얼마나 중요한지 알 수 있습니다. 항상 연월은 일간이 살아가는 공적 사회의 환경이요, 일시는 사적 환경임을 명심해야 합니다.

특히 술토는 시간 신금 정인의 관대지가 되니 사회의 편관(기업, 고객)들이 일간의 정인 신금의 근(뿌리)이 되어 줍니다.

술토가 일지에도 있어 임술로 투쟁성 강한 백호 일주를 구성했으니 일간이 직접 술토 속성의 회사를 차리면 신금 정인을 더욱 인정받게 됩니다.

또한 시간 신금은 일지 술토 회사에서 드러난 도장이니 회사에 대한 소유권과 돈 창고에 대한 권한이 일간에게 있다는 뜻이 됩니다.

연간에 을목 상관이 있습니다.

월간 병화와 상관생재 조합을 이루니 상관적 재주를 써서 돈을 버는 기질과 능력을 갖고 있습니다.

병화는 공적 사회의 무대, 시장과 같은데 편재이니 규모가 크다는 것이요 사업적 능력에 따라 매우 큰 결과물을 거둘 수 있는 가능성을 가진 시장입니다. 그것이 병화로 화려하게 드러나 있으니 누구나 아는 공정하고 투명한 성격을 가진 시장임을 알 수 있습니다.

시간 신금 정인과 상관패인 조합을 이루니 을목은 자격, 정보, 지식, 문화 등을 기반으로 하여 사용하는 수준 높은 상관입니다.

이 상관으로 연주에서 상관견관하니 직장생활보다는 개인사업의 방향이 어울립니다.

이 을목은 미토에서 올라온 것으로 미토 속에는 정화 정재, 을목 상관, 기토 정관이 있는데 을정의 상관생재와 을기의 상관견관의 속성을 갖는 상관으로서 천간에 드러난 것입니다. 돈을 벌고자 하는데 직장생활을 통해서 하지는 않겠다는 것이지요. 천간에 드러난 을목 상관이 병화 편재와 자연스레 이어지니 돈을 벌고자 하는 사업가의 행로로 이어지게 됩니다.

아울러 시지 비견과 해(묘)미 가삼합을 이루기 때문에 을목 상관의 속성은 더욱 강해지는 것이지요.

이렇게 관성 월에 태어나도 상관의 작용력이 강한 구조나 관성이 안정적이지 않은 구조에서는 직장생활하기가 원활하지 않습니다.

하지만 우리는 상관견관한다고 무조건 직장생활을 못하는 것이라고 착각하지 말아야 합니다. 관을 상대로 한 컨설팅, 감사, 로비, 외교 등의 직업에 패인된 상관을 쓰는 것만큼 잘 어울리는 것이 없기 때문이지요.

　이 사주는 연월지가 술미형하니 하나의 직장에 들어가 오래 머물기 쉽지 않습니다. 지장간에서 재극인된 정인 신금이 미중을목 상관을 상관패인하니, 돈 버는 법을 배워서 장사나 사업을 하기 좋은 것입니다.
　단, 아예 술미형의 상을 가진 직업을 가지면 달라집니다. 형살을 쓰면서 돈을 추구하니 변호사와 같은 직업성이 그 예가 됩니다.

　을목 상관은 연지 미토 정관, 시지 해수 비견과 해(묘)미 상관 가삼합을 이룬다고 했습니다. 지지에 묘목이 없으니 진삼합은 아니고 지지 묘목에 해당하는 천간 글자인 을목이 투간되어 있어 상관의 성향이 강력해진다는 것입니다. 그러므로 연지 을목 상관이 술토 편관에 입묘하다 가도 언제든 튀어나오니 상관을 쓰는 것은 일간에게 있어 운명적인 것입니다. 예를 들어, 을목이 연간이니 세계를 상대로 자신의 말을 할 수 있는 것이기도 합니다.
　임수 일간이 을목 상관을 써서 상관생재로 돈을 버는데 해수 비견들과 국가, 해외 자리의 미토 정관 기업들이 비즈니스적으로 연결되어 일간의 마케팅, 세일즈 활동을 뒷받침하는 것입니다. 월간에 드러난 병화 편재가 술토에 입묘하는데 힘을 가진 을목 상관이 병화를 지속적으로 생하며 돈줄이 마르지 않도록 합니다. 아울러 미토 정관이 술토를 형하여 병화의 입묘를 막아 줍니다.

또한 해수와 미토에서 드러난 을목의 성격을 지지 글자들 간의 지장간 관계 속에서 이해해야 합니다. 연월과 연일에서 발생하는 술미형은 상이한 성격의 기업과 기업들이 서로 경쟁하며 서로에게 영향을 주고 받아 끊임없이 수정, 변화, 발전하는 사회의 모습입니다.

이 상황을 시지 해수 비견이 해미합, 술해 천문 조합으로 잘 활용합니다. 사회에 존재하는 기업들간의 경쟁 관계와 무관하게 각 기업들을 고객으로 끌어들이는 것이요, 해중임수로 미중정화와 술중정화 정재를 벌어들이는 형국입니다. 이때의 해수 비견은 일간의 근이 되어 주는 동료요, 시지에 있으므로 아랫사람들 곧 직원들의 의미를 갖습니다. 임수 일간이 술토 편관을 갖고 있으니 토극수로 다스리는 비견들이지요. 하지만 강압적인 지배는 아닙니다. 술해천문으로 술토가 해수를 지원하는 관계이기 때문입니다.

이렇게 지지에 비겁이 있을 때 일간이 관을 깔고 있다면 리더형 구조가 됩니다. 어떤 유형의 리더가 될지는 일지 관성과 비겁들과의 관계 속에서 결정됩니다.

앞에서 살펴본 바와 같이 술미형하는 와중에 술중신금 정인이 미중을목 상관을 극합니다. 이는 상관패인의 조합이지요. 을목 상관의 마케팅, 세일즈 활동은 신금 정인의 정보, 지식 기반 위에서 이루어지는 수준 높은 지적 속성을 갖게 됩니다. 신금 정인이 정화 정재에 의해 재극인되므로 신금은 돈이 되는 정보, 지식이지요.

아울러 이 사주에서 을목은 소프트웨어의 물상으로 쓰였습니다. 이때 연월의 상관생재 조합은 소프트웨어를 팔아 매출을 일으키는 것이지요.

　술미형의 관계 속에서 미중을목 소프트웨어는 미중기토 기업들의 정화 편인 정보와 지식을 강화합니다. 미중기토의 정화 편인 정보와 지식 인프라는 술중무토 기업들의 정화 정인 정보와 지식 인프라를 보강하고 그것은 다시 술중무토 기업들이 술중신금 상관적 기업활동을 일간이 상관패인의 지식 기반 기업활동으로 쓸 수 있도록 영향을 미치는 것이지요.

　술중무토 편관 기업들의 술중신금 상관 활동은 술해천문의 관계 속에서 해중임수 비견들의 인성적 역량을 금생수로 신장시켜 줍니다.

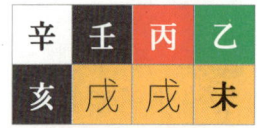

　임수 일간은 사회에 존재하는 술토와 미토 기업들 중 술토 유형으로 자신의 기업을 설립합니다. 신금 정인 정보, 지식을 무기로 정화 고정 수익을 창출하는 회사이지요.

　이 술토 회사 안으로 월간 병화와 대운의 재성들이 빨려 들어옵니다. 계미, 임오 대운은 관을 가진 계수 겁재와 해(묘)미 식상 가 삼합을 이루고, (인)오술 재성 삼합을 이루어 여타 파트너들과의 제휴를 통해 비즈니스를 키우고 큰 수익을 만들어 술토 창고 안에 집어넣는 형국이 됩니다. 부자가 될 수밖에 없지요.

신사대운, 사(오)미 재성 가방합을 만들고 사술 조합으로 사화 편재를 술토에 입묘시켜 빨아들여 더욱 많은 돈이 유입됩니다. 신금 정인 정보, 지식의 기치를 내걸고 돈을 벌어들이는 것입니다. 이 대운에 신금 정인은 사화 천을귀인 편재와 술토 편관에서 드러난 것이니 돈과 돈 창고에 대한 소유권을 일간이 갖는다는 뜻이 됩니다.

술토에서 드러난 신금 정인 생각을 해수 비견들과 공유하는 구조입니다. 해수와는 술해천문 관계를 형성하고 있지요. 사주에 술해천문과 진사라망이 있으면 봉사, 기부, 의료, 복지 등의 활인 관련 일을 해야 일이 잘 풀리게 됩니다. 그렇게 하라고 하늘이 내려 준 에너지이니까요. 하늘의 뜻을 저버리고 일신의 부와 명예만을 추구한다면 일이 꼬이고 지체, 지연되는 흉을 겪게 됩니다.

아울러 일간 대비 십성도 간과하면 안 됩니다. 함께 봐야 하지요. 술토는 일간 임수의 회사인데 술중정화 돈을 해중임수에게 정임합으로 지원하며 정임합목으로 해중갑목 식신의 봉사, 기부 관련 일을 활성화하게 됩니다. 동시에 술중신금 정인을 금생수로 전파하여 해수를 생해 주지요.

술해천문 관계 속에서 드러난 시간 신금 정인을 일간과 해수 비견이 공유하고 있으니, 이들은 하나의 철학, 사상, 정신, 마음을 갖는 것이요, 이렇게 다수가 인성을 함께 쓸 때 그 인성은 문화로 자리잡게 됩니다.

신사대운, 돈도 많이 벌지만 사술조합으로 재생살에 원진, 귀문이 작동하니 돈을 많이 버는 것이 무조건 행복을 안겨 주는 것은 아닙니다. 돈으로 인한 스트레스, 다른 여자들과의 애정사와 성적 집착 등의 부작용이 따라올 수 있습니다.

이때 재생살을 풀어주는 것이 사술조합 속의 인성입니다. 사중경금 편인과 술중신금 정인이지요. 원진, 귀문이 걸려 종교성, 철학성이 강합니다.

사화 편재가 술토 회사에 담기면 술중정화가 커지지요. 술중정화 현금과 술중신금 문서를 해수에게 넘겨주면 역시 재생살이 해소됩니다. 이것이 바로 기부의 상이 됩니다.

경진대운, 진술충으로 기존의 회사에서 멀어져 진토 재단에 전념합니다. 일간 임수와 해수 비견 모두 진토에 입묘하지요. 관에 입묘하면 해당 관에 집중하는 것입니다. 직장인이라면 회사 중심의 일상을 사는 사람이 되지요.

신금 정인은 진토에 입묘시키고 경금 편인의 기치를 내걸어 살인 상생하는 대운입니다. 재단을 키워 제3세계 특히 아프리카의 빈곤과 질병 퇴치에 막대한 자금을 기부해왔습니다.

하지만 경진대운은 일지 배우자궁 역시 충하니 부부 사이가 멀어질 수 있음을 암시합니다. 신축년, 진술축미 여러 기업, 기관들과의 복잡한 이해관계 조정, 법적 문제 등이 발생하고 그 과정에서 축토 관에 술중정화 정재가 입묘하니 이혼의 상인데, 축술형으로 드러난 시간 신금이 대운의 축진파로 진토에 입묘하니 결혼 문서가 사라지므로 배우자와 결별합니다. 재물편이니 이 정도만 하고 애정 문제에 대해서는 시리즈 후속 애정편에서 집중적으로 다루도록 하겠습니다.

신약, 신강 여부의 결정과 용신의 파악 등에 신경을 쓰면 명리학의 진수와 가까워지기 어렵습니다. 위 빌 게이츠의 사주는 일지에 재성 창고를 두고 대운에서 들어오는 수많은 재성을 담으며, 그 과정에서 재극인 된 무수한 돈 문서를 쥐는 구조입니다. 재성 현찰보다 인성 문서의 가치가 더 높습니다. 재극인된 문서는 돈을 품은 문서가 되고 그 관계가 화금 조합으로 술토에 모이는데 시간에 드러나 임수 일간과 연결되니 일간은 엄청난 현찰부자이자 문서 부자가 됩니다. 기업가에게 문서란 주로 주식이 되겠지요. 이는 마치 술월에 자연이 하는 일과 유사합니다. 수확을 마치고 죽은 신금 씨 종자에게 술월의 땅속에서 정화가 열기를 공급하여 부활시키고, 정화 에너지를 품은 뜨거운 신금은 다음달인 해월의 임수 속에서 부풀어 해중갑목 새로운 생기로 거듭나는 과정 말입니다.

술토에서 임수 일간으로 향하는 에너지의 흐름은 시지 해수 비견에게도 동일하게 일어납니다. 그렇기에 일간은 그토록 기부에 열정적일 수 있는 것이지요. 누군가는 남에게 빼앗기지 않으려고 꽁꽁 숨기는 반면에 빌 게이츠는 자신의 것을 비견에게 내보내는 것입니다.

이렇게 일시에 관성을 깔고 있으면 명예를 중시합니다. 연월에도 관이 매우 강하고 시지와 자연스럽게 연결되니 사회에서도 명예로운 인물들을 좋아하고 존경하기 마련입니다. 그가 고 김대중 전 대통령을 만났을 때 보였던 겸손한 태도가 그냥 나온 것이 아니지요.

2 스티브 잡스

> 때로 인생은 벽돌로 당신의 머리를 때릴 것입니다. 신념을 잃지 마십시오.　　　　　　　　　　　－ 스티브 잡스

乾

(6, 1955)

병화 일간이 인월 장생 편인 월에 태어났습니다. 편인은 필이 꽂히는 분야를 깊게 파고드는 오타쿠 기질이 강합니다. 고독하고 의심이 많아 태생적으로 종교적, 철학적 사유 능력을 갖고 있지요. 현실성과 즐거움의 인자인 재성의 자극을 받지 못하면 비현실적 상상과 몽상, 외로움과 우울에 빠지기 쉽고 불필요한 걱정과 고민에 사로잡히는 부정적 속성이 발현됩니다.

장생 편인 인목이니 크게 쓰면 외로운 젊은 사람들이 많은 사회로부터 사랑 받으며 그들의 우상으로 추앙 받을 수 있는 구조입니다.

인목의 지장간에 무토 식신, 병화 비견, 갑목 편인이 있으니 비견들과 함께 갑목 편인 지식을 익혀서 무토 식신 전문가가 되기를 요구하는 사회입니다. 가끔 도식이 걸리지만 병화 비견이 풀어주며,

도식은 일을 못하게 되는 것이 아니라 편인 전문 지식 기반의 일을 하는 관점으로 봐야 합니다. 그래서 편인도식 조합을 잘 쓰는 사람은 한 분야의 장인, 대가가 되는 것이지요.

또한 장생 편인에게는 후원자, 후견인이 있어야 하는데 일간에게는 떠오르는 아이디어나 의뢰 받은 일을 완벽하게 수행해 주는 천재 엔지니어가 있었습니다. 인목 속에 병화 비견이지요.

월지 편인 인목이 재성의 제화를 받지 못한데다가 연지 상관 미토와 귀문이 걸려 있으니 성격이 까칠하고 괴팍스럽다는 얘기를 듣기에 충분합니다. 시지에도 편인 인목이 있어 쌍귀문이 걸리니 그 성향의 정도가 더욱 강한 대신 천재적인 두뇌 작용에 기반한 기획력, 그리고 기획한 것을 상관적으로 응용하는 능력을 갖게 됩니다.

연월에서 귀문 걸린 편인과 상관에서 정인과 식신이 연월 천간에 드러났습니다. 정인 지식 기반의 전문적인 일을 세상에 표방하는 것입니다.

식신생재 조합을 이루니 지식 기반의 전문적인 일을 통해 돈을 법니다.

연간과 시간이 을경합하여 재성을 키우니, 지식, 문서, 인지도, 인기, 문화, 노하우, 콘텐츠 등이 돈을 크게 버는 재료로 쓰이는 것입니다.

월간 무토는 지지 모든 곳에서 드러났지만 일지 진토에 가장 강한 근을 두고 있으니 식신 고집이 매우 강합니다. 자기가 최고라는 생각을 하기에 말이 거침없고 자기가 하고자 하는 바는 무슨 일이 있어도 하려고 하는 기질을 갖게 됩니다.

인(묘)진 인성 가방합을 이룬 을목 정인의 극을 받는 무토이므로, 확실한 이론적 근거, 생각을 가지고 말하고 행동하고 지시하는 것이지요. 그렇기에 이 사람이 대중에게 선보인 무토 식신 프리젠테이션은 사전에 잘 짜인 하나의 공연과도 같이 철두철미한 기획에 따라 진행되었습니다.

일간은 모든 일에 있어서 명확한 성과를 추구하는 성과지향형 사고를 하게 됩니다.

을목을 소프트웨어, 경금을 컴퓨터의 물상으로 사용하였습니다.

기업가의 경우 식상은 부하 직원들이니 많은 목으로 토 식상을 극하는 것은 직원들에게 부드럽게 대하는 덕장형 리더가 아니라 용장형 리더라는 것입니다. 식상의 입장에서는 목이 관성이기 때문이지요. 일간의 생각인 인성 목들이 자신들을 심하게 옥죄는 것입니다.

특히 인(묘)진 방합으로 진토로 하여금 목으로 변하라고 하니 이는 마치 부하 직원들로 하여금 일간 자신의 생각과 하나 되기를 원하는 것과 같습니다. 여기에 인목 두 개와 쌍귀문 걸린 미토 상관 직원들은 일간의 '또라이 같은 생각'에 반발하게 됩니다.

무관성 사주에 식상이 강하니 정해진 사회의 룰에 따르기 보다는 자신의 편인적 상상을 정인으로 대중화하여 세상에 드러내어 누구나 아는 문화로 만들고, 그것을 토대로 돈을 벌고자 합니다.

어린 시절에는 정축이라는 겁재들과 어울립니다. 정축은 축토 식신 연구에 매료되어 몰입하는 존재이지요. 정화 겁재 입장에서는 축토 속에 계수 편관, 신금 편재, 기토 식신이 있으니 식신생재로 연구를 재미있어 하는 것이요, 연구 중에 발생하는 문제인 계수 편관을 기토 식신으로 식신제살하며 문제를 해결하는 데 일가견이 있는 것입니다.

축미충, 축진파, 축인 조합을 이루니 일간 입장에서는 정화의 식신 축토로 인해 다양한 일들이 벌어지며 축토 속 신금 정재에 의해 인성들이 재극인되니 편인의 인문학적 사유에 더해 데이터에 기반한 분석적 사고, 냉철하고 예리한 현실적 판단, 비판적 검증 등의 기질을 보유하게 됩니다.

이후 병자대운에 비견들과 (신)자진 관성 가삼합으로 회사를 설립하여 승승장구합니다. 병자대운 병진년, 일간을 포함 총 세 명의 공동창업이었습니다.

월지 사회의 편인을 끌어와 재극인으로 판단하니 일단 사업을 시작하면 매우 현실적이고 계산적인 사고를 하게 됩니다. 일반인들과는 차원이 다른 분석력, 추론 능력, 선견지명을 보유하게 됩니다.

이 사주의 돈을 시간 경금 편재로만 보면 근이 없어 중년 이후에나 돈을 번다고 착각하기 십상입니다. 실제로 이 사주의 주인공은 연봉으로 1달러만 받았고 나머지는 모두 지분, 스톡옵션 곧 주식으로 재산을 모았지요.

현대 사회의 신생 부자들은 창업가와 투자가로 크게 나뉩니다. 이들의 공통점은 주식으로 돈을 번다는 것이지요. 전자의 경우 초기에는 많은 적자를 내면서도 엄청난 투자 유치를 통해 시장을 지배하는 방식의 비즈니스 모델을 수립합니다. 성장성이 높은 영역의 경우 외부로부터 공격적인 투자가 이루어지고 훗날 기업을 공개하게 되면 지분평가액으로 단숨에 큰 부자 반열에 오르는 것이지요. 후자의 경우 지식과 문서에 기반한 투자(인성이 식상을 극하는 조합)를 통해 많은 돈을 법니다.

위 사주는 진토에 모이는 수많은 목 인성 문서들이 연간에 드러나 있는 시간 경금에 재인합으로 재극인되어 커지니 언제든 현금화가 가능한 높은 가치를 가진 문서인 것입니다.

이 사주의 주인공 스티브 잡스는 계유대운부터 지지로 금 재성이 와서 금극목으로 목 오행을 칩니다. 진토 안에 모이는 을목이 췌장의 물상이지요. 이럴 때는 돈의 에너지를 덜어 내야 합니다. 기부 등을 통해 재성 에너지를 끊임없이 사회에 환원했다면 건강 관리에 도움이 되었을 것입니다.

돈을 많이 벌면 부자가 되지만 돈을 많이 쓰면 진정한 부자가 됩니다. 하늘로부터 부자가 될 운명을 부여 받아 많은 돈을 벌었다면 진정한 부자로 거듭나기 위해 돈을 써야 합니다. 세상의 물질은 한정적입니다. 소수의 개인들이 거대한 재물의 탑을 쌓아 올린 동안 다른 한쪽에서는 수많은 사람들이 빈곤과 기아에 허덕이는 법이지요. 누군가가 부자가 되는 과정에는 많은 사람들의 직간접 노력과 헌신, 희생이 밑받침됩니다. 세상에는 아무리 노력해도 가난으로부터 벗어날 수 없는 구조적 한계라는 것이 엄연히 존재합니다. 이 점을 잊지 않는다면 이 세상에 와서 큰 부자가 된 사람들이 해야 할 일은 명확합니다. 세상에 돈을 환원해야 합니다. 그것이 자신의 건강을 지키는 가장 좋은 개운법이기도 합니다. 돈도 우리의 몸도 모두 물질이기 때문입니다.

*스티브 잡스의 성격과 기질, 직업성, 그리고 재물 상황에 맞는 시주는 경인 간지입니다. 서양 점성술 사이트에 따르면 그가 태어난 시가 무술시이지요. 하지만 그의 출생과 얽힌 이야기를 감안하면 시가 정확하게 기록되기 쉽지 않았을 것입니다.

3 워렌 버핏

> 가격이란 당신이 지불하는 것이고, 가치란 당신이 얻는 것입니다.
> – 워렌 버핏

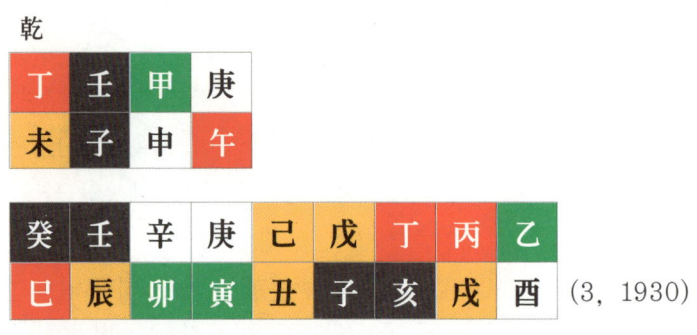
(3, 1930)

월지 편인격인데 월지 신금 편인에서 임수가 일간으로 드러났고 연간에 경금 편인이 드러나 국가자리, 해외자리의 편인성을 쓰는 사주가 됩니다.

편인은 재성의 제화가 필요하지요. 연지 오화 정재가 월지 신금과 연간 경금 편인을 재극인으로 제화하니 이는 국가자리와 해외자리, 그리고 사회의 편인 문서들을 분석하여 경제적 가치를 평가하는 분야와 밀접한 관련이 있게 됩니다.

갑목 식신이 월지 신금 위에 앉아 있으니 이는 편인적 지식과 노하우를 익혀 그것을 바탕으로 한 전문성을 쓴다는 뜻이 됩니다.

그런데 월지 신금은 갑목 식신의 절지요, 신금에 강하게 근을 내린 연간 경금이 갑목을 극하니, 물상적으로는 갑목 식신이 매우 위태롭게 보입니다.

주의해야 할 점은 이런 구조를 육체의 건강 차원에서만 접근하여 "몸의 어느 부위가 좋지 않다"고 단정하지 말아야 한다는 것입니다. 물론 명리적으로 건강 관련 정보를 읽어 내지 못하는 것은 아니지만 직업적 개운 등 개운의 방법이 얼마든지 존재하며, 사주 전체의 구조와 대운 에너지와의 조화를 통해 마치 병이 있는 것처럼 보였던 부분이 좋은 약을 갖게 되는 경우가 흔합니다.

특히 갑신 간지는 신중 임수가 절처봉생이 되니 임수 일간의 입장에서는 특수 정보, 특수 지식 사회 속의 비견들이 힘이 됩니다.

갑신과 갑경은 이른바 편인도식의 관계를 이루고 있습니다. 해당 부분만 확대 해석하면 '사회활동이 원활하지 않을 수 있다.'거나 '연월에 관성이 없으니 변변한 직장이 없다.'와 같이 엉뚱하게 풀이할 수 있습니다.

앞에서 본 것처럼 갑목은 사회에서 편인적 지식과 노하우, 그리고 자격을 습득하고 취득하여 사용하는 지식 기반형 전문성의 성격을 갖습니다. 그 갑목을 연주의 재극인된 경금 편인이 도식한다는 것은 국내외 시장의 허가를 받고 자격 요건을 갖추어 전문성을 사용해야 한다는 의미가 됩니다.

갑목의 식신 전문성은 재극인된 편인의 통제에 따라 식신생재로 돈을 벌기 위한 경제활동으로서, 명주는 이를 투자 행위로 사용했습니다.

오화는 정재인데 지장간에 병기정이 있으니 오중 기토 정관은 병화와 정화 자본을 가진 기업들이요, 경금은 일간의 입장에서 그들이 올린 문서와 같습니다. 재극인되어 있으니 오화 자본시장의 평가를 받은 증권의 속성입니다. 재성은 재물 활동이 이루어지는 무대이니 곧 시장이고, 증권을 다루니 자본시장이 됩니다. 편인 문서이니 정인 문서와 달리 아직 그 가치가 공식적으로 드러나지 않은, 잠재성을 갖고 있는 주식, 채권 등의 뜻이 됩니다. 편인에는 주관성이 많이 개입되기 때문이지요.

즉, 갑목 식신은 국내외 주식, 채권 시장에서 검증 받고 하는 투자 행위의 개념이 됩니다. 시장의 플레이어로서 활동할 수 있는 자격을 취득하지 않으면 안 되는 것이지요.

　월지 신금을 신자(진) 비겁 삼합으로 받아들입니다. 사회의 투자 이론 등의 지식은 물론 재극인되었으니 돈 된다고 판단 받은 문서들을 가져오는 것이지요.

　오신합 되어 있으니 신자합하면 오화 정재도 함께 딸려 오게 됩니다. 멀리 있는 큰 시장의 돈을 직접 가져오려면 자오충이 나니 주식이나 채권과 같은 문서에 대한 투자를 통해 돈을 버는 것이지요.

　임자 일주는 간여지동 간지로 그 뚝심과 고집이 가히 최고로 알려져 있습니다. 금수 조합으로 인성을 받아들이니 두뇌가 매우 총명한데, 재극인된 인성이니 돈과 관련된 현실적 분석과 판단 영역에서 진가를 발휘하는 영민함을 뜻합니다.

　아울러 월지 신금 편인은 일간 입장에서 십이운성으로 장생長生입니다. 지혜가 뛰어난 것이요, 부모나 사회의 윗사람들로부터 지지와 후원을 받는 복이 있는 것입니다. 물론 수용 능력도 그만큼 좋은 것이지요. 또한 여기에서 일단 문서를 쥐면 아주 오랫동안 장기투자하는 속성이 나오게 됩니다. 편인 장생이니 남들은 가치를 알기 힘든 회사의 주식에 투자하여 오랫동안 보유하는 것입니다.

　일지는 양인으로서 자기 자신의 주체성, 고집과 뚝심, 추진력 등을 뜻하기도 하지만 동시에 자신의 재물을 강탈하려는 도둑과 강도의 속성도 동시에 가지고 있습니다.

이 자수 양인을 미토 정관으로 제압하여 다스립니다. 미토는 지장간에 정화 정재, 을목 상관, 기토 정관을 갖고 있으니 상관생재 곧 외부에는 드러내지 않는 남다른 투자기법을 통해 수익을 내는 자기 소유의 투자회사입니다. 오미합으로 멀리 있는 시장으로부터 돈을 벌고, 미신합으로 문서를 가져오는 회사이지요.

신자합을 이룬 자수 양인들을 제압하니 자수가 갖고자 하는 신금 문서와 그에 딸려 있는 오화 돈을 미토 회사가 쟁취하는 것입니다. 제로썸 시장이니 돈과 문서의 주도권을 상실한 자수 양인들 입장에서는 미토와 자미 원진의 기분이 들 수밖에 없습니다. 원망하고 미워하고 시기하고 질투하는 마음이 드는 것은 당연하겠지요.

미토에서 정화가 드러났으니 돈을 버는 회사임이 분명하고, 정미는 양인 간지이니 회사가 많은 돈을 벌었다는 것을 알 수 있습니다. 그 돈을 일간이 정임합으로 취합니다.

물론 그냥 번 것이 아니라 실력에 기반한 투자활동을 통해 번 것입니다.

도식의 위험에 빠져 있는 갑목 식신을 일간이 살리려면 금기를 다 빨아들여 소화해야 합니다. 이는 많은 공부를 해야 한다는 뜻이 됩니다. 그러면 사회의 식신 생기들의 건강과 안녕에 더욱 보탬이 될 수 있지요. 이는 사람이나 반려동물을 사랑하고 보살피는 행위와 매우 관련이 깊습니다.

또한 오미합으로 회사가 벌어들인 돈 정화로 사회의 경금 편인을 재극인하니 도식되는 사회를 살려 희망을 선사하는 일을 하게 됩니다. 끊임없이 문서를 평가하고 투자하는 일을 지속하면서 말이지요.

사회의 식신들을 도와주면 식신생재로 재물이 더욱 커지는 선순환 구조를 갖고 있습니다.

정재의 꼼꼼함과 검소함이 편인 장생의 장기투자와 결합하여 매년 복리 이자 수익률을 누적시키는 명주의 투자기법을 탄생시켰습니다.

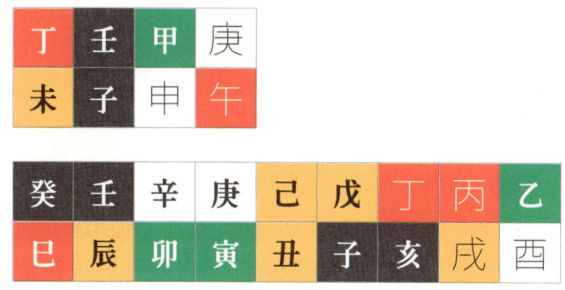

어릴 때부터 재극인으로 주식을 평가하는 법을 익히는 공부를 하면서도 식신생재로 실전투자를 통해 감각을 익히는 운입니다.

기업을 세우거나 인수하여 본격적으로 몸집을 불리는 운이요,

나이가 들어서도 투자에 대한 연구를 지속해 왔음을 알 수 있는 운입니다.

금수운으로 지지가 흘러도 금생수로 일주와 소통되고 수생목으로 갑목과 연결되니 갑목 식신이 상하지 않아 천간에서의 식신생재가 원활합니다.

인묘운에는 갑목 투자활동이 녹왕지를 만나 열정이 전혀 사그라지지 않는 삶을 살아왔습니다. 오마하의 현인, 워렌 버핏의 사주구조입니다.

명리적으로 그의 사주가 건강함을 유지할 수 있는 가능성을 매우 크게 가진 구조는 맞습니다. 그러나 그의 건강에 가장 큰 영향을 미치는 점은 그가 꾸준한 기부를 통해 자본주의 사회로부터 받은 혜택을 환원하고 있다는 것입니다. 20세기 자본주의 시대를 미국에서 태어나 살지 않았더라도 그의 성공이 현 수준에 이르렀을 것이라고 장담할 수는 없습니다. 어떤 인간도 시대적 환경의 영향에서 자유로울 수 없기 때문이지요.

재물처럼 인간의 몸도 물질입니다. 부자가 끝없는 탐욕으로 돈을 벌어 축적하는 데에만 몰입하면 반드시 몸이 고장나게 되어 있습니다. 대신 버핏처럼 부자가 돈이라는 물질을 사회에 되돌려 주는 행위를 지속하면 그만큼 몸이라는 물질이 보호 받게 되어 있습니다. 이것은 하늘의 이치입니다. 위 사주 역시 기부 활동인 그의 갑목 식신 활동이 그의 몸의 생기와 건강을 지켜 주는 핵심적인 원동력으로 작용합니다. 베풀고 나누는 것은 자기 자신을 더욱 건강하고 활기차게 지키는 비결임을 알아야 합니다.

건강하게 오랫동안 부를 향유하며 풍족한 삶을 조금이라도 더 누리고 싶은 부자들이라면 버핏의 개운법을 권하는 바입니다.

4 조앤 롤링

> 가장 어두운 시절일지라도 불을 켜는 것만 기억한다면 행복을 찾을 수 있습니다.   - 조앤 롤링

坤

 (3, 1965)

....

병화 일간이 미월에 태어났습니다. 상관의 성격을 가진 사회이니 남과는 차별화되는 자기만의 재능 하나 정도는 제대로 개발해서 갖고 있어야 사회에서 쓰임이 있게 됩니다.

또한 미월은 병화의 쇠지입니다. 관대지와 반대되는 성향으로 어려서부터 애늙은이 소리 들을 정도로 성품이 차분하고 온순하며 인내심이 강하고 정신적인 사유를 좋아하는 등의 특성이 있습니다.

미토 지장간에는 정화 겁재, 을목 정인, 기토 상관이 있는데 곧 정화 겁재들과 함께 을목 정인의 학문, 문화, 예술 분야에서 기토 상관적 재능을 발휘하는 사회인 것입니다. 상관패인이니 학문, 지식, 정보, 글 등을 기반으로 한 창의적인 일의 범주에 드는 직업을 갖는 것이 바람직합니다.

　미토는 사화 비견과 사(오)미 방합을 짜니, 사회에는 미토 상관을 쓰는 비견들이 많은 것이요, 지장간에서 을경합하니 사화 비견들은 자신들의 상관 재주를 가치 있게 만드는 미중을목 정인의 쓰임을 높일 때 사중경금 재물을 키울 수 있습니다.

　미중기토가 시간에 무토로 올라왔으니 일간은 사화 비견들의 상관 미토를 익히고 모방하여 자기 것으로 만드는 노력이 필요합니다.

　미토 속 지장간의 에너지가 천간에 모두 드러났으니 명주는 자신이 살아가는 사회의 주 속성을 모두 활용하면서 살아갈 수 있는 가능성을 가졌습니다.

　만일 사회가 갖고 있는 인자들을 사용하기 어려운 구조라면 사회와의 소통과 상호작용이 원활하지 않은 것이요, 사회에서 성취를 이루기 위한 에너지를 스스로 만들어 써야 하는데 이것이 말처럼 쉬운 것이 아닙니다. 지난한 노력이 필요한 것이지요. 노력한다고 다 되면 인생이 아니니 사람의 삶엔 늘 고통이 함께하는 법입니다.

　그래서 월지 지장간 글자들이 천간에 드러나지 않은 사람은 대운에서 월지 지장간 속 에너지가 들어올 때를 잘 활용해야 하는 것이지요. 꼭 필요한 에너지가 인생 후반에 들어오는 사주들도 많습니다. 그런데 사람마다 말년의 복을 대하는 태도도 저마다 다릅니다. '그때까지 얼마나 더 고생하란 말이냐?'라고 부정적으로 생각하는 사람이 있는가 하면 '노력한 보람이 있게 되어 참으로 다행이다.'와 같이 긍정적으로 생각하는 사람이 있지요. 전자와 같이 반응하는 사람들은 인생의 황혼녘에도 별다른 복을 누리지 못할 가능성이 높습니다. 고생은 누구나 다 하는 것임을 안다면 고생의 대가가 주어지는 노년이란 하늘의 축복과 같은 것이지요. 지혜로운 사람만이 그 의미를 알고 감사하게 수용할 줄 압니다. 그리고 노력을 지속할 동기로 삼습니다. 다 늙어서 편해져 봐야 무슨 소용이냐는 마음을 갖는다면 다 늙어서도 편해지기 어려운 것입니다. 복이라는 것도 다 자신의 노력을 통해서만 획득되는 것이기 때문입니다.

그 중에서 을목 정인은 국가, 해외 자리에 있으니 유명인이 된다면 국제적인 명성을 얻을 수 있음을 암시합니다.

기본적으로 미토는 사화 비견의 것이기에 미토에서 드러난 을목은 사화의 것이지만 이 사주는 일시의 술토에 연주를 입묘시키기 때문에 명주가 자신의 술토 식신으로 비견을 제압하고 비견이 미토 상관적 재주를 통해 얻은 정인 인기까지 모두 자신의 것으로 만드는 구조입니다. 따라서 때가 되면 을목 정인은 일간 병화의 것이 되는 것입니다.

학문에 대한 관심과 공부, 독서, 국가적 자격의 취득 등이 발전을 위한 중요한 밑천이 됩니다. 관인상생으로의 흐름을 만들 수 있기 때문입니다.

정인 공부이니 순수학문, 대중적 학문 등의 속성을 가지며, 을목이니 사람에 대한 공부, 활기차고 생명력 넘치는 생각, 이전에 없었던 새로운 사상이나 소재 등 다양한 파생적 의미를 갖게 됩니다.

미중을목과 연간 을목에 대해서는 하나 더 이해해야 합니다. 술미형을 통해 미중정화 겁재들의 생각인 을목을 술토에 입묘시켜 일간의 생각으로 만듭니다. 미중을목은 연지 사화 겁재와 을경암합하고 술중신금에 극 당하여 재극인되니 연간 을목은 곧 사회의 많은 사람들의 생각과 상상을 수용하여 현실화하고 돈으로 바꾸려는 속성을 가진 정인적 콘텐츠이기도 합니다.

시간 무토는 식신으로 월지 미토 뿐만 아니라 사화 비견과 일시지 술토에서 드러난 것입니다. 근묘화실로 보면 어린 시절부터 배우고 경험하며 터득한 식상적 재주, 전문성을 자기만의 것으로 완성하여 선보인다는 의미가 있습니다. 병술 백호 일주에 시주가 무술 괴강이니 그 식신적 표현은 일반인의 능력을 크게 상회하는 프로페셔널한 것임을 알 수 있습니다.

무토는 일시지 술토에 입묘하게 되니 일간의 식신적 표현(명주는 글쓰기로 사용)이 세상에 드러나지 못하고 좌절되는 경우가 생기기 쉽습니다. 병화 일간 자신도 술토에 입묘하니 아무리 글을 써도 사람들이 알아주지 않는 기간을 필수적으로 갖게 됩니다. 술미형으로 술토가 동할 때마다 그런 일이 벌어지는 것이지요. 이미 을목 정인 인기를 누리는 기존 작가들인 사화 비견들의 상관적 작품과 비교 당할 때마다 인정받지 못하는 일이 벌어지는 것입니다.

따라서 앞에서 얘기한 대로 사화를 술토에 입묘시키면 곧 자신의 식신 작품으로 기성 작가들을 압도하면, 자기 자신 및 무토 식신이 입묘하지 않게 됩니다. 이를 글자 조합으로 설명하자면 사화 화기가 술토에 입묘하면 술토 화개지가 가득 차게 되어 천간 글자인 병화와 무토, 그리고 연간 을목이 입묘하지 않고 세상에 알려지게 되는 것입니다.

근본적으로 미월에 많은 토 터전을 가지고 있고 사미술의 흐름(천간부터 보면 계을사미술)으로 열기를 술토 안으로 넣으니 병화 일간은 술토 묘지에 에너지를 빼앗기는 것이 아니라 술토 화로로부터 에너지를 공급 받는 형국입니다. 미월의 화기는 반드시 금을 키우고 싶은 열망을 갖게 됩니다. 병화 일간 입장에서는 글이라는 자신의 표현력을 통해 금의 결과물을 만들고 싶어 하는 것입니다.

아울러 사술 조합은 귀문이니 귀신 같은 창의적인 글솜씨는 기존의 작가들을 무릎 꿇게 할 정도로 대단한 것이기도 합니다.

한편, 술토가 일간 병화의 입묘지라는 것은 밖으로 나오지 않은 채 고독한 공간 속에 들어가 열심히 자기 능력을 연마함을 뜻하기도 합니다. 술중신금 정재가 있으니 금전이라는 현실적 성과로 연

결시키기 위한 능력 개발입니다.

술토는 연간 을목 정인의 입묘지이기도 하니 연지 사화 비견들의 생각과 사상, 학문과 이론, 문화와 예술 등이 모두 묻히는 곳이기도 합니다. 글쓰기 분야로 압축한다면 자기 앞사람들의 사유와 상상을 모두 끌고 와 그것을 토대로 자기만의 작품을 탄생시키기 위해 술미형으로 열심히 갈고 닦는 것입니다. 술미형의 과정에서 술중신금 정재가 미중을목 정인을 계속 자극하니 돈이 되는 작품을 쓰겠다는 마인드도 또렷합니다.

다시 한 번 정리하면, 사미의 관계는 을경암합으로 연결되어 있으니 사화 비견이 미중을목 생각을 미중기토 상관적 글쓰기로 써서 돈을 벌고자 하는데 미토를 술토로 형하고 비견을 술토에 입묘시킨다는 것은 다른 작가들의 생각과 돈을 모조리 일간의 식신적 글쓰기로 뺏어온다는 의미를 갖습니다. 경쟁자들을 압도하는 성취를 이룬다는 것이지요.

월지 상관에 간지 자체가 상관견관의 조합이고 계수 회사는 미토에 입묘하며 화기가 강한 구조이니 계수 정관이 버티기 어렵습니다.

일간 입장에서는 미토 상관으로 계수를 거부하니 직장생활을 하기 어려운 것이지요. 실제로는 직장이 바뀌거나 일자리가 없어지는 일들이 자주 발생하게 됩니다. 계수가 있는 월간은 부친궁으로 이론적으로는 경금 편재가 있어야 하는 자리이지요. 즉, 부친의 활력에너지인 계수가 미토 모친궁 위에서 버티기 어려우니, 부친은 계을사로 직장에서 상관생재하여 돈을 벌기 위해 자기 자리를 지키지 못하고 벗어나기 쉬운 상황입니다. 부모의 금슬이 좋기 어렵다는 것이지요.

월간은 16세에서 23세 정도의 시기이니 특별한 경우가 아니면 결혼하기 쉬운 연령대가 아닙니다. 정관이 드러났다고 해서 남편으로 먼저 보면 안 되겠지요. 육친은 그냥 궁위로 먼저 보면 됩니다. 그 다음 십성적 육친성이 원국에 있으면 그 글자의 상황을 보면 되고, 원국에도 없으면 대운에서 살피면 되며, 대운에도 없으면 해당 글자의 상황을 원국과 대운의 흐름에서 추론하면 됩니다. 이 사주는 사중경금 편재가 부친성이지요. 부친이 비견 속에 들어 있으니 역시 일간과의 인연이 불미함을 암시합니다.

물론 사주 원국의 글자는 다양한 층위의 의미를 가지니 나이가 들면 월간 계수도 남편성으로서의 역할을 하게 됩니다.

하나의 사주로 특수관계인을 모두 읽으려 하지 말아야 합니다. 만일 그것을 인정한다면 자기 자신의 사주가 아니라 자기 배우자나 자식의 사주를 통해 보이는 만큼의 자기 모습으로 자신의 운명을 해석하는 것에도 동의한다는 뜻인데, 누구도 그렇게 불완전한 방식으로 자신의 운명적 범주에 대해 설명 듣기를 원하지는 않습니다.

십성적 관계를 통해 심리와 가치관, 성격, 발전의 가능성과 규모, 재물과 명예의 정도, 사회성, 직업성, 인간관계, 애정 인연 등을 살

피게 됩니다. 이를 주로 하되 여기에 월지 시공의 특성을 자연법적 관점에서 읽는 것도 필요하고, 각 글자들의 오행적 속성을 감안하는 것도 중요합니다. 그 속성은 항구한 것이기 때문이지요. 그런 속성들을 가진 글자의 조합에서 인간 세상의 물상을 떠올리는 능력의 지속적인 개발도 필요합니다.

무토 식신을 작가의 창작 곧 집필로 보면 무토를 장식하는 을목 정인은 글에 담기는 내용이며 계수는 그것을 생하니 상상력과 같은 것입니다. 수水라는 오행이 가진 이러한 속성은 결코 바뀌지 않습니다. 다만 임수와 계수의 차이가 있을 뿐이지요.

참고로 천간 10글자 중 갑정기신임은 음의 영역, 을병무경계는 양의 영역으로 구분할 수 있습니다. 우리가 발 딛고 사는 땅의 표면을 기준으로 보면 음의 영역 글자는 지하에 걸맞으며, 양의 영역 글자는 지상에 어울립니다. 명주의 천간은 모두 양의 영역 글자들로 이루어져 있음을 알 수 있지요. 따라서 명주의 글은 밝고 따뜻하며 화려한 느낌을 갖게 될 가능성이 높은 것입니다. 이를 물상적으로 보면 명주의 글쓰기는 무토라는 거대한 땅 위에 계수 상상력을 발휘하여 을목이라는 생명체들과 생기 넘치는 사람들 특히 어린 아이들이나 젊은이들을 등장인물로 창조하고 그들의 성장 이야기를 채워가는 방식이 됩니다.

만일 계수 주위에 금 오행이 있는 구조라면 금을 물감 물상으로 써서 병화 빛을 받아 화려한 색의 스펙트럼을 갖게 된 금 물감을 물에 풀어 무토 도화지에 채색하는 화가, 그래피티 아티스트 등의 직업 물상이 나오게 됩니다. 계수 대신 경금 컴퓨터의 물상이 가미되면 디자이너, 금 물감과 을목 옷감의 물상이 계수와 함께 있으면 염색업자 등의 특성을 보이게 되지요. 공부를 하면 할수록 글자들이 만드는 물상에 대한 이해도가 높아질 뿐만 아니라 그 과정에서 놀라운 사유력의 증진을 이루게 됩니다.

무계합은 그 자체로 무토 식신 글로 사회의 명예를 합해 가져오니 글을 써서 유명해진다는 뜻이 됩니다.

정해대운, 해수 조직에서 일하는 정화 겁재를 만나게 됩니다. 병화를 도와 병화의 무토 식신을 생해 주는 겁재이지요. 천간에 드러난 겁재에게 계수는 편관이므로 병화 일간에게 유리한 운입니다.

해수 편관은 해(묘)미 인성 가삼합을 하니 일간에게 해수는 사회의 상관 이야기들을 엮어 인성 비즈니스를 하는 출판사의 물상이요, 사화 비견은 사해충으로 멀리하고 술해로 연결되니 일간의 글을 받아들이게 됩니다.

술해 천문은 병화가 입묘하는 인오술 삼합의 화개지 술토가 양의 세계를 마감하고 해자축으로 이어지는 음의 세계의 기점이니 명주

의 글은 이승과 저승, 현실과 판타지를 넘나드는 특징을 보입니다. 해(묘)미 삼합의 왕지 묘목이 연간으로 올라간 을목을 술토에 입묘시켜 담고 술미형하면서 글의 내용을 만들어가지요.

사술 귀문 역시 글의 내용에 있어서 일반 작가들의 것과는 차별화된 신비로움, 기묘함, 환타지성을 담을 수 있는 속성입니다.

계수는 해수라는 강한 근을 만나게 되고 해미합으로 공협되는 묘목의 장생도 받게 되니 미토 묘지 위에서 고갈되는 형국이었던 계수 상상력이 폭발하게 됩니다. 수 오행의 기본적인 속성은 정신성입니다.

계수 상상과 공상을 무토 식신으로 합하여 끌어와 글로 표현했습니다. 무토는 사화, 술토, 술토에서 드러난 것이니 여러 권의 책이요, 을목은 술미형, 술미형의 가공 과정을 통해 미중 을목에서 드러난 것이니 그림처럼 끊임없이 쓰고 고치며 정제한 것입니다. 을목도 목 삼합의 근을 갖게 되어 풍성한 내용의 글을 쓰게 됩니다.

병화로 계수 어둠의 공상 세계를 화려하게 채색했습니다.

이는 다름 아닌 이전 대운인 병술 복음 대운에 끊임없이 자기 실력을 키운 덕분인 것입니다. 복음운은 고통 받는 운이라기보다 고통을 감내하며 자신을 업그레이드하는 운의 개념입니다.

술해의 연결을 통해 명주의 술토 식신 글이 해수 편관 출판사를 만나게 되면서 술중 신금 재성은 해중 임수 출판사를 통해 폭발적으로 불어나게 됩니다. 해수 출판사는 그 돈을 벌고 명주는 술중정화로 정임합하여 큰 명예와 인기까지 얻는 운입니다. 술중정화는 일간의 겁재이니 명주의 불굴의 투쟁심 덕인 것이지요.

연지 비견을 해수가 제압하면서 벌어들이는 돈이니 그 액수가 어마어마한 것입니다. 사주의 범주를 매우 크게 사용하여 에너지의 잠재력을 극대화하면 동일한 사주라도 재물적, 명예적 성과에 큰 차이가 있게 됩니다.

해리포터의 어머니, 작가 조앤 롤링의 사주 구조입니다.

"사주가 같은데 왜 다른 삶을 사나요?" 어떻게 해서든 명리학을 비과학적인 미신 수준으로 깎아내려야 직성이 풀리는 사람들이 흔히 하는 질문 중의 하나입니다. 이 질문을 받으면 저는 이렇게 대답합니다. "나무 아래에 서서 나뭇잎들을 올려다보세요. 그럼 알게 됩니다."

조앤 롤링과 같은 사주를 가진 많은 여성이 있을 것입니다. 하지만 전 세계에 여러 명의 조앤 롤링이 있다는 얘기는 듣지 못했습니다. 왜 이런 차이가 생기는 것일까요?

운명은 하나의 큰 범주範疇, category라는 사실을 명심해야 합니다. 그 범주 내에서 누군가는 최상의 삶을, 누군가는 최하의 삶을, 대부분은 보통의 삶을 살게 됩니다. 아무리 발버둥쳐도 범주를 뛰어넘을 수는 없습니다. 부자 사주로 태어나면 타인보다 많은 돈을 벌게 됩니다. 그것이 범주입니다. 노력과 선택에 따라 부의 규모에 차이가 생길 뿐입니다. 그 차이를 결정하는 노력과 선택이 '운명의 여백'입니다. 운명이라는 범주는 누구에게나 그 여백을 부여했습니다. 그 여백을 발견하고 채우는 것은 각자의 몫입니다.

조앤 롤링은 갑신, 을유 대운에 금을 만나니 습작이라는 결과물을 통해 재능을 발휘하고 그 재능을 상상력을 키우는 원료로 사용했습니다. 갑신, 을유로 습작을 통해 생각이 점차 다듬어지는 물상입니다.

어린 나이인 만큼 재성은 돈이 아니라 즐거움입니다. 식상의 행위를 통해 기쁨의 크기를 늘리는 과정입니다. 재물적으로 어려운 시기입니다. 청소년 시기인 을유대운만 해도 일간이 일하면 그 대가를 사화가 사유합해서 가져가지요. 을목 정인이 재극인되어 학교 정규교육을 제대로 이수하지 못하는 경우가 되기 쉽습니다.

　일지궁 술토의 시기에 이르면 병화 일간은 술중신금을 병신합으로 취하게 됩니다. 술토가 두 개이니 물질 창고가 두 개 있는 셈입니다. 하지만 이것만으로 조 단위의 재물 규모를 설명하기 어렵습니다. 원국과 대운을 참고하면 술토들은 재물을 담는 것이 아니라 인성과 비견을 담는 인성고이자 비겁고의 기능을 하지요. 앞에서 설명한 바 있지만 사회의 비겁을 입묘시키고 비겁들이 가진 것들을 함께 입묘시키면 비겁들을 압도하는 사람이 됩니다. 그 자체로 부자입니다.

　재성 차원에서 조금 더 깊게 보겠습니다. 일주 시절인 정해대운, 특히 해운의 시기는 38세부터이니 일지의 시기와 겹칩니다. 엄청난 열기에 달궈진 많은 양의 술중신금은 해수 편관 출판사를 만나 엄청나게 부풀게 되는 것입니다. 그것이 자연의 술이라는 공간과 해라는 공간에서 일어나는 일이라고 했습니다. 술월과 해월에 자연에서 무슨 일이 일어나는지 열심히 생각해 보세요. 이런 것을 알아가는 것이 진정한 명리학 공부입니다. 자연에서 하는 일의 물상이 사주에, 그것도 해당 궁위와 대운이 기가 막히게 맞아떨어지며 나타나니 평범한 일반인의 것과는 차원이 다른 성취를 이룰 수 있게 되는 것입니다.

　운이 지나면 그 기운을 더 이상 쓸 수 없다고 흔히 알려져 있지요. 그렇지 않습니다. 나이 든 분들은 자주 "인생에 쓸모없는 경험은 없는 법"이라는 표현을 씁니다. 물질적인 성과로 이어졌든 이어지지 않았든 이전의 경험은 어떤 식으로든 삶에 녹아들게 되어 있고 그것은 삶의 자양분이 된다는 뜻일 것입니다. 대세운의 기운이 우리에게 날아왔다가 사라지는 것으로 생각하면 운의 바뀜과 함께 해당 기운과 영영 작별하는 것이라고 인식할 수 있습니다. 하지만 대세운을 우리가 지나온 좌표라고 발상을 전환하면 우리는 해당 좌표를 건너오는 동안 만난 좌표의 기운과 우리가 타고난 기운들과의 상호작용을 통해 일어난 영향을 반드시 우리 안에 축적시키게 된다는 개념을 이해하게 됩니다. 마치 우리들 삶의 경험처럼 말입니다. 어느 날 몸이 아프다면 그것은 갑작스러운 것이 아닙니다. 오랜 기간 동안 축적된 영향력의 발로입니다. 급성이라고 할지라도 마찬가지입니다.

제가 초보 시절 여러 사람에게 들었던 가장 황당한 종류의 상담은 "공부하는 것, 책 읽는 것이 돈 버는 데 도움 되는 기운이 아니니 공부와 책을 멀리할수록 좋다."와 같은 내용이었습니다. 다시 한 번 강조하지만 공부하고 독서하며 수양할수록 하늘이 인간의 삶을 피폐하게 만든다면 그런 하늘의 이치란 존재가치가 없습니다. 이런 어이없는 말을 조언이랍시고 받아들여 공부와 책을 멀리하고 돈 버는 데만 집중한다면 어느 날 그 사람의 삶에 위기가 닥쳤을 때 그는 어떤 지혜를 통해 그 위기를 슬기롭게 돌파할 수 있을까요? 힘들수록, 지금 당장 쓸 수 없을지라도 열심히 공부하여 꾸준히 실력을 연마하는 일은 인간이 유지해야 할 기본자세 중의 기본입니다.

지금 힘겨운 시간을 보내고 있다면 실력을 키우는 값진 시기로 삼아야 합니다. 견딤의 노력없이 힘겨운 시절을 단숨에 뛰어넘으려는 것은 공짜 근성입니다. 돈으로 낼 수 없으니 내 몸과 마음을 돈으로 쓰겠다는 마음가짐이 있어야 합니다. 가치 있게 쓸수록 많은 액수를 사용한 것이니 고통의 시간도 단축됩니다.

조앤 롤링의 삶에서 우리가 배워야 할 점은 '힘겨운 날에도 우리는 꼭 해야 할 일부터 해야 한다는 것, 그것에 에너지를 집중시켜야 한다는 것'입니다. "먹고 살아야 했기 때문에 배우고 싶었지만 배울 수 없었고 하고 싶었지만 할 수 없었다"는 핑계를 늘어놓는 미래의 자신을 만나고 싶지 않다면 말입니다.

누구나 조앤 롤링처럼 신화적인 스토리의 주인공이 될 수는 없습니다. 하지만 누구나 미래에 지금까지의 삶과는 다른 반전을 일으킬 수는 있습니다. 우리 각자는 운명적 이야기의 주인공으로 캐스팅되었기 때문입니다. 드라마틱! 주인공의 인생 이야기 중 이것보다 매력적인 표현이 있을까요?

5 탐 크루즈

> 나는 승리보다 패배로부터 더 많이 배운다고 생각하는 사람들의 견해에 동의하지 않습니다.　　- 탐 크루즈

乾

(1, 1960)

월지 정재에서 병화 편재가 천간에 드러나 병오 월주로 강력한 재성 사회의 속성을 갖습니다. 한마디로 엄청나게 많은 돈이 있는 사회인 것이지요.

재성은 시장이기도 하고, 활동 무대이기도 합니다. 그 재성이 병오 양인 간지로 매우 화려하니 방송, 연예, 영화, 인터넷, 유튜브 등의 속성이 강합니다.

　월지 오화 지장간에는 병화 편재, 기토 정관, 정화 정재가 있으니 기본적으로 사회에서 기토 정관 조직에 속해 정재와 편재적 속성의 재물을 벌어야 한다는 의미입니다. 그 중에서 병화 편재가 천간에 드러났으니 비정기적, 비고정적인 프로젝트성 대가를 위주로 수입을 올리는 직업성의 속성이 강합니다. 그리고 수입은 상당히 많을 수 있음을 암시하지요.

　연주와 일주가 동일합니다. 일간과 연간 둘 다 식신의 전문성을 쓰는 사람들이지요. 연주 임인은 일간 보다 앞에 있고 국가, 해외 자리를 뜻하니 크게 보면 전 세계적으로 일간과 동일 분야에서 일하는 사람들이 많다는 의미가 됩니다. 근묘화실의 시간성을 대입하면 그런 일을 오래 전부터 해온 선배들도 많은 것이지요.

　인오(술) 재성 삼합을 이루니 술토 편관 조직과 함께 식신 전문성을 발휘하는 비즈니스를 하면서 사회의 많은 돈을 버는 구조입니다.
　신(유)(술) 방합을 이루니 술토 편관 조직과는 계약 관계를 맺고 있지요.
　술토는 원국에 없이 공협된 조직이니 일과 계약에 따라 나타났다 사라지는 속성의 조직입니다.

시간 무토는 사회의 속성인 월지 지장간 중 기토가 음양을 바꿔 올라온 것으로 일간의 명예, 브랜드 등을 상징합니다. 물론 연월일지가 재성국을 이룬 상태로 재생관 재생살 된 지장간의 무기토가 올라온 것이기에 국제적으로 알려지는 브랜드의 속성입니다.

일간 옆에 있는 편관이니 일간의 것으로서 연간 임수 비견을 다스리는 관입니다. 즉, 일간의 명성이 비견들을 압도하는 것이지요.

아울러 재생살 구조이니 유명인의 사주에서는 부와 명예를 얻고 스타로 이름을 날릴 수 있는 인자가 됩니다.

일시 인신충으로 편인이 식신을 충하여 도식이 일어나는 구조이지요. 그렇다고 나쁘게 볼 것이 아닙니다. 일이 없으면 쉬거나, 쉬고 싶으면 쉬는 것도 도식의 의미이니까요.

자신의 식신 전문성을 완벽하게 만들기 위해 끊임없이 갈고 닦는 장인 정신의 속성이기도 합니다.

　사회의 재성에 의해 제화되는 편인이니 쉬다 가도 마음에 드는 돈벌이가 있으면 인오(술) 합으로 다시 현실의 일에 뛰어들기로 판단하는 것입니다.

　신중임수와 오중정화의 암합이니 일간은 몸을 쓰고 그 대가로 돈을 버는 것이지요. 더 정확히는 인오(술) 삼합의 에너지로 제화되는 편인이니 돈을 버는 일 중에서 어떤 일을 선택하는 것이 좋은가 분석하여 결정 내리는 역할을 하는 인성입니다.

　편관 편인으로 시주가 구성되어 있어 정신의 깊이를 추구하는 성향을 갖고 있습니다. 종교성, 철학성이지요.

　신금 편인이 일간의 장생지이니 그런 정신적 믿음을 통해 에너지를 충전하는 것이기도 합니다. 물론 아주 심하지는 않습니다. 일지와 사회의 재성이 합 되어 강해진 재성에 의해 재극인 되니 항상 현실적인 사고로 돌아올 수 있는 힘을 갖고 있습니다.

　식신의 에너지가 강하니 베풀고 나누고 보살피려는 성정을 갖고 있습니다. 자신이 좋아해서 그렇게 합니다. 인오합하여 재성과 합을 이루니 정재의 속성으로 사람들의 마음을 세세한 면까지 디테일하게 살피는 잔정을 갖고 있습니다.

자신의 일과 일에 대한 대가가 자신의 명예와 브랜드인 무토 편관의 강력한 근이 되어 주니, 자신의 이름에 걸맞은 프로페셔널한 책임감과 절제력을 보유했습니다.

일찍부터 시주를 작동시키는 대운의 흐름입니다. 재극인 되어 돈이 되는 문화, 예술계에서 이름을 알리게 됩니다.

시지 신금이 천간에 드러나 재생살 살인상생으로 많은 인기를 모으는 대운입니다.

인오(술) 삼합, 해인합으로 많은 돈을 벌고 비견들과 함께 많은 일을 하며 더욱 큰 인기를 누리는 시기입니다.

임자대운, 신자(진) 비겁 삼합을 이루어 일간이 양인의 강력한 근을 갖게 되고 그 에너지는 인목을 생하니 열심히 몸을 단련하여 강인한 체력을 바탕으로 정력적인 활동을 하는 대운입니다.

양팔통의 강력함도 있으니 관객들의 입을 떡 벌어지게 만드는 고난도 액션을 직접 소화합니다.

말년까지 꾸준한 활동을 이어갈 수 있는 구조입니다.

한국 팬들이 특별히 아끼고 사랑하는 톰형 탐 크루즈의 사주입니다. 그 역시 한국 팬들을 특별히 아끼고 사랑합니다. 탐에게 일지 식신은 연기이겠지요? 식신은 좋아서 하는 것이요, 좋아서 하다 보니 그 분야의 장인 소리를 들을 수 있을 정도의 전문가가 되는 것입니다. 웬만한 고난도 액션 연기도 직접 소화하는 그의 연기를 잘 대변하는 글자입니다. 거기에 인목 식신이니 늘 새로운, 새롭게 표현하는 연기의 속성입니다.

자신이 좋아하는 일에 장인 정신을 갖고 최선을 다해 임하며 사회로부터 큰 돈과 명예를 얻는 전형적인 식상생재형 부자 구조입니다.

6 제임스 카메론

> 상상은 실제로 현실을 드러내는 힘입니다. 당신 자신에게 한계를 두지 마십시오. 다른 사람들이 당신 대신 그 일을 할 것입니다.
> — 제임스 카메론

乾

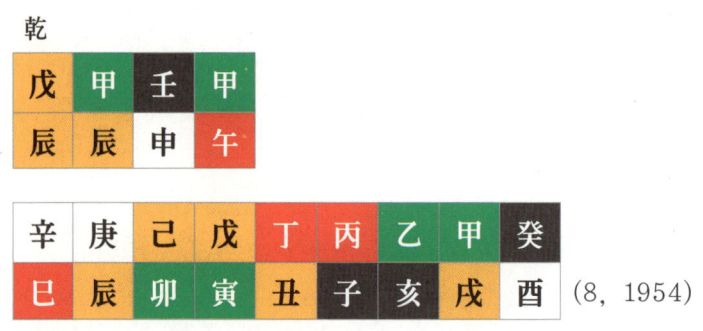

(8, 1954)

신월 편관 절지 **絶地**에서 태어났습니다. 기본적으로 편관월에 태어나면 가정과 관계 맺고 살아가는 사회의 환경이 녹록치 않다는 뜻입니다. 어차피 인간은 자신의 의도, 계획과 무관하게 현세에 왔지만 그 중에서도 편관월을 만났다는 것은 하필이면 가난한 집안, 억압과 폭력이 난무하는 전쟁터 같은 세상에 떨어진 셈과 같습니다.

하지만 인간은 포기하지 않는 존재입니다. 아우슈비츠와 같은 지옥에서도 끝끝내 인간의 존엄성을 지키는 사람들이 있는 법입니다. 힘들다고 포기하는 것은 쉬워도 의지력을 극한으로 끌어올려 난관을 헤쳐 나오는 것은 어렵습니다. 편관월에 태어난 이들은 그 어려운 일을 해내야 하는 숙명을 부여 받은 사람들입니다. 하지만 말처럼 쉬운 것은 아닙니다. 전쟁터에서는 목숨을 부지하는 것조차 어려운 과제인데, 먹고 살아야 하고, 먹여 살려야 하며, 뜻한 바 꿈까지 이루어야 하니 버거운 일이 아닐 수 없습니다.

편관월에 더해 절지이니 일간이 살아가기엔 더욱 버겁습니다. 자칫 내 것을 모두 빼앗길 수도 있는 광포한 사회요, 그 사회에 적응하며 살려니 눈치가 빨라야 하고 때로는 아부도 해야 하며 또 때로는 모든 것을 걸고 건곤일척의 승부를 겨루기도 해야 합니다. 인생이 어느 한 방향으로 극단적으로 흘러가기 쉬운 것이지요.

월지 신금의 지장간에는 무토 편재, 임수 편인, 경금 편관이 들어 있습니다. 재생살을 살인소통시키기 위해서는 임수 편인을 획득하는 것이 중요하다고 사회의 속성이 알려 주는 것입니다. 편관 조직, 편관 고객들로부터 먹고 살려면 특수 분야의 지식을 많이 배워야 하고, 전문가가 되기 위한 특수 자격을 취득해야 하며, 이왕이면 학문, 문화, 예술 분야에서 활동하는 것이 인생을 잘 풀리게 하는 데 유리하다는 것입니다.

월지에서 임수가 월간에 드러나 살인상생하는 구조가 되었습니다. 사회의 어려움을 극복하고 성공하려면 방금 앞에서 얘기한 대로 임수 편인을 쓰라고 사회가 알려 주는 것과 같습니다.

임수 에너지를 제대로 사용할 수 있다면 전화위복이 되어 사회가 일간을 도와 주는 입장으로 바뀌게 됩니다. 금생수로 살인소통해 주니 사회에서 큰 명예도 얻고 인기도 얻는 사람이 될 가능성을 갖게 되는 것이지요.

이 임수를 연간 갑목과 공유하고 있습니다. 국가, 해외 자리에서 이미 활동하고 있는 사람들과 같은 학문을 공부하거나, 동일한 사상, 문화, 예술 분야에 속해 있게 된다는 뜻이 됩니다.

여기에 더해 일간은 월지 편관 사회의 어려움을 이겨 내게 해 주는 무기를 하나 더 갖고 있습니다. 연간 갑목 비견과 함께 오화 상관으로 상관합살 하는 것이지요. 임기응변, 자신만의 특출난 재주, 언변 등으로 난관에 적극 대처하는 것입니다.

대학을 중퇴한 일간은 트럭 운전, 만화가 어시스턴트 등의 일을 전전하게 됩니다. 월지 신금은 트럭의 물상이요, 연지 오화 상관은 화극금으로 신금을 자극하니 트럭을 운전하는 것이며, 신중임수가 드러난 신(자)진 삼합은 유동의 물상으로 운수업의 속성이 됩니다.

또한 오화는 연간 갑목의 상관적 일인데 일간이 함께하니 보조의 개념이 나옵니다.

우여곡절 끝에 일간은 영화계에 입문합니다. 월간 임수의 편인 문화예술계에 살인소통으로 소속되는 것이지요.

월간 임수는 젊을 때는 신금에서 드러난 것이니 신금 편관의 문화, 사상, 일을 그대로 받아들이는 것이지만,

나이를 먹어 갈수록 신(자)진 삼합하여 월간 임수를 진토에 입묘시킨 후 자신의 진토 편재에서 사회와 편관에게 드러내는 편인이 됩니다. 진토 편재에서 드러났다는 것은 재극인된 편인이므로 현실성을 갖춘 생각과 아이디어, 돈을 버는 노하우, 영감, 그리고 자신의 세계관을 세상에 펼치는 셈이 됩니다.

을해대운은 명주의 신화가 시작되는 시기였습니다. 을해대운은 을목 겁재에게는 병지, 일간에게는 장생지의 운으로 장생 편인의 혜택을 일지로 입묘시켜 담아 오는 일간이 겁재에 비해 유리한 환경입니다.

해수 편인과 오화 상관이 오해합(정임암합)하니, 연간 갑목 비견들이 오화 상관적 재주로 참여하기로 명시된 해수 편인 문서를 갖게 되는 형국입니다.

그리고 그 해수 편인 문서는 신금 편관이 신해천하니 편관 영화사가 갑목 일간에게 까다로운 조건을 걸고 금생수하여 지원해 준다는 뜻이 됩니다.

을목은 오화 상관에 장생 받고 일시지 진토 관대지에 근을 두니 연간 갑목과 대운의 을목 겁재들은 일간과 함께 작업하는 스탭, 배우들의 속성을 갖습니다.

갑자甲子년, 신자진 인성 삼합과 해자(축) 인성 방합을 이루어 강력한 근을 갖는 사회의 임수가 일간에게 빨려 들어오는 형국이 되니 영화는 큰 성공을 거두고 명주는 세계적 인지도를 얻게 됩니다. 이 영화가 바로 〈터미네이터〉이지요. 그렇습니다. 위 명조는 단순 계산하여 전 세계 약 8천여 명의 동일 사주자 중 최고 수준의 삶을 살아 온 제임스 카메론 감독의 것입니다.

사주 공부를 하다 그 방대한 이론과 사유 체계에 질식한 채 이른바 자연법이나 물상론의 영역으로 곧장 빠져 버리는 경우가 흔합니다. 그림 같은 자연의 상象으로 사주를 해석하려는 시도이지요. 그 방법 자체는 당연히 필요한 것이지만 그 이전의 과정을 순리대로 밟지 않은 채 물상에 기대려는 자세는 잘못된 것입니다. 깊고 치밀한 논리적 사유의 영역을 포기하는 것과 다름 없기 때문입니다. 물상의 적용은 부수적인 것이요, 결코 핵심이 될 수 없습니다.

이 명조에서 월지 신금은 뼈대skeleton만 남은 로봇의 물상입니다. 오화는 불길이지요. 제임스 카메론이 화염 속에서 걸어 나오는 골격만 남은 로봇을 꿈에서 보고 터미네이터를 구상한 것은 유명한 얘기입니다.

참고로 진토는 피부의 상입니다. 따라서 신진합(을경암합)은 로봇에게 피부가 씌워진 상이 됩니다.

이렇게 가삼합을 이루면 〈터미네이터2〉에 등장하는 액체 로봇의 상이 됩니다.

이 영화가 병자대운 신미辛未년에 개봉했으니 신자진 수삼합을 이룬 상황에서 오미합하여 매우 뜨거운 열기를 가진 미토가 수기에 섞이니 용광로의 상이 나오고, 월지 신금 터미네이터가 그 펄펄 끓는 신자진 쇳물 속으로 사라지는 상도 나옵니다.

월지 신금은 대형 선박의 물상이기도 하니 물 속에 가라앉은 배의 상이 됩니다. 자연스레 '타이타닉'의 상이 되고, 제임스 카메론이 집요하게 심해에 관심을 갖는 이유도 알게 됩니다.

월지 신금은 별이고 임수는 우주공간이기도 하니 그의 머릿속에 들어 있는 신자진 삼합을 이룬 상상 속의 세계관은 심해에서 우주로 확장됩니다. 영화 '아바타'가 탄생한 배경이지요. 어쩌면 심해에 대한 그의 탐구심은 우주 탐사에 대한 대리 만족일 지도 모릅니다. 영화 아바타의 세계관도 사주 안에 물상으로 담겨 있습니다. 제작 기간의 대세운을 원국과 연결하면 더 상세한 물상들이 나옵니다.

동일 사주를 가진 모든 사람을 앉혀 놓고 가면을 씌운 다음 각자 살아온 인생의 상을 그림처럼 그리는 것은 불가능한 일입니다. 서로의 대화를 통해 에너지를 써온 방식, 그에 따라 형성된 삶의 범주를 앎으로써 자연스럽게 상이 그려지는 것이지요.

중요한 사실은 사람에게는 저마다의 사주적 에너지가 잠재되어 있다는 것입니다. 제임스 카메론의 경우에서 알 수 있듯이 그가 창조해 낸 많은 영화의 소재와 장면이 허공에서 튀어나온 것이 아니라 그에게 잠재되어 있는 에너지를 그가 남다른 방식으로 크게 활용해 온 결과라는 점입니다. 우리는 이 점에 주목해야 합니다. 그래서 자신의 인생을 풍부하게 만들기 위해 에너지 활용법을 익혀야 합니다. 그냥 살던 대로 살면 삶에 눈부신 변화가 일어나거나 삶의 수준이 크게 높아지는 일은 확률적으로 거의 일어나지 않기 때문입니다.

편재 편인의 재극인으로 임수 편인을 제화하니, 사회에 존재하는 관객들에게 자신의 상상, 몽상, 꿈을 현실화하여 보여 줌으로써 기쁨과 즐거움을 제공하는 능력을 가진 사람입니다.

그가 벌어 들인 많은 돈, 비견의 상관인 오화 속에 들어 있어 첫 결혼의 불미함을 암시하는 오중기토부터 시작하여 그의 심한 여성 편력과 연출 시 배우와 스탭들을 마치 군주처럼 지배하고 다스리는

방식을 구사해 온 그의 편재적 스타일을 감안하면 시주가 무진일 가능성이 높습니다.

남들이 일한 대가를 일간이 챙기는 구조에 그 대가가 엄청나니 큰 부자가 됩니다.

돈 속에 원국과 대운의 관성과 인성이 빨려 들어오니 명예와 인기가 더해져 돈의 가치가 더욱 높아지게 되지요.

비록 편관월에 태어났지만 그는 난관을 헤쳐 나갈 수 있도록 하늘이 부여한 에너지를 십분 활용하여 세계적으로 성공한 최고 감독의 반열에 올랐습니다. 임수 편인의 전문적 지식을 축적함으로써 자신이 사회에서 사용하는 상관적 능력의 가치를 극대화한 것이시요. 편인은 정인과 달리 학위에 연연하지 않습니다. 실제 실력으로 발휘하기 위해 깊고 또 깊게 앎을 추구하는 것을 중시하는 에너지입니다.

만일 이 사주를 갖고 우리나라에 태어났다면 초기의 삶이 녹록치 않았을 것입니다. 한국전쟁 직후였으니까요. 그야말로 편관의 사회인 것이지요. 공부, 문화예술계와의 인연을 맺지 못한 사람도 매우 많을 것입니다. 들어가고 싶다고 다 들어갈 수 없는 영역이기 때문입니다. 공부하여 자격을 취득하고 직장생활을 시작한 사람이라면 비록 어렵고 힘든 직장일지라도 타인들에 비해 사랑 받고 인정받는 생활을 하면서 먹고 사는 데 지장 없을 정도의 재산을 형성했을 가능성이 높습니다. 공부를 전혀 못했다면 젊은 시절에 인연을 맺은 트럭 운전을 지속했을 지도 모릅니다.

사람들이 성공한 이들의 성공 비결을 열심히 논하고 책으로 읽고 공감할 때 저는 그들의 사주를 통해 에너지의 구성과 활용도를 봅니다. 누군가의 성공 포인트를 익혀서 자기 삶에 녹이려는 노력을 폄하할 생각은 없습니다. 하지만 자기 삶에 전혀 도움이 되지 않는 타인의 방식을 이리 저리 모방하는 것은 삶을 꼬이게 만들 확률이 더 높습니다. 누군가의 성공 노하우에는 적당한 양념이 쳐져 있는 법이요, 그것이 모두 진실이라고 할지라도 그것은 그가 자신에게 인연된 에너지를 썼기에 가능했던 성공입니다. 문제는 그런 노하우를 다룬 책과 영상들이 너무 많고 실천에 옮기기에는 그다지 실용적이지 않다는 데 있습니다.

때로는 사람들이 성공하지 않기가 어려운 사주를 가진 유명인들을 찬양하며 그의 성공 비결을 담은 콘텐츠를 열심히 공유하는 광경을 봅니다. 그 시간에 자기 자신의 성공 비결을 탐구하는 것이 훨씬 성공에 도움될 것이라는 점은 자명합니다. 명리학 공부에는 결코 늦은 때란 없습니다. 아직 살아갈 날과 잘살고 싶은 의지가 남아 있는 한 말입니다.

7 왕융칭

> 인생 최대의 가치는 자신의 능력을 발휘하여 사회에 공헌하고 아름다운 비전을 제시하는 것이다.   － 왕융칭

경금 일간이 축월 정인월에 태어났습니다. 정인은 기본적으로 공부의 에너지이지요. 하지만 인성이 많다고 해서 꼭 학문 진로로 나아가지는 않습니다. 구조적으로 인성을 정규 학업의 속성으로 쓰기 어렵거나 운에서 재극인의 조합을 이루면 학업 대신 장사나 사업을 추구하게 됩니다. 이 경우 인성을 학업이라는 기본 속성 대신 물상적으로 사용합니다. 하지만 그렇다고 해서 생각이 없거나 두뇌가 나쁠 것이라는 선입견은 버려야 합니다. 시대나 환경의 영향에 따라 정규 교육을 받지 못할지라도 경험과 스스로의 연구를 통해 자신만의 노하우를 터득하게 되는 경우가 많기 때문입니다. 특히 일시에 인성이 있을 때 그렇습니다.

축토 지장간에 계수 상관, 신금 겁재, 기토 정인이 있으니 사회의 많은 사람들과 상관패인하는 사회입니다. 기토를 공부로 쓰면 상관도 지식 기반의 교육, 상담, 연구, 마케팅, 영업 등으로 나아가는 것이고, 공부로 쓰지 못하면 겁재들의 지식과 노하우를 습득하여 연구하고 장사, 사업하여 돈을 추구하게 됩니다.

연월에서 축진파하니 혼란스러운 격변기의 사회입니다. 땅과 터전, 창고 등과 같은 토의 오행적 속성은 결코 바뀌지 않지요.

월간 신금 겁재들은 병화 사업체를 소유하고 있습니다. 무식상 사주가 병신합을 통해 수기를 만드니 사업체를 통해 일을 하는 것이지요.

병화 정관 직위를 통해 경금 일간을 통제하니 일간 입장에서는 신금이 사장인 회사에서 일하는 모습입니다.

　월간 신금의 정관 병화는 연월에 근이 없습니다. 근이 없으면 무기력하지요. 큰 회사가 아닌 것이고, 축진파로 인해 안정성이 높지 않은 것입니다.

　축토와 진토는 병화에 대한 월간 신금 겁재의 결재권이기도 하지요. 물상적으로는 병화 간판을 내건 축토와 진토의 땅과 창고에서 축진파를 통해 진중을목 농산물을 계수로 기르기도 하고 축중신금 비견들로 하여금 재배, 추수, 가공하게 하기도 합니다.

　일간 경금은 진토와 신(자)진 식상 삼합을 하니 진토 차 밭에서 진중을목 찻잎을 따기도 하고,

　축토 속에 입묘하니 신금 겁재와의 계약 하에 쌀가게에서 축진파 하는 점원으로 일하기도 합니다.

그러면서 식상생재로 돈을 법니다.

그 과정에서 재극인하니 겁재의 돈 버는 노하우를 익히며 그것을 연구하여 자기 것으로 만들어 갑니다.

경신일주로 강력한 주체성과 의지를 가진 일간은 평생 겁재 아래에 입묘하여 일하는 데 만족할 수 없습니다. 스스로 당당하게 서기를 바라지요.

자신의 관을 시간에 올렸으니 자기 사업을 할 팔자입니다.

　일찍부터 장사에 눈을 뜬 일간은 진토에 들어있던 묘목 정재를 묘신합, 묘술합으로 끌어 오고자 합니다. 묘신합은 온몸을 다해, 묘술합은 자신만의 노하우로 사회의 돈을 가져오는 것입니다.

　정재이니 꼼꼼하고 세심하기 이를 데 없습니다. 연간 병화는 월간 신금이 확보하고 있던 고객이기도 하니 신진합으로 고객으로부터 사랑을 끌어오고 진중을목에서 나온 묘목 돈을 대가로 받습니다. 고객에 대한 섬세한 서비스로 인정 받고 돈을 버는 것이지요.

　술토 위에 병화 편관이 있으니 자기 회사요, 병술로 살인소통하니 자신이 소유권을 가진 회사이며, 월간 겁재와 신(유)술 가방합을 하니 동업의 구조입니다.

　하지만 축술형하기에 겁재와는 생각이 다르지요. 가방합은 오래 가지 못합니다.

일간은 겁재의 노하우인 진토와 축토를 습득하기는 하지만 그에 안주하지 않고 진술충, 축술형하며 자신의 노하우 술토를 만들어갑니다. 술토 속에 신금 겁재, 정화 정관, 무토 편인이 있으니 겁재들을 지휘하는 자신만의 철학이자 겁재들을 지휘하여 연지 속에 묻힌 진중 을목 돈을 술토 속에 입묘시키는 노하우입니다.

대운에서 천간에 드러난 재성은 일간이 돈을 모으는 데만 주력하는 것이 아니라 번 돈을 지속적으로 재투자하고 활용하는 모습입니다.

천간에 신금 겁재가 있어 양인합살로 식상 에너지를 만들어 식상생재로 연결하니 재생살의 어려움을 겪다 가도 타인들의 도움으로 문제를 해결하며 지속적으로 재물 활동을 이어갑니다.

이후 관성운을 맞아 지속적으로 회사를 늘려갑니다. 사술, 오술로 술토 속에 관을 모두 담으니 자신의 소유인 관이요, 천간에 드러내니 세상에 환하게 알려지는 회사들입니다.

이때 연간의 병화는 술토에서 드러난 것이니 일간이 겁재들에게 권한을 주어 경영하게 하는 자회사의 속성이 되며, 국가 해외 자리에 밝게 드러나 있으니 유명한 회사들입니다.

물상적으로 경신금을 축토에 담고 신(유)술로 금을 뭉쳐 화기를 잔뜩 담은 술토에 넣어 신(자)진으로 용액을 담은 진토와 진술충, 축진파, 축술형, 축미충하면서 제조, 가공하니 플라스틱을 시작으로 화학섬유, 방직, 석유화학, 자동차, 전선, 전자, 중공업 등까지 다양한 제조업 분야에서 성공 신화를 써내려 갔습니다.

무재 사주로, 경쟁자들의 회사가 있는 연지 해외시장에서 진중을 목 돈을 신진합<u>을경암합</u>으로 낚아채 진술충하여 술토에 입묘시켜 담아버리니 엄청난 돈을 법니다. 이렇게 경쟁자를 제압하고 드넓은 연월 공적 사회의 돈을 가져오는 사주는 부자일 수밖에 없는 것이지요.

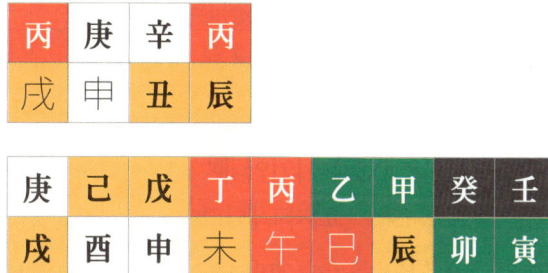

대운에서 지지로 들어오는 관성들을 일시지로 모조리 합하니 돈을 지키는 것이요, 회사를 계속 설립해 나가는 것입니다.

편관 편인의 살인소통의 구조로 측은지심이 강하고 대운에서 들어오는 비겁들의 에너지를 돈을 나누는 대상으로 아름답게 사용하니 평생 번 돈을 사회에 환원했습니다.

그 과정에서 천간의 병화 자식들이 진술충으로 다투니 일간이 남긴 재산을 둘러싼 많은 자식들 간의 다툼은 피할 수 없었습니다. 여러 부인을 둔 일간의 업보인 셈이지요.

진중을목에만 정재가 있으니 평생 주 100시간 이상을 일할 정도로 성실했고 늘 검소했습니다. 그만큼 온몸과 온 마음으로 남의 돈을 번다는 것의 어려움을 매일의 삶의 현장에서 깨우쳤고 그것을 실천한 것이지요.

경영의 신이라 불리며 대만 사람들의 존경을 한 몸에 받아온 포모사 그룹의 왕융칭 회장 사주입니다. 자신의 노력으로 돈을 벌었다고 해서 그것을 과시하는 대신 기업의 사회적 책무와 진정한 부자로서의 책임을 다하고 간 위대한 기업가이지요.

조 단위의 돈을 아무나 벌 수는 없습니다. 하지만 중요한 것은 돈 액수의 크기가 아닙니다. 금전적 성취를 혼자만의 힘으로 이뤄낸 것이 아니라는 자각이 있는 한 사회에 부자가 늘어나는 것과 비례하여 진정한 부자의 수도 증가할 것입니다.

소유한 돈의 규모로는 역사에 남을 수 없습니다. 돈보다 큰 것이 명예입니다. 돈을 쓰는데 인색하거나 돈을 가치 없게 사용하면 명예가 무너집니다. 무너진 명예를 떠받치는 돈은 없습니다. 결국 돈도 사라집니다. 우리나라의 부자들이 진정한 부자로서의 명예에 눈을 활짝 뜨기를 희망합니다.

8 마크 저커버그

> 가장 큰 위험은 위험을 감수하지 않는 것입니다. 정말 빠르게 변화하는 세상에서 실패가 보장된 유일한 전략은 위험을 감수하지 않는 것입니다.
>
> — 마크 저커버그

乾

丙	戊	己	甲
辰	申	巳	子

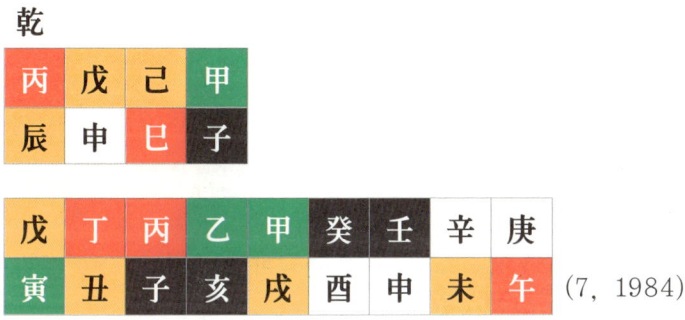

(7, 1984)

사월 편인월에 무토 일간으로 태어났습니다. 사화의 화려한 속성으로 시대의 첨단 학문을 공부하는 인연이며 편인이니 외골수 기질이 강합니다.

사화 지장간에 무토 비견, 경금 식신, 병화 편인이 있으니 비견들과 함께 편인적 학문을 익혀 전문가의 길을 걷는 운명의 범주를 갖고 있습니다. 사중병화 편인이 신중경금 식신을 옆에서 바로 극하니 편인도식으로 장인적 연구의 개념입니다. 배운 대로, 생각한 대로 실무에 끊임없이 적용해 보는 것이지요.

사중병화는 빛이고 사중경금은 기계의 물상이니 현대적으로는 컴퓨터 관련 학문의 속성을 갖습니다.

사신합형을 이루니 끊임없이 고치고 바꾸며 훈련하기를 지속하는 것이요, (인)사신 가삼형을 이루니 유명한 프로페셔널이 되기 위한 의지가 강합니다.

사화의 지장간에서 무토와 병화가 천간에 드러났는데 드러나지 않은 경금이 초운에서 인성을 달고 곧바로 오니 어릴 때부터 컴퓨터 관련 이론을 익히고 활용하는데 관심을 기울이게 됩니다.

사화 편인이 자수 정재의 제화를 받으니 편인 공부를 실용적으로 활용하고자 합니다. 재극인은 기본적으로 두뇌가 좋습니다. 판단과 분석, 비판 능력이 뛰어나고 상상한 것을 현실적 결과물로 구현하며 미래를 예측하고 추론할 줄 알지요. 편인의 선견지명 능력이 구체적으로 발현되는 것입니다. 의식이 고정되지 않도록 끊임없이 갈고 닦습니다.

시대를 초월한 편인적 학문의 기본 유형은 종교, 명리, 철학인데 이 편인이 재극인되면 편인적 깊이를 지속적으로 추구하기 보다는 재성적 결과물을 일찍 확보하기 위한 활용에 중점을 둡니다. 그래서 정신적 학문이지만 종교, 명리, 철학에 비해 상대적으로 깊지 않으면서도 실용성이 높은 심리학을 공부하는 경우가 많습니다.

편인의 부정성이 긍정적으로 바뀌어 성격적으로도 센스가 좋고 유머 감각이 탁월해집니다.

연간에 편관이 있으니 일간 무토에게는 학교나 조직 생활이 편하지 않습니다.

기토 겁재가 양인합살 시켜 주고,

사화 정인의 마음으로 건록시켜 주니 동료들의 도움을 많이 받는 구조입니다.

일지에 식신을 갖고 있는데 신금 상관운이 오면 상관대살하게 되니 관을 벗어나려는 기질이 강해집니다.

식신은 내가 좋아하는 일을 하고 싶어하는 고집스러운 에너지인데, 신자진 재성 삼합까지 이루고 있으니 돈을 많이 버는 내 일을 하는 진로로 나아가게 됩니다.

천간에서 병신합하여 재성을 만드니 컴퓨터로 하는 돈이 되는 임기응변적 연구에 몰입하게 됩니다.

사신합형을 통해 드러난 신금 상관이니 컴퓨터 관련 프로그램 개발에 반 미쳐서 이렇게 해보고 저렇게 해보는 연구이지요. 자사합하고 신자합하니 돈이 될 것이라고 생각하기 때문입니다.

이 신금 상관을 들고 온 주체는 미토 겁재로, 기토 겁재와 사(오)미 인성 방합을 짜고,

무토 일간의 일 신금 식신을 같이 하는 존재입니다.

그 과정에서 갑목을 입묘시키니 일간 입장에서는 미토 겁재로 인해 다니던 학교를 그만두는 일도 벌어지게 되지요.

사화 위에 기토가 있으니 사화 아이디어는 겁재 것입니다.

그 사화 아이디어를 일간 무토가 사신합으로 끌어와 신자진 재성 삼합하여 돈을 벌고자 사업을 하는데, 그 과정에서 사신형으로 법적 소송이 발생하기도 합니다. 사화가 신자진 삼합과 합으로 연결되어 있으니 기토 겁재는 자신의 지분에 대한 평가액을 소송을 통해 확보하게 되는 것이지요.

병화 편인이 시간에 드러나 있으니 무토 일간은 기토 겁재의 아이디어 사화를 자기 것으로 만듭니다.

전세계의 갑목 고객들을 살인소통으로 끌어들임으로써 갑목이 가진 자수 정재를 가져옵니다.

진토 비견 동료와 직원들이 그 주체이지요.

무토 일간의 일 신금 식신을 진토가 함께 열심히 함으로써 해외 시장에서 막대한 돈을 벌어들이는 것입니다. 큰 부자가 되려면 함께하는 법을 알아야 하지요. 비겁을 나의 우군으로 만들 때 혼자 할 때와는 비교할 수 없는 큰 성취를 거두게 됩니다.

대운도 재성이 식상을 깔고 오니 지지에서 일에 대한 엄청난 성과를 거두게 되고, 일간이 많은 돈을 벌었다는 사실이 세상에 알려지게 됩니다.

병화 편인이 재극인되니 상장을 통해 어마어마한 지분 가치를 갖게 되어 세계적인 부자의 반열에 올라섰습니다.

자신의 실력과 비견들의 동참으로 연월 사회에서 재성과 관성, 인성을 모조리 끌어오니 부자가 되지 않을 수 없는 것입니다. 페이스북의 창업자 마크 저커버그의 사주 구조입니다.

내가 일시에 가진 고유한 무기가 무엇인지 파악하는 것, 그것으로 연월에서 무엇을 가져와야 하는 지 이해하는 것, 그것을 쓸 수 있게 되기까지 부단한 노력을 기울이는 것, 이 세 가지가 바로 평범한 사주를 가지고 태어난 사람들이 부자가 될 수 있는 전략적 방법입니다.

9 손 마사요시(손정의)

> 오르고 싶은 산을 결정하면 인생의 반은 결정된다. 자신이 오르고 싶은 산을 정하지 않고 걷는 것은 길을 잃고 헤매는 것과 같다.
> — 손 마사요시(손정의)

乾

庚	乙	戊	丁
辰	卯	申	酉

 (1, 1957)

신월에 을목으로 태어났습니다. 을목에게 신금은 정관이니 기본적으로 조직생활, 명예(유명세)의 추구 등의 속성을 갖습니다.

신금의 지장간에 무토 정재, 임수 정인, 경금 정관이 있으니 관인상생의 직장인 속성인 듯하지만 정재와 정인이 바로 붙어 재극인하니 돈을 벌고자 하는 마인드가 강합니다.

신중무토와 경금이 천간에 드러나 연월 식신생재에 월시 재생관하는 조합이니 돈을 벌어 유명해지겠다는 구조입니다.

연지에 편관이 있어 연월 관성 방합국을 짜니 재생살로 꿈이 큰 것이요, 어린 시절은 환경이 좋지 않아 그만큼 고달플 수 있습니다.

대신 시간에 정관이 드러났고 그 근이 방합국을 짠 연월에 있으니, 엄청나게 유명해질 수 있는 가능성을 가진 구조이지요. 사회의 명예를 자신의 것으로 만든다는 의미가 있기 때문입니다.

식상운으로 강하게 흐르니 지지에서는 어려움을 극복해 내겠다는 것이요, 천간에서는 식상생재 재생관으로 연결되니 어려움의 극복 방법으로 돈 벌어 유명해지는 길로 나아가겠다는 것입니다.

월간 무토는 신금에서 드러난 돈이니,

강한 의지와 뚝심을 가진 을묘일주가 사회의 신금 정관 기업들을 묘신 귀문으로 연결하여 무토 돈을 끌어오는 것입니다.

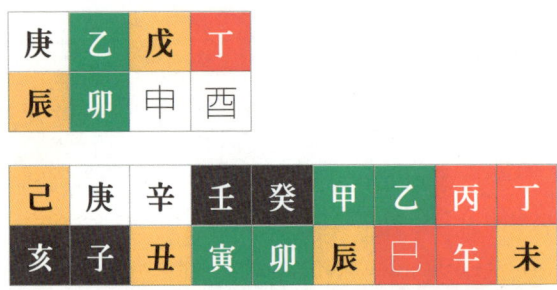

을사대운, 사신합, 사유합 하니 을목 비견들의 상관 능력을 활용해 사회의 관들을 다룹니다. 많은 고객을 확보하는 것이지요.

묘사합, 진사합으로 연결되니 일간이 지원하여 함께하는 상관적 일이요, 그 일은 일간의 돈 진토를 키워 줍니다.

묘신 귀문과 사신합형은 고객을 귀신 같이 설득하며 내 편으로 만드는 능력이 출중함을 말해 줍니다.

일간은 온몸을 다하는 노력으로 세상으로부터 명성을 얻지만,

일간의 유명세는 진토 돈을 벌수록 더욱 커집니다. 부자로서 이름이 나는 것입니다.

일간의 일 정화 식신을 유금 편관이 장생시키고 신금 정관이 목욕시키니, 사회의 기업들이 일간의 사업이 잘되도록 받치는 구조입니다. 일간이 하는 일은 기업들이 원하는 일이요 그 일을 통해 일간의 사업이 세상에 잘 드러나며 기업들이 지불하는 돈을 버는 것입니다.

월간 무토는 시지에서도 드러난 것이니, 일간은 번 돈을 관성국을 이룬 연월의 기업들에게 올리는 것입니다. 즉, 재생관 하니 자신이 번 돈을 사회의 기업들에게 투자하는 것과 같습니다. 스타트업 등 전도유망한 기업들을 찾아 투자하여 키우고 그 대가로 큰 이익을 얻는 것이지요.

비겁들로부터 인정받고, 큰 명예를 누리는 흐름으로 이어집니다.

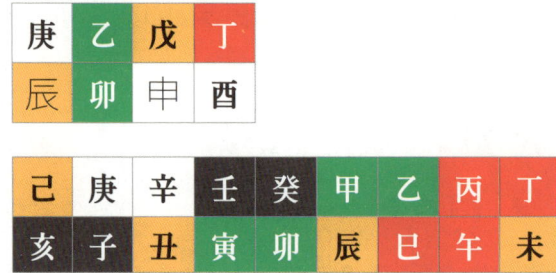

신중임수 정인은 신금 입장에서는 식신인데 이것이 진토에 입묘하여 진토 속에서 재극인되니 기업의 사업들을 아이디어의 원천으로 삼아 자신만의 편인 상상력을 키우고 그것을 현실화여 많은 돈을 법니다.

천간으로 비겁이 와도 정화 식신을 생해 주게 되고, 커지는 무토 돈은 경금 정관이 비겁들을 제어하며 지키게 되니 문제가 없습니다.

오행적으로 신유라는 막강한 금들이 묘목을 치는데, 살아남기 위해서 일간은 늘 긴장하는 자세로 정신을 바짝 차려야 합니다. 그리고 힘든 상황에서도 신중임수 공부에 매진하게 되고, 대운에서 들어오는 식상 에너지로 실력 개발에 진력합니다. 묘신 귀문뿐만 아니라 이런 오행적 조합과 위에서 설명한 재극인의 요소까지 두루 합쳐져 일간의 천재성이 두드러지게 됩니다. 재극인은 미래를 읽는 추론 능력, 혜안, 선견지명의 속성도 있다고 했습니다.

신유금과 묘목을 각각 컴퓨터와 소프트웨어의 물상으로 쓰고 합과 충을 개발과 유통으로 썼으며, 신유금을 차량, 통신, 발전 등의 다양한 물상으로 쓰고 정화를 인터넷, 전기 등의 물상으로 사용하여 수많은 관련 비즈니스를 전개하며 세계적인 부자가 된 손 마사요시 회장의 사주 구조입니다.

10 그리고 우리가 되지 말아야 할 부자 유형

> 돈을 신 모시듯 하면 악마처럼 그대를 괴롭힐 것이다.
> — 헨리 필딩

坤

 (6, 1944)

임수가 술월 편관 사회에서 태어났습니다. 지장간에 신금 정인, 정화 정재, 무토 편관이 있으니 임수에게 술토는 기본적으로 신금 정인 자격을 갖고 편관 조직에 들어가 월급을 받는 직장생활의 인자입니다. 사회의 속성을 뜻하는 술토 지장간 글자들이 재생살을 암시하니 살인소통하기 위해서는 신금 정인을 잘 쓰는 것이 매우 중요해집니다.

월지 술토에서 시간으로 병화가 드러났고 천간에서 식신생재 조합을 이루니 돈을 추구하는 삶이 됩니다.

　양팔통 사주에 월지 술토가 관대지인 데다가 백호 일주와 식신제살의 조합까지 이루었으니 일반인은 상상조차 할 수 없는 일을 서슴없이 벌일 수 있는 배포를 가진 구조입니다.

　연월에 식신을 드러냈으니 사람들은 일간 임수에게서 성실하고 부지런한 사람, 믿을 만한 전문가의 느낌을 받게 됩니다. 하지만 지지에 근이 없으니 일간의 말과 행동인 갑목 식신은 실체가 없는 허언, 허세 등의 속성이 되지요. 식신제살로 포장하고 있으니 일간의 말은 매우 당차게 느껴집니다.

　식신 갑목이 신(유)술 인성 방합을 짠 연월지 위에 있으니 문서 위에서 경제활동한다는 의미가 만들어집니다.

　연지 신금은 술토 편관 기업들과 연결된 편인 문서입니다. 국가 자리에 있으니 국가적 이슈가 되는 문서이기도 합니다.

　일간은 그 문서에 장생 받고 그것이 일시지와 연결되니 연지 신금에 대한 욕망이 큽니다.

　아울러 식신은 외모, 몸을 의미하니 술월의 신(유)술 금에 의해 갑목이 조각되는 형국이 되어 어느 정도의 미모를 갖추게 됩니다. 단, 살인상생을 이루지 못하니 그 미모는 우아함과는 거리가 멉니다.

　월일지 술토 편관은 신(유)술로 국가자리의 편인 신금과 합을 이루는데, 연지 신금은 술중 신금이 드러난 것이기도 하며 술토에게는 식신이므로 일간과 인연을 맺는 남자들은 연간 갑목 편관 조직 아래에서 일하는 국가공무원의 직업성을 갖습니다. 또한 술중정화 정인 자격과 지식을 갖고 연지 신금 식신 업무를 하면서 신중임수 돈을 정임합하여 가져오며 그 과정에서 재극인이 일어나니 정보계, 금융계에서 종사하는 사람들이기도 합니다.

　이는 일간 입장에서 술토 남자들과의 인연을 이용해 연지 신금 국가 정책과 정보를 파악, 수집하고 활용하는 형태가 됩니다.

　술토 기업들로부터 오신합으로 연지 신금 편인 문서인 하자 있는 기업 어음을 받고 오화 돈을 빌려 주는 방식으로 거래하는 물상이 나옵니다. 오신합의 재극인은 편인 문서들을 활용하여 돈을 버는 것이지요.

　천간 갑목과 (인)오술 가삼합을 두 개 만들고 천간의 식신생재, 지지의 재극인으로 온통 술토 돈 창고에 돈을 집어 넣고자 혈안이 되는 구조가 되어 두 개의 술토 속 신금 정인이 상합니다. 이른바 탐재괴인이 되지요. 돈에 대한 욕망에 의해 인성이 파괴되는 것입니다. 양심이 없어지는 것이지요.

연지 신금도 재극인을 심하게 당하여 어음에 문제가 생기게 됩니다.

편관의 절제력은 모두 돈이 집어 삼키니 스스로 재생살의 과도한 금전욕과 명예욕에 의해 희생되고 맙니다.

운도 재성운으로 흐르는데 지지에서 상한 인성이 드러나 천간에서 재극인 당하고 식신을 극하여 영향을 미치니 가뜩이나 근 없는 갑목 식신은 비뚤어진 마음과 생각에 따른 재물 활동을 의미하게 됩니다. 재물을 벌수록 이런 악순환이 지속적으로 이루어지지요.

하지만 재생살 구조로 살인소통을 하지 못하면 온갖 방법으로 돈을 벌어도 결국 돈을 잃게 되며, 편관 법에 의한 일간의 극, 편관과 연결된 편인 문서에 의한 식신의 극으로 투옥되는 일이 빈번히 일어나게 됩니다.

현대적으로는 재물에 대한 욕망을 억제하고 돈과 관련된 전공 공부와 학위 취득을 통해 금융기관에서 많은 문서를 판단하고 분석하여 투자하는 업무에 종사하면 많은 돈을 벌고 높은 지위에까지 오를 수 있는 원국 구조와 대운의 흐름입니다.

합법적인 시스템 안에 머무르지 않고 큰 돈을 벌기 위해 사채업과 같은 비제도권 영역으로 향하니 돈에 대한 욕망을 제어할 장치가 사라져 결국은 양심을 잃고 돈에 정신이 지배된 채 불나방처럼 돈을 향해 달려들다 불에 타기를 반복하는 헛헛한 인생을 살고 마는 것입니다. 얼마든지 크게 쓸 수 있는데 오히려 작게 쓰고 만 것이지요.

세상에 더러운 이름을 내는 것만큼 작은 인생이 없는 법입니다.

사기의 대명사 장모 여인의 사주 구조입니다. '돈을 향한 불나방 적 투신', 이 사람의 삶은 이렇게 압축될 수 있겠지요.

나가며 : 답하라, 어떤 명리학을 공부할 것인지.

에너지, 그 오묘한 존재

사주 여덟 글자는 한 인간에 대한 광활한 정보의 보고입니다. 하늘로부터 부여 받은 운명의 범주, 사회와 가정환경, 성격과 기질, 심리 상태, 적성과 진로, 직업성, 인간관계, 성패의 시점, 부귀의 정도, 건강과 질병 등 사주팔자가 아우르지 않는 인간사는 없지요. 다만 인간이 제대로 읽어 내지 못할 뿐이며, 지식의 정도와 통찰의 깊이에 따라 파악되는 정보의 양과 가치가 달라집니다.

언제 어디서 태어났느냐가 인간의 인생에 지대한 영향을 미친다는 점, 사실상 지배적인 영향력을 행사한다는 관점에 대해 몸서리를 칠 정도의 거부 반응을 보이는 사람이 여전히 많습니다. 이해합니다. 눈에 보이지 않고 몸으로 느껴지지도 않으며 의미도 알지 못하는 무형 에너지의 모음이 한 사람의 출생 시점에 의해 정해진 채 그의 인생 전반에 걸쳐 현실의 삶에 개입한다니, 이 무슨 귀신 씨나락 까먹는 소리인가요?

예전의 저 역시 정확히 그들과 같은 인식 위에 서 있던 사람들 중의 하나였으니 그들의 입장을 충분히 이해하고도 남음이 있습니다. 이해할 뿐만 아니라 존중합니다. 그들에겐 그들의 몸으로 감각되는 그들만의 세계가 있다는 사실을 말입니다. 명리학의 본질을 깨우치기 이전에 제가 신조로 삼았던 가치관을 대변하는 다음의 영화 대사가 있습니다.

> 모피어스 : Do you believe in fate, NEO? (운명을 믿나, 네오?)
> 네오 : No. (아니요.)
> 모피어스 : Why not? (왜 믿지 않지?)
> 네오 : Because I don't like the idea that I'm not in control of my life. (내가 내 인생을 통제하지 않고 있다는 견해가 마음에 들지 않기 때문입니다.)

영화 〈매트릭스〉의 이 대목에서 네오가 한 답변은 당시 저의 가치관과 정확히 일치했습니다. 저는 저 자신을 철저히 제 인생의 유일무이한 주인으로 여겼고, 제가 마음먹고 노력하는 한 그 어떤 것도 제 자유의지의 자발적 실천을 가로막지 못할 것으로 확신했습니다.

저는 세상의 기준에 부합하는 저의 이른 성공에 대해 단 한시도 의구심을 품어 본 적이 없었습니다. 그것은 남보다 불리한 여건에서 남보다 부족한 시간을 악착같이 쪼개 실력을 키우고 잠재력을 끌어내기 위해 부단히 노력했던 저의 20대에 바치는 절대적인 응원이자 저의 좌절과 방황, 영혼의 고통에 대한 담담한 위로이기도 했지요. 제 삶의 편린을 슬쩍 엿본 사람들이 감히 평가할 수 없는, 매 순간을 오롯이 감당하며 살아남아야 했던 저 자신에 대한 무한한 신뢰이기도 했습니다.

눈앞에 다가왔던 성공이 찰나의 순간에 신기루처럼 사라지고, 꿈꿨던 특별한 삶이 다시 평범한 현실로 회귀했을 때, 떠나간 신기루를 낚아채고자 직장을 박차고 나와 무리하게 사업을 감행했던 이후의 부침 있는 삶 속에서 저는 인생을 달라지게 하는 한 끗 차이를 만드는 보이지 않는 힘을 막연히 감지했습니다. 제 마음을 채우고 있었던 네오의 신념 체계에 균열이 생긴 시기였지요. 돌아보면, 제가 타고난 에너지들과 운에서 들어온 에너지들의 조합이 제 안의 욕망을 들끓게 하고 저의 심신이 그 폭발적인 에너지들의 힘에 의해 철저히 종속되었던 시절에 다름 아니었습니다.

에너지의 노예

여러분이 믿든 믿지 않든 인간은 에너지들이 빚은 덩어리입니다. 육체뿐만 아니라 정신도 마찬가지입니다. 정신은 육체라는 가시적인 물질 안에 담기는 비가시적 물질입니다. 정신과 육체를 구분해서 인식하는 것은 무의미한 일입니다. 무형과 유형의 차이만 있습니다. 그 역시 인간의 기준에 불과합니다. 중요한 것은 무형과 유형의 에너지들이 서로 소통하며 상호 작용 한다는 것이지요. 육체가 죽으면 정신도 죽고, 정신이 죽으면 육체도 죽습니다. 이 에너지들의 상호 작용이 인간으로 하여금 특정한 심리 상태에 빠져들게 하기도 하고, 평소에는 생각지도 못했던 무리한 선택을 하게도 만듭니다.

그래서 모든 인간은 에너지의 노예입니다. 누구도 예외가 아닙니다. 다만 정도의 차이가 있을 뿐입니다. 천성, 천부적 재능과 같은 표현이 존재하는 이유 역시 에너지가 부린 마법 때문입니다. 오늘날의 첨단 과학기술의 산물들을 옛 사람들이 목격한다면 마법이나 기적과 같은 단어를 먼저 부르짖었겠지요. 상상도 시대적 인식이라는 바탕 위에서 작동하는 것이기 때문입니다. 조선시대 사람들에게 스마트폰이 과학과 기술의 산물로 수용되기 어려운 까닭은 그것이 과학과 기술에 대한 그들의 상상력 한계 너머에 있을 것이 틀림없기 때문입니다. 광대한 우주공간을 뚫고 어느 날 지구의 하늘에 UFO들이 떠 있는 영화 같은 일이 벌어지면 우리의 입에서는 과학이나 기술이라는 단어 대신에 "믿을 수 없어", "믿기지 않아", "오 마이 갓" 등의 감정적 표현들이 저절로 튀어나올 것입니다.

에너지의 노예라는 점에서 모든 인간은 공평하지만 노예의 등급에도 차별성이 있다는 사실을 겸허하게 수용해야 합니다. 우선 노예라는 단어에 너무 민감해 할 필요는 없습니다. 우리 은하계의 이 태양계에 편입된 이래 공전과 자전 운동을 멈추지 않은 지구를 생각해 보면 간단합니다. 지구는 철저히 종속된 인자라는 점에서 우주의 노예입니다. 하물며 평생 지구라는 틀에 갇힌 채 살아가는 인간이 우주적 질서를 규정하는 에너지의 노예가 아닐 수 있는 방법은 없습니다. 중요한 점은 에너지는 인간을 노예로 삼았지만 노예 근성을 극복할 수 있는 자유의지까지 제공했다는 점입니다. 곧 자유의지의 정도가 에너지로부터의 피지배성을 감소시키고 더 나아가 에너지의 활용을 가능하게 합니다.

기획된 세계, 설계된 인간

그럼에도 우주의 에너지는 인간에게 차별적으로 적용됩니다. 시선을 우리 주변으로 한 번만 돌려 봐도 이 차별성을 쉽게 이해할 수 있습니다. 나무가 뿌리내린 토양이 저마다 다르듯이 인간이 마주하게 되는 가정과 사회의 환경 역시 저마다 다릅니다. 우발적으로 이 세계에 던져진 것이라는 우리의 인식은 그래서 상식적이고 합리적으로 느껴지지요.

하지만 명리학 공부가 진전될수록 그 어떤 것도 우연적이지 않다는 인식에 눈을 뜨게 됩니다. 이 세계가 거대한 초超 양자컴퓨터 속에서 구동되는 여러 겹의 입체적 게임 프로그램과 같다는 느낌을 갖게 됩니다. 불교에서 말하는 전생 역시 게임의 이전 퀘스트quest들로 비유할 수 있습니다. 그러면 우리는 과거의 퀘스트들을 클리어한 내용에 따라 차등적으로 적용된 보상 체계에 의거하여 이동을 거듭하며 현재의 퀘스트를 수행하고 있는 것과 같지요.

얼핏 황당하게 보이는 이런 관점은 사실 엄연히 현대 물리학의 한 부류를 차지하고 있습니다. 서두에서 소개한 바 있는 닉 보스트롬Nick Bostrom은 모의실험 가설Simulation Hypothesis을 통해 우리가 사는 세상이 실체가 아니라 시뮬레이션 속 가상세계라고 주장했습니다. 마치 영화 〈매트릭스〉나 〈13층〉 속 세계처럼 말입니다. 우리가 현실이라고 믿는 세상이 상위의 문명에 의해 의도적으로 창조된 비현실일 수 있는 근거로 그가 제시하는 바를 요약하면 AI기술의 발전이 극에 이른 어느 문명이 오락이나 연구 등의 목적으로 수많은 컴퓨터 시뮬레이션을 실행할 가능성이 있는데, 그렇게 실행된 시뮬레이션 안의 개체들은 자신들이 시뮬레이션 안에 있다는 사실을 알아채지 못할 뿐이라는 것입니다. 현 지구 최고의 혁신가인 일론 머스크는 우리 세상이 현실일 확률을 수십억 분의 1 정도로 본다면서 닉 보스트롬의 가설을 지지한 바 있지요.

저는 이러한 세계관이 적어도 오늘날 존재하는 수많은 종교의 관념보다는 현실적이라고 판단합니다. 그래도 도저히 수긍할 수 없다면 과거의 위대한 철학자 중 한 명을 호출할 필요가 있어 보입니다. 플라톤은 '동굴의 우화Allegory of the Cave'를 통해 인간이 동굴에서 실체의 그림자를 실체로 믿으며 살고 있는 존재일 가능성을 시사했습니다. 그가 생각하는 실체는 동굴 밖에 이데아라는 이름으로 실재하고 있었습니다. 이데아의 세계를 인식하고 있으면서도 다른 모든 인간들과 마찬가지로 숙명적으로 동굴을 벗어날 수 없었던 플라톤에게 육체의 사멸이 곧 영혼의 종말이라는 사실은 받아들이기 어려운 것이었습니다.

플라톤은 육체와 영혼의 결합을 일시적인 것으로 보았습니다. 영혼의 여정은 영원한 것으로 그에게 육체란 그 여정을 잠시 함께하는 그릇과 같은 것에 불과했지요. 플라톤은 육체를 바꾸며 지상에서 다회성의 삶을 사는 영혼이 '체험 삶의 현장'에서 얼마나 많은 포인트를 쌓느냐에 따라 다음 생의 질이 결정된다고 보았습니다. 포인트의 축적에 가장 큰 영향을 미치는 것은 다름 아닌 영원한 진리의 이데아에 대한 인식이었습니다. 가장 고상한 수준에 도달한 소수의 영혼들만이 더 이상의 윤회를 멈추고 완전한 세계 이데아의 시민권을 획득할 수 있다는 것이었지요.

플라톤의 사유에 대한 과학적 증거는 없습니다. 그렇다고 플라톤이 미친 놈 취급 받는 경우도 없습니다. 플라톤의 가설이 참일 수도 있다는 실마리는 명리학에서 발견됩니다. 삶이 연속된 다회차의 미션과 같은 것이라는 암시가 사주팔자에 잘 담겨 있기 때문입니다. 우리가 일회적으로 소모되는 존재가 아닐 수 있다는 가정은 우리의 삶에 새로운 의미를 부여합니다. 우리의 삶이 지속적으로 이어진다면 어떤 보상도 어떤 단죄도 결코 늦을 수 없는 것이지요. 모든 행위에는 반드시 그에 대한 평가가 뒤따르게 됩니다. "어차피 한 번 뿐인 삶"을 운운하며 소유와 향유의 쾌락에 젖는 대신 우리는 하늘이 기대하는 우리 자신의 완성형을 향해 정성스러운 노력을 기울일 수 있을 것입니다.

진정한 명리학의 지혜를 전하는 명리학 완성 시리즈 '운명과 인생 사이'

저는 저의 기획인 '운명과 인생 사이'를 통해 후회 없이 충만한 삶을 살 수 있도록 명리학이 우리에게 건네는 소중한 지혜를 이 책을 시작으로 차례차례 여러분과 공유하고자 합니다. 우리의 삶을 구성하고 있는 인간사의 핵심 요소들에 대한 적나라한 실전 사주 해설을 통해 여러분은 명리학 공부의 정도를 발견하게 될 것이며 동시에 명리학을 통해 깨우치게 되는 지혜의 실체에 대해 눈을 뜨게 될 것입니다.

명리학은 과학적 논리와 철학적 사유가 결합된 학문입니다. 용신(억부용신, 조후용신, 병약용신, 통관용신 등)을 찾고, 격국의 성격과 파격을 구분하며, 자연법이나 물상, 오행만으로 사주를 풀이하거나 형충파해합 등의 조합에 점수를 매기는데 시간을 쓰는 어리석은 공부법에서 벗어나야 합니다. 운명과 인생 사이 시리즈를 통해 여러분은 명리학이 얼마나 위대한 체계를 가진 학문인지 깨우치게 될 것이며, 이전과는 다른 방식의 참된 명리학 공부를 통해 세상과 인간을 보는 남다른 시선을 획득하여 비범한 삶을 시작할 수 있을 것입니다.

수많은 실전 상담을 통해 정확성이 검증된 논리와 사유의 사주 해석법이 여러분의 명리학 공부에 큰 희열을 선사할 것으로 확신합니다.

지구를 덮은 커튼이 열리는 밤마다 영겁의 시간이 나의 마음속으로 쏟아져 들어왔다. 내 안이 너무 작아 나는 매번 터져 버렸다.

나는 왜 이리도 작은가? 나는 왜 이다지도 무능한가? 나는 왜 이렇게 살고 있는가? 밤하늘에 흩어지면서 내가 나에게 물었다.

아직 멀었어. 너는 파괴되어야 해, 영원히. 밤하늘을 담으려면, 그 방법 밖에 없으니까. 내가 나에게 답했다.

나는 날마다 산산조각 났다. 시간을 넘는 정신이 되기 위해서는 그것이 유일한 길이었다. 삶도, 죽음도, 그리고 사랑도 마침내 시간 밖으로 사라졌다.

명리학을 공부하던 날들의 이야기다. 나는 마침내, 한 판 잘 놀다 가기로 했다.

운명과 인생사이

이것이 사주명리학이다

초판발행 2024년 11월 26일

저　　자 오종호
발 행 인 김택회
등　　록 제2016-000065호
발 행 처 지앤지
주　　소 경기도 김포시 김포시 김포한강11로 158 전원마을 404동 704호
교재문의 TEL) 070-7769-4867 / FAX) 031-988-4867
I S B N 979-11-85464-26-8 (03180)

본서의 무단 전재·복제 행위는 저작권법에 의거하여 5년 이하의 징역 또는
5천만원 이하의 벌금에 처하거나 이를 병과할 수 있습니다.

저자와의 협의하에 인지를 생략합니다.

정가 22,000원